처음부터 시작하는 영문법

인하대학교 영문과 교수
이병춘 엮음

■ 예문 및 핵심 해설 강의 Audio CD 2장 포함

KB133848

YES WE CAN GRAMMAR!

교육의 길잡이 · 학생의 동반자
(주)교학사

YES WE CAN GRAMMAR!

처음부터
시작하는
영문법

인하대학교 영문과 교수
이병춘 엮음

Where there is a will, there is a way. (뜻이 있으면 길이 있고)

Knock, and the door will be opened to you.
(구하라, 그러면 얻을 것이며)

Practice makes perfect. (익히고 익히면 완벽해진다.)

TO STUDY ENGLISH

영문법 공부를 시작하며...

성공한 모든 사람들에게는 공통점이 있지요. 그것은 자기가 하는 일을 즐기고 기본에 충실하다는 것입니다.

영어 공부도 마찬가지지요. 어렵다고 생각하면 점점 더 힘들어집니다. 그러나 영어를 친구처럼 대하며 영어와 함께 즐기는 방법을 찾아보세요. 자신도 모르는 사이에 영어 실력이 부쩍부쩍 늘어가는 것에 놀랄 것입니다.

영어와 어떻게 친구가 되느냐고요? 여러분이 좋아하는 것을 매일 영어와 함께 즐기세요. 노래를 좋아하면 영어 노래를 듣고 영어 노래를 부르세요. 만화를 좋아하나요? 영어로 만화를 읽으세요. 영화를 좋아하나요? 디즈니 영화 등 쉬운 영어로 된 영화를 보며 즐기세요. 스포츠를 좋아합니까? 스포츠 중계, 스포츠 잡지, 스포츠 게임을 영어로 즐겨 보세요.

좋아하는 것을 영어와 함께 즐기다 보면 하나 둘 영어에 대한 의문도 생기고 영어의 기본 원리를 알아야 할 필요성을 느낄 것입니다. 이것을 해결해 줄 수 있는 것이 바로 영문법입니다. 피겨 스케이팅의 김연아도, 수영의 박태환도, 골프 황제 타이거 우즈도 매일 기본 동작을 연습합니다. 또한 슬럼프에 빠지면 제일 먼저 하는 일이 기본 동작을 다시 바로 잡는 것입니다.

Yes, We Can 영문법은 영어의 기본 개념과 기본 원리를 아주 쉽게 습득할 수 있도록 쓴 책입니다. 영어에서 a, an, the를 왜 관사라고 하며 부정사는 왜 그렇게 부를까요? 또한 영어 문장의 구성 원리는 무엇일까요? 또 문장은 왜 그렇게 구성되어야 할까요? Yes, We Can 영문법은 여러분이 이런 의문에 대해 자신 있게 답할 수 있도록 해 줄 것입니다. 이렇게 영어에 대해 잘 알게 되면 여러분은 자연히 영어를 평생 친구로 삼게 될 것입니다.

마지막으로, 영어 공부하면서 왼쪽 면에 있는 영어 속담을 항상 명심합시다.

그럼 여러분 모두 저 YES, WE CAN Grammar와 함께 문법 열공해 볼까요?

YES WE CAN
GRAMMAR
구성과 특징

이 책은 영문법을 공부하는 학생을 위하여, 영문법의 기본 개념과 원리부터 시작하여 영어를 정확하고 유창하게 구사하는 데 필요한 사항을 체계적이고 단계적으로 다루고 있습니다.

전체 13개 Chapter에 걸쳐 56개 Unit으로 구성하였고, Unit별로 문법의 '예문'은 원어민 녹음 파일로, 문법 내용의 '핵심 노트' 부분은 선생님의 강의 음성 파일로 함께 구성하여 듣기 학습도 동시에 할 수 있게 하였습니다.

Unit 구성 및 학습 방법

01

02

03

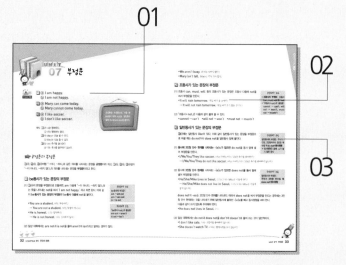

01 _ 예문

해당 문법 항목을 가장 잘 대표할 수 있는 예문으로 구성하였습니다.
이 문장들은 CD의 해당 Track을 찾아서 여러 번 들으면서 반드시 암기하도록 합니다.

02 _ 문법 설명

해당 문법 항목을 최대한 알기 쉽고, 이해하기 쉽도록 설명했습니다. 문법을 공부하는 데 익혀야 할 문법 용어에 대한 설명도 함께 제시하여 영문법의 개념을 쉽게 이해할 수 있도록 하였습니다.

03 _ Point

학습한 문법 내용 중 꼭 암기해야 할 중요한 내용만을 간추려 간단하게 정리해 놓았습니다. 이 Point는 반드시 암기하도록 합시다. 또한 이것을 모아서 '부록1 영문법 Point 200가지'를 223쪽에 수록하였습니다.
이 부분만 잘라 내어 그때그때 활용할 수 있습니다.

Framework & Distinction

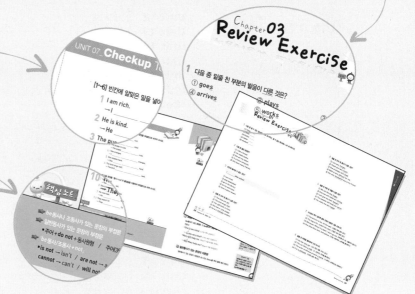

차례

Chapter 01
문장의 구성

Unit 01 품사의 종류 (명사 / 동사) ⋯⋯⋯⋯⋯⋯ 10
Unit 02 품사의 종류 (형용사 / 관사 / 부사) ⋯⋯⋯ 13
Unit 03 품사의 종류 (전치사 / 접속사) ⋯⋯⋯⋯ 16
Unit 04 구의 종류 ⋯⋯⋯⋯⋯⋯⋯⋯⋯⋯⋯⋯ 19
Unit 05 문장과 절의 구성 요소 ⋯⋯⋯⋯⋯⋯ 22
Unit 06 인칭대명사와 be동사의 변화 ⋯⋯⋯ 25
*Review Exercise ⋯⋯⋯⋯⋯⋯⋯⋯⋯⋯ 28

Chapter 02
문장의 종류

Unit 07 부정문 ⋯⋯⋯⋯⋯⋯⋯⋯⋯⋯⋯⋯ 32
Unit 08 의문문 ⋯⋯⋯⋯⋯⋯⋯⋯⋯⋯⋯⋯ 35
Unit 09 의문사가 있는 의문문 ⋯⋯⋯⋯⋯⋯ 38
Unit 10 부가의문문 ⋯⋯⋯⋯⋯⋯⋯⋯⋯⋯ 41
Unit 11 명령문 / 감탄문 ⋯⋯⋯⋯⋯⋯⋯⋯ 44
*Review Exercise ⋯⋯⋯⋯⋯⋯⋯⋯⋯⋯ 47

Chapter 03
동사의 시제

Unit 12 현재 시제 ⋯⋯⋯⋯⋯⋯⋯⋯⋯⋯ 50
Unit 13 과거 시제 ⋯⋯⋯⋯⋯⋯⋯⋯⋯⋯ 53
Unit 14 미래 시제 ⋯⋯⋯⋯⋯⋯⋯⋯⋯⋯ 56
Unit 15 진행 시제 ⋯⋯⋯⋯⋯⋯⋯⋯⋯⋯ 59
Unit 16 현재완료 시제 ⋯⋯⋯⋯⋯⋯⋯⋯ 62
Unit 17 주의해야 할 현재완료 용법 / 과거완료 시제 ⋯ 65
*Review Exercise ⋯⋯⋯⋯⋯⋯⋯⋯⋯⋯ 68

Chapter 04
조동사

Unit 18 will / be going to ⋯⋯⋯⋯⋯⋯⋯ 72
Unit 19 can / may ⋯⋯⋯⋯⋯⋯⋯⋯⋯⋯ 75
Unit 20 must / have to / should ⋯⋯⋯⋯ 78
*Review Exercise ⋯⋯⋯⋯⋯⋯⋯⋯⋯⋯ 81

Chapter 05
문장의 5형식과 수동태

Unit 21 자동사와 타동사 ⋯⋯⋯⋯⋯⋯⋯⋯ 84
Unit 22 1형식 문장과 3형식 문장 ⋯⋯⋯⋯ 87
Unit 23 4형식 문장 ⋯⋯⋯⋯⋯⋯⋯⋯⋯⋯ 90
Unit 24 2형식 문장과 5형식 문장 ⋯⋯⋯⋯ 93
Unit 25 능동태와 수동태 ⋯⋯⋯⋯⋯⋯⋯⋯ 96
Unit 26 주의해야 할 수동태 ⋯⋯⋯⋯⋯⋯ 99
*Review Exercise ⋯⋯⋯⋯⋯⋯⋯⋯⋯ 102

Chapter 06
부정사

Unit 27 to부정사의 명사적 용법 ⋯⋯⋯⋯ 106
Unit 28 to부정사의 형용사적 용법 ⋯⋯⋯ 109
Unit 29 to부정사의 부사적 용법 ⋯⋯⋯⋯ 112
Unit 30 원형부정사 ⋯⋯⋯⋯⋯⋯⋯⋯⋯ 115
Unit 31 주의해야 할 to부정사 용법 ⋯⋯ 118
*Review Exercise ⋯⋯⋯⋯⋯⋯⋯⋯⋯ 121

Chapter 07
동명사

Unit 32 동명사의 용법 ⋯⋯⋯⋯⋯⋯⋯⋯ 124
Unit 33 동명사와 to부정사 ⋯⋯⋯⋯⋯⋯ 127
Unit 34 중요 동명사 구문 ⋯⋯⋯⋯⋯⋯⋯ 130
*Review Exercise ⋯⋯⋯⋯⋯⋯⋯⋯⋯ 133

Contents

Chapter 08
접속사

Unit 35 등위접속사 136
Unit 36 상관접속사 139
Unit 37 부사절을 이끄는 종속접속사 142
Unit 38 명사절을 이끄는 종속접속사 145
*Review Exercise 148

Chapter 09
분사와 분사구문

Unit 39 현재분사와 과거분사 152
Unit 40 분사구문의 용법 155
Unit 41 수동 분사구문과 with+명사구+분사 158
Unit 42 분사구문의 의미 161
*Review Exercise 164

Chapter 10
형용사와 비교 구문

Unit 43 한정 용법과 서술 용법 168
Unit 44 비교급과 최상급의 형태 171
Unit 45 원급과 비교급 비교 구문 174
Unit 46 최상급 비교 구문 177
*Review Exercise 180

Chapter 11
관계사

Unit 47 주격 관계대명사 184
Unit 48 목적격 관계대명사 187
Unit 49 관계대명사 whose와 what 190
Unit 50 관계부사 193
*Review Exercise 196

Chapter 12
가정법

Unit 51 가정법 과거 / 가정법 과거완료 / 가정법 미래 200
Unit 52 I wish 가정법 / as if 가정법 203
Unit 53 주의해야 할 가정법 구문 206
*Review Exercise 209

Chapter 13
전치사

Unit 54 장소/방향의 전치사 212
Unit 55 시간의 전치사 215
Unit 56 기타 중요 전치사 218
*Review Exercise 221

부록 _ 1 영문법 Point 200가지 223
부록 _ 2 불규칙 동사 변화형 150개 243

매일 매일 하다보면 실력이 쑥쑥~

The future belongs to those who believe in the beauty of their dreams.

_ ELEANOR ROOSEVELT

Chapter 01

문장의 구성

이 장에서는 영문법을 체계적으로 공부하기 위해 꼭 알아야 할 기본 개념을 알아봅니다. 구체적으로, 단어들을 의미와 쓰임에 따라 분류하는 품사에는 어떤 것이 있는지, 구와 절은 무엇인지, 문장의 기본 구성 요소는 무엇인지에 대해 알아봅니다. 그리고 마지막으로 단어 중 가장 흔히 쓰이는 인칭대명사에 대하여 알아봅니다.

Unit 01 _ 품사의 종류(명사/동사) _ 10

Unit 02 _ 품사의 종류 (형용사/관사/부사) _ 13

Unit 03 _ 품사의 종류 (전치사/접속사) _ 16

Unit 04 _ 구의 종류 _ 19

Unit 05 _ 문장과 절의 구성 요소 _ 22

Unit 06 _ 인칭대명사와 be동사의 변화 _ 25

*Review Exercise _ 28

Track 01

1️⃣ ⓐ I have a book.
　　ⓑ I drink water.

2️⃣ ⓐ I study English.
　　ⓑ I like baseball.

해석 1️⃣ ⓐ 나는 책을 가지고 있다.
　　 ⓑ 나는 물을 마신다.
　　2️⃣ ⓐ 나는 영어를 공부한다.
　　 ⓑ 나는 야구를 좋아한다.

명사는 명칭을 나타내는 말이고, 동사는 사람이나 사물의 동작, 변화, 상태를 나타내는 말이다.

⭐ 품사

품사(品詞)의 품(品)은 「무리, 모임」을 뜻하고 사(詞)는 「말」을 뜻한다. 따라서 **품사는 의미, 형태, 기능 등 공통적인 성질을 가지는 것끼리 분류한 단어의 집합**을 말한다. 영어의 주요 품사가 무엇이고, 각 품사는 어떤 성질을 공통적으로 갖는지 알아본다.

1️⃣ 명사

(1) book(책), water(물), baseball(야구), kindness(친절)는 사물이나 개념을 부르는 이름이다. 이와 같이 **「사물이나 개념의 이름」**, 즉 **「명칭을 나타내는 말」**을 명사라고 한다.

(2) 명사에는 **book**(책), **ball**(공)과 같이 하나, 둘 셀 수 있는 것을 나타내는 가산명사(可算名詞)와 **water**(물), **milk**(우유)와 같이 셀 수 없는 것을 나타내는 불가산명사(不可算名詞)의 2종류가 있다.

(3) **가산명사**는 하나를 나타내는 단수형과 여럿을 나타내는 복수형을 갖는다. 가산명사의 단수형에는 **a book, an apple**과 같이 「하나의」라는 뜻을 나타내는 **a** 또는 **an**을 붙일 수 있다. 또 여럿을 나타내는 복수형에는 **books, boxes**와

> **POINT 1**
> 가산명사: 셀 수 있는 명사로 단수형과 복수형이 있다.

같이 끝에 **-(e)s**가 붙는다. 사전에서 가산명사는 **countable**(셀 수 있는)의 약자인 **C**를 써서 나타낸다.
- **I have a book.** (나는 한 권의 책을 가지고 있다.)
- **I have books.** (나는 여러 권의 책을 가지고 있다.)

(4) **불가산명사**는 셀 수 없는 것을 나타내기 때문에 「하나의」의 뜻을 나타내는 **a** 또는 **an**과 함께 쓸 수 없으며, **-(e)s**를 붙여 복수형을 만들지도 못한다. 사전에서 불가산명사는 **uncountable**(셀 수 없는)의 약자인 **U**를 써서 나타낸다.

- **Give me milk.** (제게 우유를 주세요.)

> **POINT 2**
> 불가산명사: **셀 수 없는 명사**로 a와 an과 함께 쓸 수 없고, -s를 붙일 수 없다.

② 동사

(1) 동(動)은 「움직임」을 뜻한다. 행동, 변화 등은 모두 움직임과 관련이 있다. **study**(공부하다), **work**(일하다), **laugh**(웃다) 등의 말은 동작을 나타내고, **become**(~이 되다) 등은 변화를 나타낸다. 이와 같이 **사물의 동작이나 변화를 나타내는 말**은 동사에 속한다.

(2) 영어에서는 **like**(좋아하다), **have**(가지고 있다), **keep**(유지하다) 등과 같이 **사물의 상태를 나타내는 말**도 동사에 속한다.

(3) 영어 문장에서 동사가 무엇인지 잘 모를 때에는 영어를 우리말로 옮겨 본다. 우리말의 맨 마지막 말에 해당하는 영어 단어가 동사이다.

- **I run a mile every day.** (나는 매일 1마일을 달린다.)

(4) 동사 앞에 와서 「~할 수 있다」, 「~해야 한다」, 「~할 것이다」 등의 의미를 동사에 덧붙여 주는 단어들이 있다. 이들은 동사를 도와주는 역할을 하므로 **조동사**라고 하며, 자주 쓰이는 것으로는 **can** (~할 수 있다), **must** (~해야 한다), **will** (~할 것이다), **may** (~해도 좋다), **should** (~해야 한다) 등이 있다.

> **POINT 3**
> 조동사: 동사 앞에서 **동사를 도와주는 역할**을 한다.

- **I can speak English.** (나는 영어를 말할 수 있다.)
- **You must read the book.** (너는 그 책을 읽어야 한다.)
- **I will study English hard.** (나는 영어를 열심히 공부할 것이다.)
- **You may go home now.** (너는 지금 집에 가도 좋다.)
- **We should save energy.** (우리는 에너지를 절약해야 한다.)

[1~3] 다음 문장의 단어 중 명사에 밑줄을 그으시오.

1 I have a dog.

2 I like the girls.

3 We eat rice.

[4~6] 다음 문장의 단어 중 동사에 밑줄을 그으시오.

4 I walk to school.

5 I play baseball.

6 We love Mary.

[7~10] 다음 문장의 밑줄 친 단어의 뜻과 품사를 쓰시오.

7 We like apples.

8 We drink milk.

9 I must help Mom.

10 I like the music.

Track 02

⭐ 명사   사물이나 개념의 이름을 나타내는 말
- 가산명사: ⓐ 셀 수 있는 사물을 나타낸다.
          ⓑ a나 an이 앞에 올 수 있다. (a book, an apple)
          ⓒ -(e)s를 붙여 복수형을 만들 수 있다. (dolls, churches)
- 불가산명사: ⓐ 셀 수 없는 사물을 나타낸다.
          ⓑ a나 an과 함께 쓸 수 없다.
          ⓒ -e(s)를 붙여 복수형을 만들 수 없다.
⭐ 동사   사물의 동작, 변화, 상태를 나타내는 말 (walk, become, have)
⭐ 조동사   동사 앞에 놓여 동사의 의미를 도와주는 can(~할 수 있다), must(~해야 한다), will(~할 것이다),
          may(~해도 좋다) 등

UNIT 02 품사의 종류 (형용사/관사/부사)

Track 03

3 ⓐ I am tall.
　ⓑ You are very kind.

4 ⓐ I have a doll.
　ⓑ I love the girl.

5 ⓐ I run fast.
　ⓑ You are very beautiful.

해석 3 ⓐ 나는 키가 크다.
　　　ⓑ 너는 매우 친절하다.
　　4 ⓐ 나는 인형 한 개를 가지고 있다.
　　　ⓑ 나는 그 소녀를 사랑한다.
　　5 ⓐ 나는 빨리 달린다.
　　　ⓑ 너는 매우 아름답다.

형용사: 사물의 생김새나 성질 등을 나타내는 말
관사: 명사 앞에 쓰이는 말
부사: 동사, 형용사, 부사 또는 문장 전체를 수식할 수 있는 말

3 형용사

(1) 형용(形容)은 「사물의 생긴 모습」을 뜻한다. 사물의 내적인 모습은 그 사물의 성질에 해당한다. tall(키 큰), long(긴), beautiful(아름다운), kind(친절한)와 같이 **사물의 생김새, 성질 등을 나타내며, very**(매우) 등 **정도를 나타내는 말의 수식을 받을 수 있는 말**을 형용사라고 한다.
- Mary is very beautiful. (Mary는 매우 아름답다.)

(2) 형용사는 a beautiful flower(예쁜 꽃)에서와 같이 명사를 수식하는, 즉 명사를 설명해 주는 역할을 하는 경우가 많다.

> **POINT 4**
> 형용사: **사물의 생김새나 성질**을 나타내는 말로서, 명사를 꾸며 주거나 be동사(~이다)와 합쳐져 「~하다」로 해석된다.

4 관사

(1) 옷을 차려 입고 머리에 쓰는 것이 관(冠)이다. 관이 사람의 첫머리에 놓이듯이, **명사 표현의 첫머리에 오는 a, an, the**를 관사라고 한다.

(2) **a**와 **an**은 부정관사라고 하며, 「(여럿이 있지만 그 중에서) 하나」의 뜻을 나타내거나, 명사를 말이나 글에 처음 도입할 때 쓴다.

- **I have a book.** (나는 한 권의 책을 가지고 있다.)

(3) **an**은 다음에 오는 단어가 발음상 모음([a, e, i, o, u, æ, ə, ʌ] 등)으로 시작할 때 쓴다.

- **an animal** (한 마리의 동물)
- **an old man** (한 분의 노인)
- **an hour** (한 시간)

☞ **a unit**(한 단원), **a one-dollar bill**(1달러 지폐) 등에서 **a** 대신 **an**을 쓰지 않도록 주의해야 한다. **unit**과 **one**은 철자를 보고 모음으로 시작한다고 생각하기 쉬우나, 발음상으로는 모음으로 시작되지 않고 [j]와 [w]로 시작한다.

> **POINT 5**
> 부정관사 **a**, **an**은 명사 앞에 쓰여 「여럿 중 하나」를 가리키고, 정관사 **the**는 명사 앞에서 「특정한 그 ~」을 가리킨다.

(4) **the**는 정관사라고 하며, 명사의 앞에 써서 「(이미 알고 있는) 그」의 의미를 나타낸다.

- **I have a book. The book is interesting.** (나는 한 권의 책을 가지고 있다. 그 책은 재미있다.)

(5) **sun**(태양)과 같이 **세상에 하나밖에 없는 것을 의미하는 명사**에도 **the**를 쓴다.

- **The earth goes around the sun.** (지구는 태양 주위를 돈다.)

⑤ 부사

부사의 부(副)는 「중요성, 서열 등이 둘째인」의 뜻이다. 회사에 사장은 꼭 있지만 부사장은 없는 경우도 많은 것처럼, '부'가 붙는 것은 반드시 필요한 것은 아니다.

> **POINT 6**
> 부사: 동사, 형용사, 다른 부사 등을 꾸며 주는 역할을 한다.

부사는 명사 이외의 것, 즉 **동사, 형용사, 부사 또는 문장 전체를 수식할 수 있는 말**이다. 수식하는 말은 의미를 풍부하게 해 주지만 반드시 필요한 것은 아니다.

예를 들어, 다음의 예문은 부사(색깔로 표시된 부분)가 없더라도 완전한 문장이 된다.

- **He is very kind.** (그는 매우 친절하다.) – 형용사 수식
- **She reads fast.** (그녀는 빨리 읽는다.) – 동사 수식
- **You run really fast.** (너는 정말 빨리 달린다.) – 부사 수식
- **Maybe you're right.** (아마도 네가 옳을 거야.) – 문장 수식

[1~4] 다음 문장의 단어 중 형용사에 밑줄을 그으시오.

1 You are very beautiful.

2 I have a pretty doll.

3 The book is very interesting.

4 I want a new computer.

[5~8] 다음 중 **틀린** 부분을 바르게 고쳐 쓰시오.

5 I can play violin.

6 Birds fly in a sky.

7 I take guitar lessons for a hour.

8 Sugars is sweet.

[9~12] 다음 문장의 밑줄 친 단어의 뜻과 품사를 쓰시오.

9 They run fast.

10 I am really busy.

11 It is a very beautiful flower.

12 We play basketball very often.

Track 04

⭐ 형용사   사물의 생김새, 성질 등을 나타내는 말
- very(매우) 등 정도를 나타내는 말의 수식을 받을 수 있다. (**very kind**)
- 명사를 수식할 수 있다. (**a beautiful girl**)

⭐ 관사   명사 표현 앞에 쓰이는 부정관사 a, an과 정관사 the
- an은 발음이 모음으로 시작하는 말 앞에 쓴다. (**an apple**)

⭐ 부사   형용사, 동사, 부사, 문장을 수식하는 말

UNIT 03 품사의 종류 (전치사/접속사)

Track 05

⑥ⓐ I live in Seoul.
　ⓑ I eat breakfast at seven o'clock.

⑦ⓐ I have a cat and a dog.
　ⓑ After school is over, we play soccer.

해석 ⑥ⓐ 나는 서울에 산다.
　　 ⓑ 나는 일곱 시에 아침을 먹는다.
　　⑦ⓐ 나는 한 마리의 고양이와 한 마리의 개를 가지고 있다.
　　 ⓑ 학교가 끝난 후에, 우리는 축구를 한다.

전치사: 명사 앞에서 장소, 시간, 수단 등을 나타내는 말
접속사: 단어와 단어, 구와 구, 절과 절을 연결해 주는 말

⑥ 전치사

(1) 전치(前置)는 「앞에 놓이다」란 뜻이다. 전치사는 **명사 표현 앞에 와서 장소나 시간 등을 나타내는 말**이다. 예를 들면, **I live in Seoul.**(나는 서울에 산다.) 이라는 문장에서 in이 전치사이다. 영어의 전치사는 우리말로 해석하면 명사 뒤에 온다.

> **POINT 7**
> 전치사: 명사 앞에서 장소, 시간, 수단 등을 나타낸다.

(2) 전치사가 나타내는 의미는 **장소, 시간, 수단, 도구, 목적** 등 다양하다.
- **The cat is under the table.** (그 고양이는 식탁 밑에 있다.) – 장소
- **I am free on Sunday.** (나는 일요일에 한가하다.) – 시간
- **I go to school by bus.** (나는 버스로 학교에 간다.) – 수단
- **We cut meat with a knife.** (우리는 칼로 고기를 자른다.) – 도구
- **We work for our country.** (우리는 우리나라를 위하여 일한다.) – 목적

(3) 「전치사 + 명사」는 형용사처럼 **명사를 수식**하기도 하고, 부사처럼 **동사를 수식**하기도 한다.
- **They drink water in the bottle.** (그들은 병에 있는 물을 마신다.) – 명사 수식
- **They work in the evenings.** (그들은 저녁에 일한다.) – 동사 수식

⑦ 접속사

(1) 접속(接續)은 「연결하다」는 뜻이므로 접속사는 **말과 말을 연결해 주는 말**이다. 예를 들어, ⑦ⓐ의 a cat and a dog에서 and는 a cat과 a dog의 두 명사 표현을 연결해 주고 있다. 또 ⑦ⓑ의 문장 'After school is over, we play soccer.'에서 「~한 후에」라는 뜻의 after는 school is over(학교가 끝난다)와 we play soccer(우리는 축구를 한다)라는 말을 연결해 주는 역할을 하고 있다.

(2) 접속사에는 등위접속사와 종속접속사가 있다.

  1) **등위접속사는 두 말을 동등한 자격으로 연결**해 준다. 등위접속사에는 and, or, but, so 등이 있다.

> **POINT 8**
> 등위접속사: 말과 말을 동등하게 연결해 주는 역할을 한다. (and, or, but, so 등)

- **They speak English and French.** (그들은 영어와 불어를 말한다.)
- **I play soccer or watch TV on Sundays.** (나는 일요일에 축구를 하거나 텔레비전을 본다.)
- **You are short, but you play basketball very well.** (너는 키가 작지만 농구를 매우 잘한다.)
- **I was tired, so I went to sleep.** (나는 피곤해서 잠자러 갔다.)

  2) **종속접속사는 하나의 요소를 다른 요소의 일부가 되도록 연결**시켜 준다. 접속사가 있는 부분을 **종속절**이라 하고 접속사가 없는 부분을 **주절**이라고 한다. 그 이유는 접속사가 있는 절이 시간, 이유, 조건 등의 의미를 나타내어 주절을 수식해 주고, 접속사가 없는 절은 혼자서도 완전한 문장이 될 수 있으나 접속사가 있는 절은 혼자서 완전한 문장이 될 수 없기 때문이다.

> **POINT 9**
> 종속접속사: 주절과 종속절을 연결해 주는 역할을 한다.

- **When it rains, they stay inside.** (비가 올 때 그들은 집 안에 머문다.)
  종속절 / 주절
  They stay inside. (○) – 완전한 문장으로 쓰일 수 있다.
  When it rains. (×) – 완전한 문장으로 쓰일 수 없다.
- **I like you because you are honest.** (네가 정직하기 때문에 나는 너를 좋아한다.)
  주절 / 종속절
- **If you finish first, you'll get a prize.** (네가 가장 먼저 끝마치면 너는 상을 받을 것이다.)
  종속절 / 주절

☞ 두 개의 문장을 합쳐 한 문장으로 쓰려면 두 문장 중 한 문장에는 반드시 접속사를 붙여야 한다. 이때 등위접속사가 붙은 부분은 반드시 나머지 부분의 다음에 와야 한다. 그러나 종속접속사가 붙은 부분은 나머지 부분의 앞에 올 수도 있고 뒤에 올 수도 있다.

- **They are free. + They go swimming.**
  They are free, they go swimming. (×) – 접속사가 없다.
- **They are free, so they go swimming.** (○) (그들은 한가해서, 수영하러 간다.)
  So they go swimming, they are free. (×) – so = 등위접속사
- **When they are free, they go swimming.** (○) (그들은 한가할 때 수영하러 간다.)
  They go swimming when they are free. (○) – when = 종속접속사

[1~4] 다음 문장의 밑줄 친 단어가 전치사이면 P로, 접속사이면 C로 표시하시오.

1 I go to bed early.

2 We read and write at the desk.

3 We wash our hands before we eat.

4 When we are ill, we go to the hospital.

[5~8] 우리말과 같은 의미가 되도록 보기에서 알맞은 말을 골라 빈칸에 쓰고 품사를 쓰시오.

5 The cat is _____ the tree.
(그 고양이는 나무 밑에 있다.)

6 I went there _____ I was a child.
(나는 어릴 때 거기에 갔다.)

7 I take a walk in the park _____ the morning.
(나는 아침에 공원에서 산책을 한다.)

8 He is absent today _____ he is ill.
(그는 아파서 오늘 결석했다.)

[보기] in under when because

Track 06

⭐ **전치사** 명사 표현 앞에 와서 장소, 시간, 수단, 도구, 목적 등의 의미를 나타내는 말 (in, at, on, under 등)

- 「전치사+명사」는 명사, 동사를 수식할 수 있다.
  I like the flowers on the table. (나는 식탁 위에 있는 그 꽃들을 좋아한다.) – 명사 수식

  They play in the park. (그들은 공원에서 논다.) – 동사 수식

⭐ **접속사** 단어와 단어, 구와 구, 절과 절을 연결해 주는 말

- 등위접속사: and, or, but, so와 같이 말을 동등한 자격으로 연결해 주는 접속사
- 종속접속사: 한 말이 다른 말의 일부가 되도록 연결해 주는 접속사로서, 접속사가 있는 절은 주절에 대해 시간, 이유 등의 의미를 나타낸다. (when, after, before, because, if 등)

UNIT 04 구의 종류

Track 07

1. **Mozart is** a clever dog.
2. **We play** baseball.
3. **She is** very kind to me.
4. **You run** very fast.
5. **I am free** in this afternoon.

해석
1. Mozart는 영리한 개이다.
2. 우리는 야구를 한다.
3. 그녀는 나에게 매우 친절하다.
4. 너는 매우 빨리 달린다.
5. 나는 오늘 오후에 한가하다.

구는 2개 이상의 단어가 합쳐진 표현이다.

⭐ 구

구(句)란 2개 이상의 단어가 합쳐진 표현을 말한다. 구는 특정한 의미를 가지며 한 단위처럼 행동한다. 위 예문에서 색깔로 표시된 부분이 모두 구에 해당한다.

각각의 구에는 그 구의 중심이 되는 단어, 즉 그 구에서 의미와 문법적으로 가장 중요한 역할을 하며 반드시 있어야 하는 단어가 있다. 예를 들어, 1의 **a clever dog**(한 영리한 개)에서 **dog**이 중심 단어이고 **a**와 **clever**는 **dog**을 꾸며 준다.

구는 중심 단어의 품사가 무엇이냐에 따라 여러 종류로 나뉜다.

1 명사구: 중심 단어가 명사인 구 (밑줄 부분은 구의 중심 단어를 표시한 것)

- The <u>boys</u> study hard. (그 소년들은 열심히 공부한다.)
- Baseball is a very fun <u>game</u>. (야구는 매우 재미있는 경기이다.)

> **POINT 10**
> 명사구: **명사가 중심 단어인 구**로 (관사+부사+형용사+)명사(+전치사구)로 구성

2 동사구: 동사가 중심 단어인 구

- I <u>go</u> to school early. (나는 일찍 학교에 간다.)
- We <u>love</u> cats and dogs. (우리는 고양이와 개를 좋아한다.)

> **POINT 11**
> 동사구: **동사가 중심 단어인 구**로 동사(+명사+부사+전치사구)로 구성

③ **형용사구**: 형용사가 중심 단어인 구

- Vegetables are <u>good</u> for health. (야채는 건강에 좋다.)
- We have a very <u>nice</u> house. (우리는 매우 멋진 집을 가지고 있다.)

POINT 12
형용사구: **형용사가 중심 단어인 구**로 (부사+)형용사(+전치사구)로 구성

④ **부사구**: 부사가 중심 단어인 구

- You eat really <u>fast</u>. (너는 정말 빨리 먹는다.)
- I drive a car very <u>slowly</u>. (나는 차를 아주 느리게 운전한다.)

POINT 13
부사구: **부사가 중심 단어인 구**로 (부사+)부사로 구성

⑤ **전치사구**: 전치사가 중심 단어인 구로서 명사, 동사, 형용사를 수식

- I like the picture <u>on</u> the wall. (나는 벽에 걸려 있는 그림을 좋아한다.) – 명사 picture 수식
- I watch TV <u>in</u> the evening. (나는 저녁에 텔레비전을 본다.) – 동사 watch 수식
- Mary is absent <u>from</u> school today. (Mary는 오늘 학교에 결석했다.) – 형용사 absent 수식

POINT 14
전치사구: **전치사가 중심 단어인 구**로 전치사+명사/대명사로 구성

☞ 단어들이 모여 구를 이루고, 구는 다른 말과 결합하여 더 큰 구를 이룬다.
- They live in a <u>very beautiful</u> house. (그들은 아주 아름다운 집에 산다.)

형용사구	(very beautiful)
명사구	(a very beautiful house)
전치사구	(in a very beautiful house)
동사구	(live in a very beautiful house)

이 문장에서 형용사 **beautiful**은 **very**와 결합하여 형용사구를 이룬다.

이 형용사구와 a, house가 결합한 **a very beautiful house**는 명사구가 된다.

이 명사구가 다시 전치사 **in**과 결합하여 전치사구가 된다.

이 전치사구와 live가 결합한 **live in a very beautiful house**는 동사구이다.

이 동사구와 주어(Unit 05 참조) **They**가 결합한 'They live in a very beautiful house.'는 문장이다.

[1~5] 다음 문장의 밑줄 친 부분의 의미와 구의 종류를 쓰시오.

1 Mary is <u>very kind</u>.

2 I have <u>pretty dolls</u>.

3 She lives <u>in London</u>.

4 They study <u>very hard</u>.

5 We <u>like computer games</u>.

[6~10] 우리말과 같은 의미가 되도록 괄호 안의 말을 바르게 배열하고, 빈칸에 쓰인 구가 무슨 구인지 쓰시오.

6 Seoul is _____. (big, very, a, city)
(서울은 매우 큰 도시이다.)

7 She works _____. (a, library, in)
(그녀는 도서관에서 일한다.)

8 Many people are _____. (the meeting, at, present)
(많은 사람들이 모임에 참석했다.)

9 I _____. (the country, in, live)
(나는 시골에 산다.)

10 You speak English _____. (well, really)
(너는 영어를 정말 잘한다.)

Track 08

➡ 구 2개 이상의 단어가 합쳐진 표현으로 특정한 의미를 가지며 한 단위처럼 행동한다.

▪ 구에는 구 전체의 성질을 결정하는 중심 단어가 있다.

▪ 중심 단어의 품사에 따라 구는 명사구, 동사구, 형용사구, 부사구, 전치사구로 분류한다.

Track 09

1 The tall boys **play** basketball well.

2 **Koreans** eat rice.

3 **They study** foreign languages.

4 ⓐ **I am** a student.
  ⓑ **I think** John honest.

5 **We play** soccer after school.

문장은 의미나 생각을 표현하는 완전한 단위이고, 절은 문장의 요소를 모두 갖추고 있으나 문장의 일부분으로 쓰이는 것이다.

해석 1 그 키 큰 소년들은 농구를 잘한다.
   2 한국인들은 쌀밥을 먹는다.
   3 그들은 외국어를 공부한다.
   4 ⓐ 나는 학생이다.
      ⓑ 나는 John이 정직하다고 생각한다.
   5 우리는 방과 후에 축구를 한다.

⭐ 문장과 절

(1) 문장은 완전한 의미나 생각을 표현하는 단위이다. 우리말에서 「나는」이라고 말하고 만다면 내가 무엇을 하는지 모른다. 또한 「축구를 한다」라고만 말하면 누가 하는지 모르고, 「나는 한다」라고 말하면 무엇을 하는지 모른다. 「나는 축구를 한다.」라고 말해야 비로소 완전한 의미를 나타내는 문장이 된다.

(2) 문장의 요소를 전부 갖추고 있으나 독립적으로 쓰이지 못하고 문장의 일부로 쓰이는 것을 절이라고 한다. 'John is honest.'는 다음 첫 번째 문장에서는 문장이나, 두 번째 문장에서는 절이다.
   ▪ John is honest. (John은 정직하다.)
   ▪ I think John is honest. (나는 John이 정직하다고 생각한다.)

(3) 문장은 주어와 술어로 구성된다.

1 주어

(1) 주어는 「~은, ~는, ~이, ~가」에 해당하는 말로, 문장의 처음에 오는 경우가 많다.

> **POINT 15**
> 주어: 문장에서 '~은, ~는, ~이, ~가'에 해당하는 말

(2) 주어의 역할을 하는 것은 대부분 **대명사나 명사구**이다.

- **I get up early.** (나는 일찍 일어난다.) – 주어: 대명사
- **The girl always smiles.** (그 소녀는 항상 미소를 짓는다.) – 주어: 명사구

② 술어

술어는 「~하다, ~이다」에 해당하는 말로 **주어의 행동이나 상태**를 말해 준다. 술어는 주어 바로 다음에 오고, 술어에는 동사가 포함되어야 한다. 동사 혼자서 술어가 될 수도 있지만, 대부분의 경우에 동사가 목적어, 보어, 또는 수식어와 합쳐져서 술어를 이룬다.

- **Birds fly.** (새는 난다.) 〈술어 = 동사〉
- **We learn English.** (우리는 영어를 배운다.) 〈술어 = 동사 + 목적어〉

> **POINT 16**
> 술어: 문장에서 주어의 행동이나 상태를 설명해 주는 말

③ 목적어

(1) 목적어는 「~을, ~를, ~에게」에 해당하는 말로 동사가 나타내는 행동이나 상태의 대상이 된다.

(2) 목적어는 동사 바로 다음에 오며, 대명사나 명사구가 목적어의 역할을 한다.

- **I like Mary.** (나는 Mary를 좋아한다.)
- **They give me food.** (그들이 나에게 음식을 준다.) – 목적어가 2개

> **POINT 17**
> 목적어: 문장에서 동사가 나타내는 행동이나 상태의 대상이 되는 말

④ 보어

(1) 보어는 **주어나 목적어를 보충하여 설명해 주는 말**이다. 보어 역할을 하는 것은 주로 **명사(구)나 형용사(구)**이다.

(2) 주어를 보충하여 설명해 주며, 「**주어 = 보어**」의 관계가 성립하는 것을 **주격보어**라고 하며 동사 다음에 온다.

- **He is a genius.** (그는 천재이다.) 〈He = a genius〉

(3) 목적어를 보충하여 설명해 주며 「**목적어 = 보어**」의 관계가 성립하는 것을 **목적격보어**라고 하며 목적어 다음에 온다.

- **We find this book interesting.** (우리는 이 책이 흥미롭다는 것을 알고 있다.)
  〈this book = interesting〉

> **POINT 18**
> 보어: 주어나 목적어를 보충 설명해 주는 역할을 하는 말

⑤ 수식어

수식어는 **꾸며 주는 역할을 하는 말**이다. 꾸밈이 없다고 근본이 달라지지 않는 것처럼 수식어가 없어도 완전한 문장이 성립하는 데에는 지장이 없다. 따라서 다음의 문장에서 수식어인 **new**와 **very hard**를 빼도 완전한 문장이 된다.

- **He has a new computer.** (그는 새 컴퓨터를 가지고 있다.) 〈new = 명사 computer 수식〉
- **I study English very hard.** (나는 영어를 아주 열심히 공부한다.) 〈very hard = 동사 study 수식〉

> **POINT 19**
> 수식어: 다른 말을 꾸며 주는 역할을 하는 말

[1~5] 다음 문장의 밑줄 친 부분이 문장에서 하는 역할을 쓰시오.

1 My sister is <u>very pretty</u>.

2 The boys <u>always work hard</u>.

3 They read <u>books</u> <u>in the library</u>.

4 People find <u>the game</u> <u>very exciting</u>.

5 We call <u>the girl</u> <u>a genius</u>.

[6~10] 다음 문장에서 주격보어나 목적격보어를 찾아 표시하시오.

6 He is a writer.

7 Exercise makes us tired.

8 They call the boy a genius.

9 She looks young.

10 We think her clever.

Track 10

⭐ 주어 「~은, ~는, ~이, ~가」에 해당하는 말로 주로 대명사나 명사구
⭐ 술어 「~하다, ~이다」에 해당하는 말로 주어의 행동이나 상태를 말해 주며, 동사가 술어의 필수 요소
⭐ 목적어 「~을, ~를, ~에게」에 해당하는 말로 동사의 행동이나 상태의 대상
⭐ 보어 주어나 목적어를 보충하여 설명해 주는 말
  ▪주격보어: 주어를 보충 설명해 주며, 「주어 = 보어」의 관계 성립
  ▪목적격보어: 목적어를 보충 설명해 주며, 「목적어 = 보어」의 관계 성립
⭐ 수식어 꾸며 주는 말로 문장의 필수 요소는 아니다.

UNIT 06 인칭대명사와 be동사의 변화

Track 11

1. I am from Jejudo.
2. My name is Mike.
3. You always help me.
4. This book is mine.
5. It is 8 o'clock now.

해석 1. 나는 제주도 출신이다. 2. 나의 이름은 Mike이다.
3. 너는 항상 나를 도와준다. 4. 이 책은 내 것이다.
5. 지금 여덟 시이다.

인칭대명사에는 1인칭(I, we), 2인칭(you), 3인칭(he, she, it, they)이 있다.

인칭대명사의 용법

(1) 인칭(人稱)은 말하는 사람, 듣는 사람, 나머지 사람이나 사물을 구별하여 지칭하는 말이다. 말하는 사람 또는 말하는 사람을 포함한 집단은 1인칭, 듣는 사람이나 듣는 사람을 포함한 집단은 2인칭, 나머지는 3인칭이다.

(2) 대명사란 반복을 피하기 위하여 명사 표현을 대신하여 사용하는 말이다. 다음 문장에서 it은 앞에 나온 basketball을 대신하여 쓰인 대명사이다.
▪ I like basketball. It is very exciting.

> **POINT 20**
> 1인칭대명사: I, we
> 2인칭대명사: you
> 3인칭대명사: he, she, it, they

각 인칭대명사는 쓰이는 위치에 따라 4가지 형태가 있다.

		주격 (~은, ~는)	소유격 (~의)	목적격 (~에게, ~을)	소유대명사 (~의 것)
1인칭	단수	I (나)	my	me	mine
	복수	we (우리)	our	us	ours
2인칭	단수	you (너)	your	you	yours
	복수	you (너희들)	your	you	yours
3인칭	단수	he (그)	his	him	his
		she (그녀)	her	her	hers
		it (그것)	its	it	-
	복수	they (그들)	their	them	theirs

「나」에 관한 1인칭대명사 I, my, me, mine을 예로 각 형태의 쓰임을 알아본다.

1 **주격** : I(내가, 나는)는 주어 자리에 오기 때문에 「주격」이라고 부른다.
- **I like basketball.** (나는 농구를 좋아한다.)

2 **소유격** : my(나의)는 명사 앞에 오며, 소유 관계를 나타내므로 「소유격」이라고 부른다.
- **It is my book.** (그것은 나의 책이다.)

3 **목적격** : me(나를, 나에게)는 목적어 자리에 오므로 「목적격」이라고 한다.
- **He calls me every day.** (그는 매일 나에게 전화한다.)

4 **소유대명사** : mine(나의 것)은 「소유대명사」라고 한다.
- **The bag is mine.** (그 가방은 나의 것이다.)

5 **it의 두 가지 용법**
첫째, 「그것」이라는 의미로 주어나 목적어 자리에 쓰는 인칭대명사의 용법이 있다.
둘째, 별 의미 없이 시간, 거리, 날씨 등을 나타내는 문장의 주어로 쓰는 비인칭주어의 용법이 있다.
- **Where's the book? — It is on the table.** (그 책이 어디에 있어요? – 그것은 탁자 위에 있어요.) – 인칭대명사
- **It is far from Seoul to Busan.** (서울에서 부산까지는 멀다.) – 거리〈비인칭주어〉
- **It is warm today.** (오늘 날씨가 따뜻하다.) – 날씨〈비인칭주어〉

★ 인칭대명사와 be동사의 변화

(1) be동사는 「~이다」라는 의미이며, 「A is B」에서 「A=B」라는 관계가 성립한다. be동사는 주어의 인칭에 따라 형태가 변하므로 주의해야 한다.

1인칭	단수	I am a student. (나는 학생이다.)
	복수	We are students. (우리는 학생이다.)
2인칭	단수	You are my friend. (너는 나의 친구이다.)
	복수	You are my friends. (너희들은 나의 친구들이다.)
3인칭	단수	He/She/It is cute. (그는/그녀는/그것은 귀엽다.)
	복수	They are cute. (그들은 귀엽다.)

> **POINT 21**
> 인칭대명사와 be동사:
> **I am ~**
> **We are ~**
> **You are ~**
> **He/She/It is ~**
> **They are ~**

(2) be동사나 조동사를 제외한 일반동사는 주어가 3인칭 단수형이면 -(e)s를 붙인다.
- **I like bananas.** (나는 바나나를 좋아한다.)
- **He/She likes bananas.** (그는/그녀는 바나나를 좋아한다.)

[1~6] 주어진 인칭대명사의 알맞은 형태를 빈칸에 쓰시오.

1 _____ name is Cathy. (I)

2 Mary will help _____ . (we)

3 The book is _____ . (he)

4 I love _____ . (you)

5 The song sounds beautiful to _____ . (I)

6 _____ can make a delicious cake. (they)

[7~10] 주어진 동사의 알맞은 현재 시제 형태를 빈칸에 쓰시오.

7 I _____ a baseball player. (be)

8 You _____ my best friend. (be)

9 She _____ my English teacher. (be)

10 He _____ in Seoul. (live)

핵심 노트

Track 12

⭐ **인칭대명사와 be동사**
- 말하는 사람 또는 말하는 사람을 포함한 집단을 1인칭, 듣는 사람 또는 듣는 사람을 포함한 집단을 2인칭, 나머지를 3인칭이라고 한다.
- 인칭대명사는 주격, 소유격, 목적격, 소유대명사의 4가지 형태가 있다.
- be동사는 주어의 인칭에 따라 형태가 변한다.
- 일반동사는 주어가 3인칭 단수형이면 -(e)s를 붙인다.

1 다음 중 셀 수 있는 명사에는 C로 표시하고, 셀 수 <u>없는</u> 명사에는 U로 표시하시오.

(1) time _____

(2) book _____

(3) butter _____

(4) water _____

(5) student _____

2 다음 중 옳은 문장은?

① I like a bread.

② He reads books.

③ She am my sister.

④ It is mine computer.

⑤ She have many friends.

3 빈칸에 들어갈 수 <u>없는</u> 것은?

| I _____ after school. |

① very tired

② play basketball

③ go to the library

④ do my exercises

⑤ have a piano lesson

4 밑줄 친 단어 중 품사가 <u>다른</u> 것은?

① The boys are <u>tall</u>.

② The bird sings <u>well</u>.

③ The <u>old</u> book is mine.

④ She has a <u>cute</u> puppy.

⑤ He is a <u>Chinese</u> student.

5 밑줄 친 단어 중 품사가 다른 것은?

① I am very <u>hungry</u>.

② Thank you very <u>much</u>.

③ She is always very <u>busy</u>.

④ Math is very <u>difficult</u> for me.

⑤ The very <u>handsome</u> boy is my friend.

6 밑줄 친 부분 중 역할이 다른 것은?

① We call the dog <u>Happy</u>.

② Exercise will make you <u>strong</u>.

③ I will give my mom <u>flowers</u>.

④ The sweater will keep you <u>warm</u>.

⑤ You make me very <u>happy</u>.

7 우리말과 뜻이 같도록 괄호 안에서 알맞은 것을 고르시오.

(1) The picture is (on, in) the wall. (그림은 벽에 걸려 있다.)

(2) The bag is (in, under) the chair. (가방은 의자 밑에 있다.)

(3) (Because, When) it is dark, I don't go out. (어두울 때 나는 외출하지 않는다.)

(4) She likes blue (and, but) yellow. (그녀는 파란색과 노란색을 좋아한다.)

8 밑줄 친 부분을 올바르게 고쳐 쓰시오.

(1) He has <u>nice car</u>. (그는 멋진 차를 가지고 있다.)

(2) The cat likes <u>a milk</u>. (그 고양이는 우유를 좋아한다.)

(3) The actor is famous around <u>a world</u>. (그 배우는 세계적으로 유명하다.)

(4) It is <u>a old book</u>. (그것은 낡은 책이다.)

9 우리말과 뜻이 같도록 괄호 안의 단어를 바르게 배열하여 문장을 완성하시오.

(1) 나는 영어를 좋아한다. (English, I, like)

_____

(2) 그 집은 아름다운 정원이 있다. (has, the house, a beautiful garden)

_____

(3) 그 잘생긴 소년은 내 친구이다. (my friend, is, the handsome boy)

_____

(4) 그 인형은 예쁘다. (the doll, pretty, is)

_____

10 괄호 안에 주어진 단어를 알맞게 바꾸어 쓰시오.

(1) I like _____ pictures. (she)

(2) The computers are _____ . (we)

(3) _____ ate lunch together. (they)

(4) She gave a present to _____ . (he)

11 괄호 안에 지시된 구를 찾아 밑줄을 긋고, 중심 단어를 찾아 쓰시오.

(1) I am tall and fat. (동사구) 중심 단어: _____

(2) You run very fast. (부사구) 중심 단어: _____

(3) It is a very interesting story. (명사구) 중심 단어: _____

(4) I get up early in the morning. (전치사구) 중심 단어: _____

12 괄호 안에 지시된 문장의 요소를 찾아 밑줄을 그으시오.

(1) He likes old things. (수식어)

(2) It is a beautiful garden. (주격보어)

(3) She plays computer games. (목적어)

(4) I find this skirt expensive. (목적격보어)

문장의 종류

- 평서문: 사실, 생각, 의견 등을 나타내는 말로 「~하다」라는 긍정문과, 「~하지 않다」라는 부정문으로 나눌 수 있다.
- 의문문: 상대방에게 「~입니까?」라고 정보를 묻거나 요청할 때 쓰는 말이다.
- 명령문: 「~해라」는 의미를 나타낸다.
- 감탄문: 「참 ~하기도 하다」라는 감동이나 놀람을 나타내는 문장이다.

Unit 07 _ 부정문 _ 32
Unit 08 _ 의문문 _ 35
Unit 09 _ 의문사가 있는 의문문 _ 38
Unit 10 _ 부가의문문 _ 41
Unit 11 _ 명령문/감탄문 _ 44
*Review Exercise _ 47

UNIT 07 부정문

CD 1
Track 13

1 ⓐ I am happy.
  ⓑ I am not happy.
2 ⓐ Mary can come today.
  ⓑ Mary cannot come today.
3 ⓐ I like soccer.
  ⓑ I don't like soccer.

긍정문을 부정문으로 만들 때
be동사 뒤에 not을, 일반동사
앞에 do/does not을 붙인다.

해석 1 ⓐ 나는 행복하다.
      ⓑ 나는 행복하지 않다.
    2 ⓐ Mary는 오늘 올 수 있다.
      ⓑ Mary는 오늘 올 수 없다.
    3 ⓐ 나는 축구를 좋아한다.
      ⓑ 나는 축구를 좋아하지 않는다.

⭐ 긍정문과 부정문

1ⓐ, 2ⓐ, 3ⓐ처럼 「~이다, ~하다」와 같은 의미를 나타내는 문장을 **긍정문**이라 하고, 1ⓑ, 2ⓑ, 3ⓑ와 같이 「~이 아니다, ~하지 않다」의 의미를 나타내는 문장을 **부정문**이라고 한다.

1 be동사가 있는 문장의 부정문

(1) 1ⓐ의 문장을 부정문으로 만들려면, am 다음에 「~이 아니다, ~하지 않다」라는 뜻을 나타내는 not을 써서 'I am not happy.' 라고 하면 된다. 이와 같이 be동사가 있는 문장의 부정문은 be동사 다음에 not을 붙인다.

> **POINT 22**
> be동사의 부정문:
> am → am not
> are → are not
> is → is not

- You are a student. (너는 학생이다.)
  → You are not a student. (너는 학생이 아니다.)
- He is honest. (그는 정직하다.)
  → He is not honest. (그는 정직하지 않다.)

> **POINT 23**
> 「be동사+not」의 줄임말:
> are not → aren't
> is not → isn't

(2) 일상 대화에서는 are not과 is not을 줄여 aren't와 isn't라고 말하는 경우가 많다.

- **We aren't busy.** (우리는 바쁘지 않다.)
- **Mary isn't tall.** (Mary는 키가 크지 않다.)

② 조동사가 있는 문장의 부정문

(1) 조동사 **can**, **must**, **will** 등의 조동사가 있는 문장은 조동사 다음에 **not**을 써서 부정문을 만든다.

- **It will rain tomorrow.** (내일 비가 올 것이다.)
  → **It will not rain tomorrow.** (내일 비가 오지 않을 것이다.)

> **POINT 24**
> - 조동사의 부정문: 조동사 (can, must, will 등)+**not**
> - 「조동사+**not**」의 줄임말: cannot → **can't**, will not → **won't**, must not → **mustn't**

(2) 「조동사+**not**」은 다음과 같이 줄여 쓸 수 있다.

- **cannot → can't** - **will not → won't** - **must not → mustn't**

③ 일반동사가 있는 문장의 부정문

③ⓐ에는 일반동사 **like**이 있다. 이와 같이 일반동사가 있는 문장을 부정문으로 바꿀 때는 **do not**이나 **does not**을 일반동사 앞에 붙인다.

> **POINT 25**
> 일반동사의 부정문: 주어가 1인칭, 2인칭이거나 3인칭 복수일 때 **do not+동사원형**
> ▶ 동사원형은 끝에 -s가 붙지 않은 동사

(1) 동사에 **3인칭 단수 현재**를 나타내는 -(e)s가 없으면 **do not**을 동사 앞에 넣어 부정문을 만든다.

- **I/We/You/They like soccer.** (나는/우리는/너는/그들은 축구를 좋아한다.)
  → **I/We/You/They do not like soccer.** (나는/우리는/너는/그들은 축구를 좋아하지 않는다.)

(2) 동사에 **3인칭 단수 현재**를 나타내는 -(e)s가 있으면 **does not**을 동사 앞에 넣어 부정문을 만든다.

- **He/She/Mike lives in Seoul.** (그는/그녀는/Mike은 서울에 산다.)
  → **He/She/Mike does not live in Seoul.** (그는/그녀는/Mike은 서울에 살지 않는다.)

> **POINT 26**
> 일반동사의 부정문: **주어가 3인칭 단수일 때 does not+동사원형**

does not의 -es는 3인칭 단수 현재를 나타낸다. 따라서 **does not**을 써서 부정문을 만드는 경우에는 3인칭 단수 현재라는 것을 나타내기 위해 일반동사에 붙였던 -(e)s를 빼고 동사원형을 써야 한다.
다음과 같이 쓰지 않도록 주의해야 한다.

- **He does not lives in Seoul.** (×)

(3) 일상 대화에서는 **do not**과 **does not**을 **don't**와 **doesn't**로 줄여 쓰는 것이 일반적이다.

- **I don't like cats.** (나는 고양이를 좋아하지 않는다.)
- **She doesn't watch TV.** (그녀는 텔레비전을 보지 않는다.)

[1~6] 빈칸에 알맞은 말을 넣어 주어진 문장을 부정문으로 바꾸어 쓰시오.

1 I am rich.

→ I _____ _____ rich.

2 He is kind.

→ He _____ _____ kind.

3 The puppy is cute.

→ The puppy _____ _____ cute.

4 I like oranges.

→ I _____ _____ _____ oranges.

5 She studies hard.

→ She _____ _____ _____ hard.

6 The bird sings well.

→ The bird _____ _____ _____ well.

[7~10] 다음 문장을 '동사+not'의 줄임말을 이용하여 부정문으로 바꿔 쓰시오.

7 You are tall.

→ You _____ tall.

8 She is beautiful.

→ She _____ beautiful.

9 He runs fast.

→ He _____ _____ fast.

10 They watch TV.

→ They _____ _____ TV.

Track 14

⭐ be동사나 조동사가 있는 문장의 부정문   주어+be동사/조동사+not
⭐ 일반동사가 있는 문장의 부정문
  ▪ 주어+**do not**+동사원형 / 주어(3인칭 단수)+**does not**+동사원형
⭐ 「be동사/조동사+not」의 줄임말
  ▪ is not → isn't / are not → aren't / do not → don't / does not → doesn't
  cannot → can't / will not → won't / must not → mustn't

UNIT 08 의문문

Track 15

1️⃣ ⓐ You are happy.
　ⓑ Are you happy?

2️⃣ ⓐ John likes basketball.
　ⓑ Does John like basketball?

3️⃣ A: Are you busy?
　B: Yes, I am. / No, I am not.

의문문에서는 동사가 주어 앞에 온다. 일반동사는 게을러서 제자리에 그대로 있고, 대신 do나 does를 주어 앞에 써 준다.

해석 1️⃣ ⓐ 너는 행복하다.　　　　ⓑ 너는 행복하니?
　　 2️⃣ ⓐ John은 농구를 좋아한다.
　　　　 ⓑ John은 농구를 좋아하니?
　　 3️⃣ A: 너는 바쁘니?
　　　　 B: 응, 그래. / 아니, 그렇지 않아.

 의문문

의문문은 「~하니?, ~합니까?」라고 상대방에게 물을 때 쓴다. 의문문은 물음표(?)로 끝나며 보통 끝을 올려 말한다.

1️⃣ be동사나 조동사가 있는 문장의 의문문

be동사가 쓰인 문장은 그 be동사나 조동사를 주어 앞으로 이동시켜 의문문을 만든다.
- She is very kind. (그녀는 매우 친절하다.)

　→ Is she very kind? (그녀는 매우 친절하니?)
- Mary will help me. (Mary가 나를 도와줄 것이다.)

　→ Will Mary help me? (Mary가 나를 도와줄까?)

> **POINT 27**
> be동사/조동사의 의문문:
> **be동사/조동사가 문장 앞으로 이동**
> I am → Am I ~?
> 주어 are ~. → Are 주어 ~?
> 주어 is ~. → Is 주어 ~?
> 주어+조동사 → 조동사+주어 ~?

2️⃣ 일반동사가 있는 문장의 의문문

일반동사가 있는 문장의 의문문은 do 또는 does를 주어 앞에 써서 만든다.

> **POINT 28**
> 일반동사의 의문문: 주어가 1인칭, 2인칭이거나 3인칭 복수일 때 문장 앞에 Do를 붙인다.
> **Do+주어+동사원형 ~?**

(1) 동사에 3인칭 단수 현재를 나타내는 -(e)s가 없으면 주어 앞에 **do**를 써서 의문문을 만든다.

- **The boys enjoy swimming.** (그 소년들은 수영을 즐긴다.)
  → **Do the boys enjoy swimming?** (그 소년들은 수영을 즐기니?)

(2) 동사에 3인칭 단수 현재를 나타내는 -(e)s가 붙어 있으면 주어 앞에 **does**를 써서 의문문을 만든다.

- **He gets up early.** (그는 일찍 일어난다.)
  → **Does he get up early?** (그는 일찍 일어나니?)

이때 원래의 동사는 3인칭 단수형인 -(e)s를 빼고 원형을 써야 한다.
왜냐하면 **does**의 -(e)s가 이미 주어가 3인칭 단수 현재라는 것을 나타내기 때문이다.

③ 의문문에 대한 대답

의문문의 주어 앞에 있는 **be동사, 조동사, 또는 do/does**를 사용하여 답한다.

(1) 「응, 그래.」라고 긍정으로 답할 때는 **Yes** 다음에 「(대명사) 주어+의문문의 주어 앞 동사」를 써 준다.

- **A: Are the boys kind?** (그 소년들은 친절하니?)
  B: Yes, they are. (응, 그래.)
- **A: Does the girl play the piano well?** (그 소녀는 피아노를 잘 치니?)
  B: Yes, she does. (응, 그래.)

(2) 부정의 내용으로 답할 때는 **No** 다음에 「(대명사) 주어+의문문의 주어 앞 동사+not」을 써 준다.

- **A: Do your parents go to bed late?** (너의 부모님은 늦게 잠자리에 드시니?)
  B: No, they do not./No, they don't. (아니, 그렇지 않아.)

☞ **부정 의문문과 대답**

ⓐ 부정 의문문은 보통 「be동사/do동사+not」의 축약형을 주어 앞으로 이동하여 만든다.

She cannot/can't play soccer. (그녀는 축구를 할 줄 모른다.)
→ **Can't she play soccer?** (그녀는 축구를 할 줄 모르지?)

ⓑ 부정 의문문에 답할 때도 **대답의 내용이 긍정이면 Yes를, 부정이면 No**를 쓴다. 이 경우 **Yes**를 「아니요」, **No**를 「응」이나 「예」로 해석해야 한다. 우리말에서는 대답이 긍정이냐 부정이냐에 상관없이 상대방의 말에 동의하면 「예」, 동의하지 않으면 「아니요」로 대답하기 때문이다.

A: Don't you enjoy swimming? (너는 수영을 즐기지 않지?)
B: Yes, I do. (아니요, 즐겨요.) / **No, I don't.** (예, 즐기지 않아요.)

[1~5] 빈칸에 알맞은 말을 넣어 주어진 문장을 의문문으로 바꾸어 쓰시오.

1 He is a movie director.

→ _____ _____ a movie director?

2 Tom and Jerry are good friends.

→ _____ _____ _____ good friends?

3 You like to play the guitar.

→ _____ _____ _____ to play the guitar?

4 She has a lot of books.

→ _____ _____ _____ a lot of books?

5 Mary does not like baseball.

→ _____ _____ _____ baseball?

[6~9] 다음 질문에 대한 알맞은 대답을 쓰시오.

6 Are you hungry?

→ Yes, _____ _____.

7 Aren't Kevin and Linda in the library?

→ No, _____ _____. They are in the gym.

8 Do Sujin and you like English?

→ Yes, _____ _____.

9 Does he go to school by bike?

→ No, _____ _____. He _____ to school on foot.

Track 16

⭐ be동사나 조동사가 있는 문장의 의문문 **be동사나 조동사를 주어 앞으로 이동시킨다.**

⭐ 일반동사가 있는 문장의 의문문

Do+1인칭 주어/2인칭 주어/3인칭 복수 주어+동사원형 ~? / **Does**+3인칭 단수 주어+동사원형 ~?

⭐ 의문문에 대한 대답 **긍정의 대답: Yes**, 대명사 주어+의문문의 주어 앞 동사. / **부정의 대답: No**, 대명사 주어+의문문의 주어 앞 동사+**not**.

⭐ 부정 의문문 be동사/조동사/do동사와 not의 축약형을 주어 앞으로 이동하여 만든다. 부정 의문문의 대답에서는 **Yes**를 「아니요」로, **No**를 「예」로 해석한다.

UNIT 09 의문사가 있는 의문문

Track 17

1. Who lives in this house?
2. What do dolphins eat?
3. ⓐ Where does John live?
   ⓑ He lives in New York. /In New York.

해석 1 누가 이 집에 사니?
  2 돌고래는 무엇을 먹니?
  3 ⓐ John은 어디에 사니?
    ⓑ 그는 New York에 산다. / New York에 산다.

의문사는 항상 문장의 제일 앞에 놓이고, 의문문을 이끈다.

⭐ Yes-No 의문문과 의문사가 있는 의문문

의문문에는 **Yes-No** 의문문과 의문사가 있는 의문문이 있다. **Yes-No** 의문문은 **be**동사나 조동사, 또는 **do**동사로 시작하며, **Yes**나 **No**를 사용하여 대답한다. 의문사가 있는 의문문은 **who, what, where** 등의 의문사로 시작하며 의문사에 해당하는 정보를 제공하여 대답한다. 의문사가 있는 의문문은 **Yes-No** 의문문과 달리 끝을 내려 말한다.

> **POINT 31**
> 의문사 who, when, where, what, why, how 는 **구체적 정보를 묻는 의문문**에 쓰인다.

⭐ 의문사가 있는 의문문을 만드는 방법

1 의문사가 주어일 때

의문사가 주어이면 문장 끝에 물음표를 붙여 주면 의문문이 된다.
- **What causes hiccups?** (무엇이 딸꾹질을 일으키니?)

> **POINT 32**
> 의문사가 주어일 때의 의문문:
> **의문사+동사 ~?**

2 의문사가 주어가 아닐 때

(1) 의문사를 문장 앞으로 이동시킨다.
(2) **be**동사나 조동사가 있는 문장이면 **be**동사나 조동사를 의문사와 주어 사이로 이동시킨다.
- The Internet is what
→ **What is the Internet?** (인터넷은 무엇이니?)

> **POINT 33**
> 의문사가 주어가 아닐 때의 의문문:
> **의문사+동사+주어 ~?**

(3) 일반동사가 있는 문장은 의문사와 주어 사이에 **do** 또는 **does** 중 적절한 형태를 써 준다. 이때 동사에 3인칭 단수 현재 -(e)s가 있으면 **does**를 의문사와 주어 사이에 쓰고 동사는 -(e)s가 없는 원형을 쓴다.

- John lives where
  → Where does John live? (John은 어디에 사나?)
- They do what after school.
  → What do they do after school? (그들은 방과 후에 무엇을 하니?)

③ 의문사가 있는 의문문에 대한 대답

의문사가 있는 의문문에 답할 때는 묻는 정보를 의문사가 원래 있던 자리에 써 준다.

- What do dolphins eat? (돌고래들은 무엇을 먹니?)
  — They eat fish. (그들은 물고기를 먹어.)

일상 대화에서는 묻는 정보만을 간단히 답하기도 한다.

- How do you go to school? (너는 어떻게 학교에 가니?)
  — By bus. (버스로 가.)

> **POINT 34**
> 의문사가 있는 의문문에 대한 대답: 의문사가 원래 있던 자리에 정보를 넣어 대답하거나, 간단히 정보만을 대답한다.

⭐ 의문사의 종류

의문사는 사람, 사물, 장소, 시간, 방법, 이유를 나타낸다.

사람	주격	who(누가)	Who knows her address? (누가 그녀의 주소를 아니?)
	소유격	whose(누구의)	Whose book is this? (이것은 누구의 책이니?)
	목적격	whom(누구를)	Whom do you like? (너는 누구를 좋아하니?)
사 물		what(무엇)	What do you want? (너는 무엇을 원하니?)
		which(어느 것)	Which do you like? (너는 어느 것을 좋아하니?)
장 소		where(어디에)	Where do you work? (너는 어디에서 일하니?)
시 간		when(언제)	When do you have lunch? (너는 언제 점심을 먹니?)
방 법		how(어떻게)	How do you go to school? (너는 어떻게 학교에 가니?)
이 유		why(왜)	Why do you learn English? (너는 왜 영어를 배우니?)

☞ **which**는 정해진 것 가운데에서 「어느 것, 어느 ~」이라고 말할 때 쓴다.
- Here are three books. Which (book) is yours? (여기 세 권의 책이 있다. 어느 것[책]이 너의 것이니?)
- Which will you eat, rice or noodles? (너는 밥과 국수 중 어느 것을 먹을 거니?)

> **POINT 35**
> **which**는 what과 달리 선택할 수 있는 범위가 정해져 있을 때 사용한다.

☞ 목적격 **whom** 대신에 **who**를 쓰는 것이 일반적이다.
- Who do you like? (너는 누구를 좋아하니?)

[1~8] 다음 문장의 빈칸에 알맞은 의문사를 쓰시오.

1 _____ is your birthday? —It's April 1st.

2 _____ is the weather in Brazil? —It's hot.

3 _____ is that foreigner? —He is Mr. Smith, my English teacher.

4 _____ do you want, coke or juice? —I want some juice.

5 _____ are you in a hurry? —Because I'm late for school.

6 _____ cellphone is this? —It's Minho's.

7 _____ does your father do? —He is a pilot.

8 _____ does she live in? —She lives next door to us.

[9~12] 우리말과 뜻이 일치하도록 주어진 단어를 배열하여 의문문을 완성하시오.

9 너는 어떤 스포츠를 좋아하니? (do, what sports, like, you, ?)
_____

10 그들은 어디 출신이니? (from, they, come, where, do, ?)
_____

11 이것은 누구의 책이니? (whose book, this, is, ?)
_____

12 너는 언제 잠자리에 드니? (do, you, when, go, to bed, ?)
_____

Track 18

🔹 **의문사가 있는 의문문 만드는 방법**

ⓐ **의문사가 주어일 때**: 문장 끝에 물음표를 붙인다.

ⓑ **의문사가 주어가 아닐 때**:

▪ **be동사/조동사가 있는 문장**: 의문사를 문장 맨 앞으로 이동시키고 be동사/조동사를 의문사와 주어 사이로 이동

▪ **일반동사가 있는 문장**: 의문사를 문장 맨 앞으로 이동시키고 의문사와 주어 사이에 **do** 또는 **does**를 쓴다.

UNIT 10 부가의문문

Track 19

1 ⓐ You are happy, aren't you?
  ⓑ They like fish, don't they?

2 ⓐ The boy is not tall, is he?
  ⓑ The girl doesn't look healthy, does she?

3 ⓐ You can swim, can't you?
  ⓑ The teachers will not come, will they?

해석 1 ⓐ 너는 행복해, 그렇지 않니?
      ⓑ 그들은 생선을 좋아해, 그렇지 않니?
    2 ⓐ 그 소년은 키가 크지 않아, 그렇지?
      ⓑ 그 소녀는 건강해 보이지 않아, 그렇지?
    3 ⓐ 너는 수영할 수 있지, 그렇지 않니?
      ⓑ 그 선생님들은 오시지 않을 거야, 그렇지?

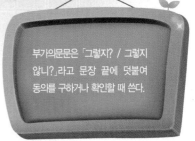
부가의문문은 「그렇지? / 그렇지 않니?」라고 문장 끝에 덧붙여 동의를 구하거나 확인할 때 쓴다.

⭐ 부가의문문

부가의문문은 평서문 뒤에 덧붙이는 짧은 의문문으로 자신이 말하는 것에 대해 상대방에게 동의를 구하거나 확인할 때 사용한다. 부가의문문의 형태는 앞 문장의 주어와 동사에 따라 결정되는데, 문장이 긍정문인지 부정문인지, 동사가 be동사인지 일반동사인지, 주어가 무엇인지에 주목해야 한다.

1 긍정문의 부가의문문

(1) 부가의문문을 만들 때는 우선 문장이 긍정문인지 부정문인지에 주목한다. 긍정문이면 부가의문문은 부정 의문문이 되어야 한다.

(2) 다음은 동사의 종류를 살핀다. be동사가 있으면 「be동사+not의 축약형」을, 일반동사가 있으면 「do+not의 축약형」을 쓴다.

(3) 마지막으로 주어가 대명사이면 그대로 쓰고, 주어가 명사 표현이면 주어를 대명사로 바꾸어 써 주고 물음표를 붙인다.

 She is beautiful, isn't she? (그녀는 아름다워, 그렇지 않니?)

 Giraffes have long necks, don't they? (기린들은 목이 길어, 그렇지 않니?)

> **POINT 36**
> 긍정문의 부가의문문:
> 앞 문장이 긍정문이면 부정의 부가의문문을 써 준다.
> 「동사+not」은 축약형을 쓴다.
> 부가의문문의 주어는 대명사로 쓴다.

② 부정문의 부가의문문

(1) 부정문의 부가의문문은 긍정 의문문을 써야 한다.

(2) be동사나 do동사가 있으면 그 be동사나 do동사를 그대로 쓴다.

(3) 주어가 대명사이면 그대로 쓰고, 주어가 명사 표현이면 주어를 대명사로 바꾸어
써 주고 물음표를 붙인다.
- **They aren't Koreans, are they?** (그들은 한국 사람들이 아니지, 그렇지?)
- **The teacher doesn't get angry, does he?** (그 선생님은 화를 내시지 않지, 그렇지?)

POINT 37
부정문의 부가의문문:
**앞 문장이 부정문이면 긍정의
부가의문문을 써 준다.**

③ 조동사가 있는 문장의 의문문과 부가의문문

(1) 주어가 3인칭 단수라도 조동사 다음에는 반드시 동사원형을 쓴다.
(*조동사에 관한 자세한 내용은 Chapter 4 참고)
John must practice baseball every day. (John은 매일 야구를 연습해
야 한다.)

(2) 조동사가 있을 때는 그 조동사를 그대로 써서 의문문과 부가의문문을 만든다.
- **John can play the piano.** (John은 피아노를 칠 수 있다.)
  → **Can John play the piano?** (John은 피아노를 칠 수 있니?) – 의문문
  → **John can play the piano, can't he?** (John은 피아노를 칠 수 있지, 그렇지 않니?) – 부가의문문

POINT 38
조동사가 있는 문장의 의문문
과 부가의문문:
조동사 다음에는 **동사원형을**
쓰고, 의문문과 부가의문문을
만들 때는 그 조동사를 쓴다.

☞ 「**There is/are ~**」의 부가의문문은 there를 써서 만든다.
- **There is a pen on the table, isn't there?** (탁자 위에 펜이 있어, 그렇지 않니?)
- **There are not books on the desk, are there?** (책상 위에 책이 없어, 그렇지?)

★ 부가의문문에 대한 대답

부가의문문이 긍정이던 부정이던 관계없이 대답하는 내용이 **긍정**이면 「**Yes, 주어+
동사**」로, 대답하는 내용이 **부정**이면 「**No, 주어+동사+not**」으로 답한다.
- **A: She cooks well, doesn't she?** (그녀는 요리를 잘해, 그렇지 않니?)
  B: Yes, she does. (응, 잘해.) / **No, she doesn't.** (아니, 잘 못해.)
- **A: She doesn't cook well, does she?** (그녀는 요리를 잘 못해, 그렇
  지?)
  B: Yes, she does. (아니, 잘해.) / **No, she doesn't.** (응, 잘 못해.)

POINT 39
부가의문문에 대한 대답:
일반의문문과 같이 **긍정일 경
우는 Yes, 부정일 경우는
No**를 쓴다.

[1~5] 다음 문장의 부가의문문을 쓰시오.

1 You like rabbits, _____ _____?

2 The robot is smart, _____ _____?

3 They aren't your cousins, _____ _____?

4 There is a church on the hill, _____ _____?

5 It will rain tomorrow, _____ _____?

[6~8] 다음 부가의문문에 대한 답을 쓰시오.

6 He is good at math, isn't he?
→ _____, _____ _____. (응, 잘해.)
_____, _____ _____. (아니, 못해.)

7 You can't jump high, can you?
→ _____, _____ _____. (아니, 할 수 있어.)
_____, _____ _____. (응, 못해.)

8 Your sister doesn't like computer games, does she?
→ _____, _____ _____. (아니, 좋아해.)
_____, _____ _____. (응, 좋아하지 않아.)

 핵심 노트

 Track 20

UNIT 11 명령문 / 감탄문

1 ⓐ Open the window.
  ⓑ Don't be late.
  ⓒ Please sit down.

2 ⓐ What a pretty doll this is!
  ⓑ How beautiful the flower is!

해석 1 ⓐ 창문을 열어라.
    ⓑ 늦지 마라.
    ⓒ 앉으세요.
  2 ⓐ 이것은 정말 예쁜 인형이구나!
    ⓑ 그 꽃은 정말 아름답구나!

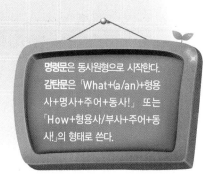

명령문은 동사원형으로 시작한다.
감탄문은 「What+(a/an)+형용사+명사+주어+동사!」 또는 「How+형용사/부사+주어+동사!」의 형태로 쓴다.

1 명령문

명령문은 듣는 사람에게 「~하라」, 「~하지 마라」, 「~해 주세요」라고 말할 때 쓴다. 명령문을 만드는 방법은 다음과 같다.

> **POINT 40**
> 명령문은 주어를 생략하고 동사원형으로 시작한다.

(1) 명령문의 주어가 말하는 사람의 상대방, 즉 그 말을 듣는 사람인 「당신」 또는 「당신들」이라는 것은 명확한 사실이므로 주어 you는 생략한다.

(2) 동사는 항상 원형을 써야 한다. 따라서 명령문에서 am, is, are 등은 쓰지 못하고 원형인 be를 써야 한다.
- **Come here.** (이리 와라.)
- **Be kind to others.** (다른 사람들에게 친절해라.)

(3) 「~하지 마라」라는 내용의 부정 명령문은 be동사 또는 일반동사의 원형 앞에 don't를 붙여 만든다.
- **Don't be afraid.** (두려워하지 마라.)
- **Don't run in the classroom.** (교실에서 뛰지 마라.)

> **POINT 41**
> 「~하지 마라」는 Don't로 시작한다.

(4) 「~해 주세요」와 같이 공손하게 말하려면 명령문 앞에 **please**를 쓰거나, 명령문 뒤에 쉼표를 찍고 **please**를 쓴다.

- **Be quiet.** (조용히 해라.)
  Please be quiet. (조용히 해 주십시오.)
  Be quiet, please. (조용히 해 주십시오.)

② 감탄문

감탄문은 「정말 ~하구나」와 같이 놀라움이나 감탄을 표현하는 문장으로서, **what**으로 시작하는 감탄문과 **how**로 시작하는 감탄문의 두 가지 형식이 있다.

(1) What+(a/an)+형용사+명사+주어+동사!

what으로 시작하는 감탄문에서는 **what** 뒤에 「a/an+형용사+단수 명사」 또는 「형용사+복수 명사」가 온다. 다음으로 「주어+동사」가 오고 끝에 느낌표(!)가 붙는다.

- **This is a very big tree.** (이것은 매우 큰 나무이다.)
  →**What a big tree this is!** (이것은 정말 큰 나무구나!)
- **They are very clever boys.** (그들은 매우 영리한 소년들이다.)
  →**What clever boys they are!** (그들은 정말 영리한 소년들이구나!)

(2) How+형용사(또는 부사)+주어+동사!

how로 시작하는 감탄문에서는 **how** 뒤에 형용사 또는 부사가 온다. 다음에 「주어+동사」가 오고 끝에 느낌표(!)가 붙는다.

- **It is very hot today.** (오늘은 매우 덥다.)
  →**How hot it is today!** (오늘은 정말 덥구나!)
- **The girl sings very beautifully.** (그 소녀는 매우 아름답게 노래한다.)
  →**How beautifully the girl sings!** (그 소녀는 정말 아름답게 노래하는구나!)

(3) 일상 대화에서는 감탄문의 「주어+동사」 부분이 생략되기도 한다.

- **What a big tree (it is)!** (참으로 큰 나무구나!)
- **How hot (it is)!** (참 덥기도 하다!)

[1~3] 다음 괄호 안에서 알맞은 말을 고르시오.

1 (Be, Are) quiet in the library.

2 (Clean, Cleans) your room.

3 (Not, Don't) eat too much.

[4~6] 빈칸에 what 또는 how를 써서 감탄문을 완성하시오.

4 _____ a difficult question it is!

5 _____ diligent you are!

6 _____ nice shoes they have!

[7~10] 주어진 단어를 배열하여 우리말과 뜻이 같은 문장을 쓰시오.

7 정말 아름다운 꽃들이구나! (beautiful, what, are, flowers, they, !)

_____

8 그녀는 정말 키가 크구나! (is, tall, she, how, !)

_____

9 저 좀 도와주세요. (help, me, please)

_____

10 늦지 마세요. (be, don't, late)

_____

Track 22

⭐ 명령문 만드는 방법
- 긍정 명령문: 주어를 생략하고 동사원형을 문장의 맨 앞에 쓴다.
- 부정 명령문: Don't + 동사원형 ~.

⭐ 감탄문 만드는 방법
- What + a/an + 형용사 + 단수 명사 (+ 주어 + 동사 ~)!
  What + 형용사 + 복수 명사 (+ 주어 + 동사 ~)!
- How + 형용사 (+ 주어 + 동사 ~)!
  How + 부사 (+ 주어 + 동사 ~)!

1 다음 대화의 빈칸에 알맞은 의문사를 보기에서 골라 쓰시오.

> [보기] **what   who   how   when   where   why**

(1) A: _____ is he?
B: He's Mike from England.
(2) A: _____ do you live?
B: I live in Seoul.
(3) A: _____ old is she?
B: She's thirteen years old.

2 다음 대화의 빈칸에 들어갈 말로 알맞은 것은?

> A: **When do you go to school?**
> B: _____

① It's a doll.   ② By bus.
③ She is my sister.   ④ I go to school at 8.
⑤ Because it is hot.

3 괄호 안에서 알맞은 말을 고르시오.

(1) This is a wonderful picture, isn't (this, it)?
(2) Jane doesn't like coffee, does (she, Jane)?
(3) He has good friends, (has, doesn't) he?
(4) (What, Which) do you like better, summer (or, and) winter?

4 빈칸에 들어갈 말로 알맞은 것끼리 짝지어진 것은?

> • This computer isn't expensive, _____ _____?
> • You have many clothes, _____ _____?

① isn't it – do you   ② is it – do you
③ is it – don't you   ④ isn't it – don't you
⑤ is it – have you

5 괄호 안에서 알맞은 말을 고르시오.

(1) (Are, Do, Be) kind to others.
(2) (Don't, Not, Doesn't) eat too much fast food.
(3) (What, How) a tall building it is!
(4) (What, How) kind the man is!

6 다음 문장의 밑줄 친 부분을 올바르게 고쳐 쓰시오.

(1) Does David <u>has</u> a cap?

(2) Winter is so cold, <u>is</u> it?

(3) Which do you like better, apples <u>and</u> oranges?

(4) There are many trees in the park, aren't <u>they</u>?

7 우리말과 뜻이 같도록 괄호 안의 단어를 알맞게 배열하여 문장을 완성하시오.

(1) 창문을 열지 마시오. (open, window, don't, the)

_____

(2) 그녀는 춤을 아주 잘 추니? (dance, very, she, does, well, ?)

_____

8 다음 문장을 괄호 안의 지시대로 바꾸어 쓰시오.

(1) They are movie stars.
→ _____ (부정문)
(2) He plays badminton every week.
→ _____ (부정문)
(3) This is a very cute dog.
→ _____ (감탄문)

Chapter 03

동사의 시제

시제란 동사의 어형 변화를 통해 현재, 과거, 미래의 시간 관계를 나타내는 방법을 말합니다. 현재의 일은 동사의 현재형을, 과거의 일은 동사의 과거형을 씁니다. 미래의 일을 나타낼 때는 주로 동사 앞에 will을 씁니다. 또한 현재, 과거, 미래의 시점을 기준으로 이미 끝난 행위나 상태를 나타낼 때는 「have+과거분사」 형식의 완료형을 쓰고, 행위가 끝나지 않고 아직 계속되고 있음을 나타낼 때는 「be동사+현재분사」 형식의 진행형을 씁니다.

Unit 12 _ 현재 시제 _ 50
Unit 13 _ 과거 시제 _ 53
Unit 14 _ 미래 시제 _ 56
Unit 15 _ 진행 시제 _ 59
Unit 16 _ 현재완료 시제 _ 62
Unit 17 _ 주의해야 할 현재완료 용법/과거완료 시제 _ 65
*Review Exercise _ 68

UNIT 12 현재 시제

Track 23

1 ⓐ The sun rises in the east.
  ⓑ No news is good news.

2 Park Jisung shoots and it's a goal!

3 I promise to be on time.

4 ⓐ The train arrives at 7:30.
  ⓑ I will call you when I come back.

해석 1 ⓐ 태양은 동쪽에서 뜬다.　　ⓑ 무소식이 희소식이다.
　　2 박지성 슛, 골!
　　3 나는 제시간에 올 것을 약속한다.
　　4 ⓐ 그 기차는 7시 30분에 도착한다.
　　　ⓑ 내가 돌아오면 네게 전화할 것이다.

문장에서 주어의 동작이 지금 현재 일어나는 일을 표현할 때 현재 시제를 사용한다.

일반동사의 현재 시제의 형태(현재형)

일반동사의 현재형은 대부분의 경우 동사원형과 형태가 같다. 그러나 **주어가 3인칭 단수일 때의 현재형은 동사원형에 -s 또는 -es를 붙여** 만든다.

1인칭 단수	I	work	in the office.
2인칭 단수	You		
3인칭 단수	He/She/It/The boy	works	
복수	We/You/They/The boys	work	

> **POINT 45**
> 주어가 3인칭 단수일 때 일반동사의 현재형은 「동사원형+-(e)s」이다.

(1) -s가 아니라 -es를 붙여 3인칭 단수 현재형을 만드는 동사
　① -s, -z, -x, -ch, -sh, 「자음+o」로 끝나는 동사: passes, buzzes, mixes, catches, washes, goes, does
　② 「자음+y」로 끝나는 동사는 y를 i로 바꾸고 -es: cry → cries, hurry → hurries
　　「모음+y」로 끝나는 동사는 -s: buys, pays
　☞ have는 주어가 3인칭 단수일 때 has, 나머지 경우에 have를 쓴다.
　• I/We/You/They have a lot of books. (나는/우리는/너는/그들은 많은 책을 가지고 있다.)

- **He/She has a dog.** (그는/그녀는 개를 가지고 있다.)

(2) 3인칭 단수 어미 -s와 -es의 발음

① 모음과 유성자음([b, d, g, l, m, n, r, v]) 다음에서는 [z]: **goes**[gouz], **digs**[digz]

② 무성자음([f, k, p, t]) 다음에서는 [s]: **laughs**[læfs], **cooks**[kuks]

③ [s, z, ʃ, tʃ, ʒ, dʒ] 다음에서는 [iz]: **loses**[luːziz], **manages**[mǽnidʒiz]

☞ **does**는 [dʌz]로, **says**는 [sez]로 발음되므로 주의해야 한다.

★ 현재 시제의 용법

1 불변의 진리, 습관, 속담 등

불변의 진리, 습관, 속담, 오래 계속되는 일 등은 과거, 현재, 미래에도 적용이 되는 내용이다. 이와 같이 **시간에 구애 받지 않고 과거, 현재, 미래에 모두 해당되는 일**을 말할 때는 현재 시제를 쓴다.

- **The earth goes around the sun.** (지구는 태양 주위를 돈다.) — 진리
- **I get up at seven in the morning.** (나는 아침 7시에 일어난다.) — 습관
- **My father works in a bank.** (아버지는 은행에서 일하신다.) — 장기간 계속되는 일

2 지금 순간적으로 일어나는 일

시범을 보일 때나 운동 중계처럼 **지금 순간적으로 일어나는 일**은 현재 시제로 나타낸다.

- **I break two eggs into a bowl.** (나는 달걀 두 개를 사발에 깨어 넣는다.) — 시범을 보이며 하는 말

3 동사가 나타내는 행위를 하게 되는 경우

'I promise ...'라고 말하면 **promise**가 나타내는 행위, 즉 약속을 하게 된다. 이와 같이 **어떤 말을 함으로써 동사가 나타내는 행위를 하게 되는 경우** 현재 시제를 쓴다. 또한 'I think ..., I believe ...'와 같이 자신의 현재 생각이나 의견을 말할 때도 현재 시제를 쓴다.

> **POINT 46**
> 현재 시제를 쓰는 경우:
> - 불변의 진리, 습관, 속담 등
> - 지금 순간적으로 일어나는 일
> - 말을 함으로써 행위를 하게 될 때
> - 시간표 등 정해진 미래의 일
> - 시간, 조건의 부사절에서

- **I declare this exhibition open.** (이 전시회의 개회를 선언합니다.) — 개회 선언
- **I think that prices will rise.** (나는 가격이 오르리라고 생각한다.) — 의견

4 현재 시제로 미래를 나타내는 경우

(1) 시간표, 일정표, 행사표 등과 같이 **틀림없이 일어날 미래의 일**을 나타낼 때

- **The plane leaves at 8 o'clock tomorrow.** (그 비행기는 내일 8시에 떠난다.)

(2) when, while 등으로 시작하는 **시간의 부사절**이나 if로 시작하는 **조건의 부사절**에서는 현재 시제를 써서 미래의 일을 나타낸다.

- **I'll call you when I get home.** (내가 집에 도착했을 때 너에게 전화할게.)
- **We won't go out if it rains tomorrow.** (내일 비가 오면 우리는 외출하지 않을 것이다.)

[1~5] 우리말과 뜻이 같도록 알맞은 동사의 형태를 쓰시오.

1 He _____ to bed at nine. (go)
(그는 9시에 잠자리에 든다.)

2 Jane _____ in a bank. (work)
(Jane은 은행에서 일한다.)

3 Sue _____ many shoes. (have)
(Sue는 많은 신발을 가지고 있다.)

4 I _____ that she will come back. (think)
(나는 그녀가 돌아올 거라고 생각한다.)

5 My brother _____ English after dinner. (study)
(나의 동생은 저녁 식사 후에 영어를 공부한다.)

[6~10] 다음 문장에서 틀린 부분을 찾아 바르게 고치시오.

6 The baby crys. _____ → _____

7 I has two brothers. _____ → _____

8 Mike washs his hands before meals. _____ → _____

9 My mother cookes pasta. _____ → _____

10 The train arrive in two minutes. _____ → _____

Track 24

⭐ 현재 시제의 용법
- 불변의 **진리, 습관, 격언, 속담, 오래 계속되는 일** 등 시간에 구애 받지 않고 과거, 현재, 미래에 모두 해당되는 일을 말할 때
- **시범**을 보일 때나 **운동 중계**처럼 지금 순간적으로 일어나는 일을 말할 때
- 어떤 말을 함으로써 **동사가 나타내는 행위를 하게 되는 경우** 또는 자신의 **현재 의견**을 말할 때
- **시간표, 일정표, 행사표** 등과 같이 틀림없이 일어날 미래의 일을 말할 때
- **when, while** 등으로 시작하는 **시간의 부사절**이나 if로 시작하는 **조건의 부사절**에서 미래의 일을 나타낼 때

UNIT 13 과거 시제

Track 25

1 She called me this morning.

2 I bought this book yesterday.

3 I took a shower every morning.

4 ⓐ She did not go to the library.
   ⓑ Did she go to the library?

현재 이전인 과거에 일어난 동사의 동작이나 상태를 표현할 때 과거 시제를 사용한다.

해석 1 그녀가 오늘 아침에 나에게 전화했다.
    2 나는 어제 이 책을 샀다.
    3 나는 매일 아침 샤워를 했다.
    4 ⓐ 그녀는 도서관에 가지 않았다.
      ⓑ 그녀는 도서관에 갔니?

★ 과거 시제의 형태(과거형)

동사의 과거형은 동사원형에 -(e)d를 붙여 만드는 **규칙 변화형**과 동사에 따라 독특하게 변하는 **불규칙 변화형**이 있다.

1 규칙 변화형

다음과 같은 규칙을 적용하여 동사의 과거형을 만든다.

(1) -e로 끝나는 동사는 -d를 붙이고 -e로 끝나지 않는 동사는 -ed를 붙인다.
    agreed, arrived, added, played

(2) 「단모음 + 단자음」으로 끝나는 동사는 자음을 겹쳐 쓰고 -ed를 붙인다.
    begged, dropped, stopped, tipped

(3) 「자음 + y」로 끝나는 동사는 y를 i로 바꾸고 -ed를 붙인다.
    carried, cried, fried, tried

(4) 「단모음 + 단자음」으로 끝나는 2음절의 동사가 두 번째 음절에 강세가 오면 단자음을 겹쳐 쓰고 -ed를 붙인다.
    occúrred, preférred, reférred
    ☞ 1음절에 강세가 있는 동사는 -ed만 붙인다.
      prófited, díffered

> **POINT 47**
> 규칙적으로 변하는 동사의 과거형 만드는 법:
> • -d 또는 -ed를 붙인다.
> • y를 i로 바꾸고 -ed를 붙인다.

(5) -(e)d의 발음을 익혀 정확하게 발음하도록 한다.

  ① 모음과 [d]를 제외한 유성자음 [b, g, l, m, n, r, v, z, ʒ, dʒ] 다음에서는 [d]
    로 발음

    agreed [əgríːd], **lived** [livd], **pleased** [plíːzd]

  ② [d]와 [t] 다음에서는 [id]로 발음

    added [ǽdid], **wanted** [wántid]

  ③ [t]를 제외한 무성음 [f, k, p, s, ʃ, tʃ] 다음에서는 [t]로 발음

    stopped [stɑpt], **laughed** [læft]

② 불규칙 변화형

불규칙 동사의 변화는 동사마다 다르므로 각각 잘 암기해야 한다. 243쪽의 〈부록 2. 불규칙 동사 변화형 150개〉를 보고 과거형과 (완료 시제를 만드는 데 쓰이는) 과거분사형을 각각 기억해 두도록 한다.

 (현재형 ─ 과거형 ─ 과거분사형)

- begin ─ began ─ begun
- rise ─ rose ─ risen
- come ─ came ─ come
- cut ─ cut ─ cut

③ 과거 시제의 용법

(1) 현재를 기준으로 볼 때 과거의 특정한 시점에 「종료된 사건, 동작, 상태」를 표현할 때 과거 시제를 쓴다.

- **I met Tom last Saturday.** (나는 지난 토요일에 Tom을 만났다.)
- **I worked all day yesterday.** (나는 어제 하루 종일 일했다.)

(2) 과거의 습관, 과거에 반복적으로 일어난 일, 과거의 지속적인 상태를 표현할 때 과거 시제를 쓴다. 과거형을 쓰면 지금은 그렇게 하고 있지 않다는 것을 나타낸다.

- **She was very cute when she was young.** (그녀는 어렸을 때는 매우 귀여웠다.)
- **I collected stamps when I was a child.** (나는 어렸을 때 우표를 수집했다.)

④ 과거 시제의 부정문과 의문문

일반동사의 과거형이 있는 문장의 부정문과 의문문은 **did**를 써서 만든다. 이때 동사는 원형으로 바꾸어 준다.

- **John called Mary.** (John은 Mary에게 전화했다.)
  John did not call Mary. (John은 Mary에게 전화하지 않았다.)
  Did John call Mary? (John이 Mary에게 전화했니?)

[1~6] 다음 동사의 과거형을 쓰시오.

1 want → _____   **2** stop → _____

3 try → _____   **4** catch → _____

5 come → _____   **6** play → _____

[7~10] 괄호 안에서 알맞은 동사의 과거형을 고르시오.

7 I (buyed, bought) this dress yesterday.

8 She (maked, made) robots.

9 I (began, begun) to exercise.

10 You (studied, studyed) English hard.

[11~12] 다음 문장을 의문문과 부정문으로 바꿔 쓰시오.

11 He met his teacher on the street.

_____ (부정문)

_____ (의문문)

12 Tom talked about his class.

_____ (부정문)

_____ (의문문)

Track 26

⭐ **과거 시제의 용법**
- 과거의 특정한 시점에 종료된 사건, 동작, 상태를 표현
- 과거의 습관, 과거에 반복적으로 일어난 일, 과거의 지속적인 상태를 표현

⭐ **혼동하기 쉬운 동사 변화**
- lie(거짓말하다) – lied – lied
- lie(눕다) – lay – lain
- lay(눕히다) – laid – laid
- rise(일어나다, 오르다) – rose – risen
- raise(일으키다, 올리다) – raised – raised
- fall(넘어지다, 떨어지다) – fell – fallen
- fell(넘어뜨리다) – felled – felled
- bind(묶다, 매다) – bound – bound
- bound(튀어오르다) – bounded – bounded

UNIT 14 미래 시제

① ⓐ It will rain tomorrow.
　ⓑ It will not rain tomorrow.

② ⓐ I will keep my promise.
　ⓑ Will you pass me the salt?
　ⓒ Shall I go with you?
　ⓓ He shall call you.

③ I hope they will not be late.

해석 ① ⓐ 내일 비가 올 것이다.
　　　ⓑ 내일 비가 오지 않을 것이다.
　　② ⓐ 나는 약속을 지키겠다.
　　　ⓑ 소금을 좀 건네주시겠어요?
　　　ⓒ 제가 함께 갈까요?
　　　ⓓ 그가 너에게 전화하도록 할게.
　　③ 나는 그들이 늦지 않기를 바란다.

미래 시제는 현재 시점을 기준으로 아직 일어나지 않았지만, 앞으로 일어날 가능성이 있는 일을 표현한다.

미래 시제의 형태 (미래형)

(1) 미래형은 일반적으로 「조동사 will+동사원형」으로 나타내며, will은 주어와 축약되어 'll로 자주 사용된다.
- **She'll come to the party tomorrow.** (그녀는 내일 파티에 올 것이다.)

> **POINT 51**
> will의 축약형(줄임말):
> - I will → I'll
> - will not → won't

(2) 조동사 will이 있는 문장을 부정문으로 만들 때는 「**will not+동사원형**」을 쓴다. will not은 **won't**로 자주 축약되어 사용된다.
- **We won't eat quickly again.** (우리는 다시는 빨리 먹지 않을 것이다.)

(3) 조동사 will이 있는 문장을 의문문으로 만들 때는 will이나 won't가 주어 앞으로 이동한다.
- **Won't you go with me?** (나와 함께 가지 않을래?)

⭐ 미래 시제의 용법

① 단순 미래

단순 미래는 주어나 말하는 사람의 생각이나 의지와는 상관없이 **시간이 지나면 자연히 일어나게 되는 일**을 표현할 때 쓰며 「will+동사원형」으로 나타낸다.

- **Mom will be 50 years old next year.** (엄마는 내년에 50세가 될 것이다.)

☞ 주어가 1인칭일 때 영국식 영어에서는 **will** 대신 **shall**를 쓰기도 한다.

- **We shall meet again next year.** (우리는 내년에 다시 만나게 될 것이다.)

> **POINT 52**
> 단순 미래:
> 시간이 흐름에 따라 자연히 발생하는 미래의 일을 표현

② 의지 미래

의지 미래는 주어, 말하는 사람, 또는 듣는 사람의 **생각, 의견, 의도에 따라 일어나는** 미래의 일을 표현한다.

(1) **주어의 의도, 의지, 약속을 표현할 때**

- **I will call you in the afternoon.** (오후에 너에게 전화할게.)

(2) **상대방에게 요청, 부탁, 제안을 할 때**: 상대방의 의향을 묻는 형태이지만, 주어가 **you**이므로 주어의 의지를 표현하는 경우에 해당한다.

- **Will you shut the door?** (문을 닫아 줄래요?)

(3) **상대방의 의지를 물을 때**: 말하는 사람 자신이 어떤 일을 하기를 원하는지 상대방에게 물을 때는 「Shall I ...?」를, 상대방에게 함께 어떤 일을 하자고 제안할 때는 「Shall we ...?」를 쓴다.

- **Shall I open the window?** (제가 창문을 열까요?)
- **Shall we go on a picnic this weekend?** (우리 이번 주말에 소풍 갈까?)

> **POINT 53**
> 의지 미래:
> - 주어의 의도, 의지, 약속을 표현 (I will ~)
> - 요청, 부탁, 제안 등을 표현 (Will you ~?)
> - 상대방의 의지를 물을 때 (Shall I/we ~?)
> - 말하는 사람의 의지를 표현 (He/You/They shall ~)

(4) **말하는 사람의 의지를 표현할 때**: 2인칭이나 3인칭 주어와 **shall**이 쓰이면 말하는 사람의 의지를 나타낸다. 즉, 말하는 사람이 '주어에게 그렇게 하도록 시키겠다' 는 뜻이다.

- **You shall have the car.** (내가 너에게 그 차를 갖게 해 주겠다.)
- **They shall go there.** (내가 그들이 거기에 가게 해 주겠다.)

③ 미래에 대한 희망, 기대를 나타낼 때

hope, believe, think, expect 등의 동사 다음에 쓰여 **미래에 일어날 일에 대한 희망, 기대** 등을 표현한다.

- **I think our team will win.** (나는 우리 팀이 이길 거라고 생각한다.)

[1~3] 밑줄 친 부분을 줄임말로 바꿔 쓰고, 우리말로 옮기시오.

1 I <u>will</u> eat some pizza. → _____

_____

2 We <u>will not</u> do that again. → _____

_____

3 <u>She will</u> be a middle school student next month. → _____

_____

[4~6] will이나 shall을 써서 우리말을 영어로 옮겨 쓰시오.

4 창문을 열어 줄래요? (open the window)

_____

5 제가 함께 갈까요? (go with you)

_____

6 우리 내일 수영하러 갈래? (go for a swim)

_____

[7~8] 주어진 문장을 부정문으로 바꿔 쓰시오.

7 They will go to the zoo tomorrow.

_____

8 She'll be in the park.

_____

Track 28

⭐ 미래 시제의 용법

▪ **단순 미래**: 시간이 지나면 자연히 일어나게 되는 일을 표현

▪ **의지 미래**: 주어, 말하는 사람, 또는 듣는 사람의 **생각, 의견, 의도에 따라** 일어나게 되는 미래의 일을 표현

　　ー 주어의 의지, 의도, 약속을 표현할 때: 주어+will　　ー 상대방에게 요청, 부탁, 제안을 할 때: **Will you ~?**

　　ー 상대방의 의지를 물을 때: **Shall I ~? / Shall we ~?**

　　ー 말하는 사람의 의지를 표현할 때: **He/You/They shall ~**

▪ **미래에 대한 희망, 기대를 나타낼 때**: I hope/believe/think/expect+미래의 명사절

UNIT 15 진행 시제

Track 29

1️⃣ ⓐ Mary is talking with her friend.
　　ⓑ You're always playing computer games.
　　ⓒ I'm leaving Seoul tomorrow.

2️⃣ I was waiting for him in the park.

3️⃣ I will be traveling in the U.S. next month.

4️⃣ I have a lot of books.

해석 1️⃣ⓐ Mary는 자기 친구와 이야기하고 있다.
　　ⓑ 너는 항상 컴퓨터 게임을 하고 있다.
　　ⓒ 나는 내일 서울을 떠날 것이다.
　　2️⃣ 나는 공원에서 그를 기다리고 있었다.
　　3️⃣ 나는 다음 달에는 미국에서 여행하고 있을 것이다.
　　4️⃣ 나는 많은 책을 가지고 있다.

진행 시제는 「be동사+현재분사
(동사원형+-ing)」로 쓴다.

⭐ 진행 시제의 형태(진행형)

(1) 진행형은 「be동사+현재분사」의 형식이다. 현재분사는 동사원형에 -ing를 붙인 형태이다.
　　① 현재진행형(~하고 있다): be동사의 현재형(am/is/are)+-ing
　　② 과거진행형(~하고 있었다): be동사의 과거형(was/were)+-ing
　　③ 미래진행형(~하고 있을 것이다): will be+-ing

(2) 현재분사(-ing) 만드는 법
　　① 대부분의 동사: 동사원형 + -ing (calling, working)
　　② -e로 끝나는 동사: -e를 생략하고, -ing (give → giving, take → taking)
　　　　-ee로 끝나는 동사: 동사원형 + -ing (agreeing, seeing)
　　③ 「단모음+단자음」으로 끝나는 동사: 마지막 자음을 겹쳐 쓰고 -ing (running, swimming, sitting, putting)
　　④ 「강세가 있는 단모음+단자음」으로 끝나는 2음절 이상의 동사: 마지막 자음을 겹쳐 쓰고 -ing (begínning, forgétting, occúrring)

★ 진행 시제의 용법

진행형은 **제한된 시간 동안 지속되는 일이 끝나지 않고 계속되고 있을 때** 사용한다.

    a) **I play the piano every day.** (나는 매일 피아노를 친다.) — 현재

    b) **I am playing the piano today.** (나는 오늘 피아노를 치고 있다.) — 현재진행형

a)에서는 과거, 현재, 미래에 피아노를 치는 것이므로 현재형을 쓴다. 그러나 b)에서는 오늘이라는 제한된 기간에만 피아노를 치는 것이고 아직 오늘이 지나가지 않아 지금도 피아노를 치고 있으므로 현재진행형을 쓴다. 이 구별은 진행형을 이해하는 데 가장 중요한 것이므로 잊지 말아야 한다.

① 현재진행형

(1) 현재를 중심으로 제한된 시간 동안 계속되고 있는 일을 나타낸다.

    ▪ **They're talking about sports.** (그들은 스포츠에 대해 이야기하고 있다.)

(2) 진행형이 **always, constantly, continually** 등의 부사와 함께 쓰이면 **너무 자주 어떤 일을 한다는 비판이나 비난의 의미**를 나타낸다.

    ▪ **He is always drinking coke.** (그는 항상 콜라를 마시고 있다.)

(3) 현재진행형은 **이미 계획되거나 준비된 미래의 일**을 나타낼 수 있다.

    ▪ **She is coming from England tomorrow.** (그녀는 내일 영국에서 올 것이다.)

> **POINT 54**
> ▪ **현재진행형**: am/are/is + -ing(현재 일정 시간 동안 계속되고 있는 일)

② 과거진행형

과거의 시점을 중심으로 제한된 시간 동안 계속되었던 일을 나타낸다.

    ▪ **We were staying at the hotel.** (우리는 그 호텔에 머무르고 있었다.)

> **POINT 55**
> ▪ **과거진행형**: was/were +-ing(과거에 일정 시간 동안 계속된 일)

③ 미래진행형

미래의 시점을 중심으로 제한된 시간 동안 계속될 일을 나타낸다.

    ▪ **I'll be watching TV this evening.** (나는 오늘 저녁에 TV를 보고 있을 것이다.)

> **POINT 56**
> ▪ **미래진행형**: will be + -ing(미래에 일정 시간 동안 계속될 일)

④ 진행 시제로 쓸 수 없는 동사

진행형은 행위나 동작이 일정한 기간 동안 지속되고 있는 상태라는 것을 나타내기 위해 쓴다. 따라서 이미 이와 같은 상태를 나타내는 동사는 진행형으로 쓸 수 없다.

① **소유, 닮음**: have(가지고 있다), resemble(닮다)

② **감정**: love(사랑하다), hate(싫어하다), want(원하다)

③ **감각**: see(보다), hear(듣다), smell(~한 냄새가 나다), taste(~한 맛이 나다)

    ▪ **I am having a lot of books.** (×) — 소유 (가지고 있다)

    ▪ **I am having lunch.** (○) (나는 점심을 먹고 있다.)

> **POINT 57**
> 진행형으로 쓸 수 없는 동사
> ▪ 소유, 닮음: have, resemble
> ▪ 감정: love, hate, want
> ▪ 감각: see, hear, smell, taste
> ▶ have가 '먹다'와 '(시간을) 보내다'의 뜻일 때는 진행형으로 쓸 수 있다.

UNIT 15_**Checkup** Test

[1~6] 다음 동사의 현재분사형을 쓰시오.

1 stop → _____   **2** write → _____   **3** cook → _____

4 do → _____   **5** make → _____   **6** run → _____

[7~9] 빈칸에 알맞은 be동사를 쓰시오.

7 What _____ you doing last night?

8 I _____ watching TV now.

9 It _____ raining outside now.

[10~12] 주어진 단어를 이용하여 진행형 문장을 쓰시오.

10 그는 공원에서 달리고 있다. (he, run, in the park)

_____

11 나는 버스를 기다리고 있다. (I, wait for, the bus)

_____

12 그들은 함께 노래를 부르고 있니? (they, sing, together)

_____

[13~14] 괄호 안에서 알맞은 것을 고르시오.

13 My family (have, are having) dinner now.

14 This soup (tastes, is tasting) good.

Track 30

⭐ **진행 시제의 용법**

제한된 시간 동안만 지속되는 일이 아직 끝나지 않고 계속되고 있을 때 사용한다.

- **현재진행형**: 현재를 중심으로 제한된 시간 동안 계속되고 있는 일, always 등의 부사와 함께 너무 자주 반복되는 일, 이미 계획되거나 준비된 미래의 일을 나타낸다.
- **과거진행형**: 과거의 시점을 중심으로 제한된 시간 동안 계속된 일을 나타낸다.
- **미래진행형**: 미래의 시점을 중심으로 제한된 시간 동안 계속될 일을 나타낸다.
- **진행형으로 쓸 수 없는 동사**: have, resemble, love, hate, see, hear 등

UNIT 16 현재완료 시제

① Jack has just arrived at the airport.

② Minsu has never been to another country.

③ Jane has lived in Seoul for ten years.

④ Michel has gone to Paris.

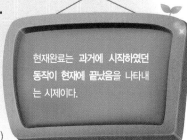

현재완료는 과거에 시작하였던 동작이 현재에 끝났음을 나타내는 시제이다.

해석 ① Jack이 막 공항에 도착했다.
　　 ② 민수는 다른 나라에 결코 가본 적이 없다.
　　 ③ Jane은 십년 동안 서울에 살고 있다.
　　 ④ Michel은 파리로 가 버렸다. (그래서 그녀는 지금 여기에 없다.)

⭐ 현재완료 시제의 형태(현재완료형)

(1) 현재완료는 「have/has+동사의 과거분사」의 형태로 쓴다. 규칙 동사의 과거분사는 과거형과 같이 동사에 -ed를 붙여 만든다. 그러나 불규칙 동사의 과거분사는 동사마다 각각 다르므로 243쪽의 〈부록2 불규칙 동사 변화형 150개〉를 보고 잘 암기해 두어야 한다.

(2) 완료형을 만드는 have는 조동사이므로 완료형의 부정문은 have 동사 다음에 not을 써서 만들고, 의문문은 have 동사를 주어 앞으로 이동하여 만든다.
- I have not seen the movie. (나는 그 영화를 본 적이 없다.)
- Has Mary finished her homework? (Mary는 숙제를 끝냈니?)

> **POINT 58**
> - 현재완료: have/has+과거분사
> - 부정문: have/has not+과거분사
> - 의문문: Have/Has+주어+과거분사 ~?

⭐ 현재완료와 과거 시제의 차이

과거 시제가 단순히 과거에 일어난 일을 말해 주는 반면에, 현재완료는 과거에 일어난 일이 현재 상황과 어떻게 관련되어 있는지에 관심이 있다.

　　 a) I lost my dictionary. (나는 사전을 잃어버렸다.) — 과거

b) I have lost my dictionary. (나는 사전을 잃어버렸다.) — 현재완료

a)의 문장은 단순히 '과거에 사전을 잃어버렸다'는 사실만을 이야기하고 있다. 따라서 '사전을 나중에 찾았는지 못 찾았는지'는 알 수 없다. 그러나 **b)**는 '사전을 잃어버렸고, 지금 사전을 가지고 있지 않다'는 사실에 중점을 두어 말하고 있다. 이와 같이 현재완료는 과거에 일어난 일을 현재와 관련시켜 말할 때 사용한다.

⭐ 현재완료의 의미

① 완료

「(지금 막) ~했다」를 뜻하며, **just**(막), **already**(이미), **yet**(아직) 등과 함께 쓰이는 경우가 많다.

- **I have already finished the homework.** (나는 이미 숙제를 끝냈다.)
- **I've just tidied up my room.** (나는 막 내 방을 깔끔하게 정리했다.)

② 경험

「(지금까지) ~한 적이 있다」는 의미로, **ever**(전에), **never**(결코 ~않다), **before**(전에), **once**(한번) 등과 함께 쓰이는 경우가 많다.

- **I've met the singer before.** (나는 전에 그 가수를 만난 적이 있다.)
- **Have you ever eaten a mango?** (너는 망고를 먹어 본 적이 있니?)

③ 계속

「(지금까지 계속) ~하고 있다」는 뜻으로, **since**(~ 이래로), **for**(~ 동안) 등과 함께 쓰이는 경우가 많다.

- **I've known Mary for years.** (나는 Mary를 몇 년간 알고 지내고 있다.)
- **I've lived here since 2000.** (나는 2000년부터 여기에서 살고 있다.)

④ 결과

「~했다 (그래서 지금 …하다)」의 뜻을 나타낸다.

- **We've bought a new car.** (우리는 새 차를 샀다. (그래서 우리는 지금 차를 가지고 있다.))
- **I've broken my leg.** (나는 다리가 부러졌다. (그래서 지금 걸을 수 없다.))

> **POINT 59**
> 현재완료의 의미
> - **완료**: 막 ~끝냈다(just, already, yet 등과 함께)
> - **경험**: ~한 적이 있다(ever, never, before, once 등과 함께)
> - **계속**: 계속 ~하고 있다 (since, for, how long 등과 함께)
> - **결과**: ~해 버렸다

[1~4] 우리말을 참고하여 괄호 안의 동사를 알맞은 형태로 바꿔 쓰시오.

1 I _____ _____ the actor before. (see)
(나는 전에 그 배우를 본 적이 있다.)

2 He _____ just _____ the book. (read)
(그는 그 책을 막 다 읽었다.)

3 She _____ _____ sick all this week. (be)
(그녀는 이번 주 내내 앓고 있다.)

4 I _____ _____ the key. (lose)
(나는 열쇠를 잃어버렸다. 그리고 아직 찾지 못했다.)

[5~6] 다음 문장을 지시대로 바꿔 쓰시오.

5 I have been to London. (부정문으로)

_____

6 She has finished the project. (의문문으로)

_____

[7~8] 주어진 문장과 의미가 같도록 빈칸에 알맞은 말을 쓰시오.

7 She went to Jejudo and she is not here.
→ She _____ _____ to Jejudo.

8 They closed the store and it is closed now.
→ They _____ _____ the store.

Track 32

✿ 현재완료
- 현재완료는 「have/has+과거분사」의 형태로 쓴다.
- 현재완료의 부정문은 「have/has not+과거분사」의 형태로 쓰고, 의문문은 「Have/Has+주어+과거분사 ~?」의 형태로 쓴다.
- 현재완료는 **완료** 「(지금 막) ~했다」, **경험** 「(지금까지) ~한 적이 있다」, **계속** 「(지금까지 계속) ~하고 있다」, **결과** 「~했다 (그래서 지금 …하다)」의 뜻을 나타낸다.

UNIT 17 주의해야 할 현재완료 용법/ 과거완료 시제

Track 33

① Tony has gone to London.

② ⓐ I have met Jane yesterday. (×)
  ⓑ I met Jane yesterday.

③ Minsu has lived in Seoul since he was born.

④ We ran to the station, but the train had already left.

해석 ① Tony는 London으로 가 버렸다.
  ② ⓐ 나는 어제 Jane을 만난 적이 있다. (×)
    ⓑ 나는 어제 Jane을 만났다.
  ③ 민수는 태어난 이래로 계속 서울에서 살고 있다.
  ④ 우리는 정거장으로 달려갔지만, 기차는 이미 떠나 버렸다.

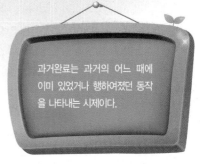

과거완료는 과거의 어느 때에 이미 있었거나 행하여졌던 동작을 나타내는 시제이다.

주의해야 할 현재완료의 용법

① have/has gone to

「**have/has gone to ~**」는 「~에 가 버려서 지금 여기에 없다」는 뜻이므로 1인칭 주어(**I, we**)나 2인칭 주어(**you**)와는 쓸 수 없다.
- **I[You] have gone to London.** (×) (나[너]는 London으로 가 버렸다. (그래서 지금 여기에 없다.))

> **POINT 60**
> • have/has gone to+장소: ~으로 가 버렸다(그래서 지금 여기 없다)

② 현재완료와 함께 쓸 수 없는 시간 표현

현재완료는 과거와 현재를 관련시켜 말하므로, 시간적으로는 과거에서 현재까지를 포함한다. 따라서 **현재완료는 특정한 과거의 시간을 나타내는 표현과는 함께 쓸 수 없다.**

> **POINT 61**
> 현재완료는 특정한 과거의 시간을 나타내는 표현과 함께 쓸 수 없다.

현재완료와 함께 쓸 수 있는 시간 표현	현재완료와 함께 쓸 수 없는 시간 표현
already, before, just, recently, since, yet 등	ago, just now, last week, when, yesterday, in 2008 등

의문사 when은 특정한 시간을 묻는 말이므로 특정한 시간을 나타내는 것으로 간주되어 현재완료와 함께 쓸 수 없다.

- **When have you lost the book?** (×)
- **When did you lose the book?** (너는 언제 그 책을 잃어버렸니?)

③ 현재완료 + since

(1) 「～이래로 …해 왔다」라고 할 때 주절에는 현재완료형을 쓰고 since 다음에는 과거형을 쓴다.

- **Mary has been sick since she came to Seoul.** (Mary는 서울에 온 이후로 앓고 있다.)

> **POINT 62**
> **현재완료 + since** :
> 현재완료 + since + 과거형
> 「…한 이래로 ～해 왔다」

(2) 「～한 지 …의 시간이 지났다」는 다음과 같이 표현할 수 있다.

- **It is/has been six years since he got married.** (그가 결혼한 지 6년이 지났다.)
  = **Six years have passed since he got married.**

④ 과거완료

(1) 「had+과거분사」를 과거완료라고 한다. 현재완료가 과거에 일어난 일을 현재와 관련시켜 말하듯이, **과거완료는 과거의 어떤 시점과 그 이전에 일어난 일을 관련시켜 말할 때** 쓴다.

> **POINT 63**
> **과거완료: had+과거분사**
> 과거의 어떤 시점보다 그 이전에 일어난 일을 말할 때 쓴다.

과거의 일 → 현재　　　과거 이전의 일 → 과거

　　현재완료　　　　　　　　　　과거완료

(2) 과거완료는 과거의 특정 시점까지의 완료, 경험, 계속, 결과를 나타낸다.

① **완료**: 「(과거 시점에 이미) ～했었다」

- **Mary had left when I called her.** (내가 전화했을 때 Mary는 이미 떠났었다.)

② **경험**: 「(과거 시점까지) ～한 적이 있었다」

- **I had been to Busan before I came to Seoul.** (나는 서울에 오기 전에 부산에 가 본 적이 있었다.)

③ **계속**: 「(과거까지 계속) ～하고 있었다」

- **He had been ill for a week when I came back.** (내가 돌아왔을 때 그는 일주일 동안 앓고 있었다.)

④ **결과**: 「이전에 …해서 (과거에) ～했다」

- **He couldn't play soccer. He had broken his leg.** (그는 축구를 할 수 없었어. 그는 다리가 부러졌었거든.)

(3) 과거보다 먼저 일어난 일을 말할 때 과거완료를 쓴다. 그러나 일이 일어난 순서대로 말할 때는 과거형을 쓴다.

- **I read the book which Mary had bought me.** (나는 Mary가 사 준 책을 읽었다.)
- **Mary bought me the book and I read it.** (Mary는 나에게 책을 사 줬고, 나는 그것을 읽었다.)

[1~3] 괄호 안에서 알맞은 동사 형태를 고르시오.

1 You (have changed, had changed) very much since I saw you last time.

2 We (have had, had had) that car for ten years before it broke down.

3 The basketball game (has started, had started) when I got to the gym.

[4~5] 다음 각 두 문장의 의미 차이를 우리말로 쓰시오.

4 (1) I have lived here for five years.

_____

(2) I lived here for five years.

_____

5 (1) When I arrived, Mary left.

_____

(2) When I arrived, Mary had left.

_____

[6~8] 주어진 우리말을 영어로 옮겨 쓰시오.

6 그들은 Europe에 가본 적이 있다.

_____

7 그들은 Europe으로 가 버렸다.

_____

8 너는 언제 그 영화를 보았니?

_____

Track 34

⭐ **3인칭 주어+have/has gone to ~** 「have/has gone to ~」는 3인칭 주어와만 쓰일 수 있다.

⭐ **현재완료와 함께 쓸 수 없는 시간 표현** yesterday, ago, when 등과 같이 특정한 과거를 나타내는 말

⭐ **과거완료** 「had+과거분사」의 형태로 쓰며, 과거 시점에 이미 완료된 일, 과거 시점까지의 경험이나 계속, 과거 이전의 일이 과거에 미친 결과를 나타낸다.

Chapter 03
Review Exercise

1 다음 중 밑줄 친 부분의 발음이 다른 것은?

① goe<u>s</u>　　② play<u>s</u>　　③ say<u>s</u>
④ arrive<u>s</u>　　⑤ work<u>s</u>

2 다음 중 잘못된 문장은?

① I am cleaning my room.
② The plane leaves at seven a.m.
③ He was listening to the music.
④ She buys some notebooks yesterday.
⑤ You'll be fifteen years old next month.

3 대화의 빈칸에 들어갈 말로 알맞은 것은?

A: I _____ my watch.
B: Did you find it?
A: No, I didn't.

① lose　　② was losing　　③ has lost
④ have lost　　⑤ had lost

4 우리말과 뜻이 같도록 밑줄 친 부분을 바르게 고쳐 쓰시오.

(1) I <u>went</u> to Japan. (나는 일본에 가본 적이 있다.)

(2) The moon <u>is shining</u> at night. (달은 밤에 빛난다.)

(3) A horse <u>runs</u> now. (말 한 마리가 지금 달리고 있다.)

(4) I <u>have</u> dinner with my family. (나는 가족과 저녁을 먹고 있다.)

5 빈칸에 어울리지 <u>않는</u> 것은?

> We played baseball _____.

① yesterday　　　　　② this afternoon
③ after school　　　　④ last Saturday
⑤ next Sunday

6 밑줄 친 부분이 어법상 <u>잘못된</u> 것은?

① She's <u>riding</u> a bike.
② She's <u>watching</u> TV.
③ He's <u>playing</u> the piano.
④ They're <u>having</u> a great time.
⑤ I'<u>m</u> always <u>loving</u> my parents.

7 괄호 안에서 알맞은 것을 고르시오.

(1) Cindy (has, had) lunch with Mike yesterday.
(2) The moon (goes, is going) around the earth.
(3) I (get, will get) up at 6 o'clock every morning.
(4) We'll stay at home if it (rains, will rain) tomorrow.

8 빈칸에 알맞은 말을 보기에서 찾아 쓰시오.

> [보기] since, never, for, already, when, how long

(1) _____ did you hear the news?
(2) A: _____ have you stayed in London?
　　 B: I have stayed _____ a month.
(3) I have _____ eaten such a delicious food.
(4) I have been sick _____ three days ago.
(5) She has _____ finished the project. I don't have to help her.

9 대화의 빈칸에 들어갈 말로 알맞은 것은?

> A: What is she doing now?
> B: She _____ the dishes.

① washes   ② washing

③ is washing   ④ was washing

⑤ has washed

10 괄호 안에서 알맞은 것을 고르시오.

(1) He (reads, read, has read, had read) the book yesterday.

(2) She (reads, has read, had read, was reading) the book three times before.

11 빈칸에 들어갈 말이 바르게 짝지어진 것은?

> Three years _____ since I _____ the girl.

① passed—met

② passed—has met

③ have passed—met

④ have passed—has met

⑤ had passed—have met

12 밑줄 친 부분을 바르게 고쳐 쓰시오.

(1) I hurried home, but she <u>has already gone</u>.

(2) When I arrived at the theater, the movie <u>have just started</u>.

(3) I <u>was never seeing</u> such a beautiful woman before.

(4) I <u>have lived</u> in London before I came back to Korea last year.

Chapter 04

조동사

조동사(助動詞)는 말 그대로 동사를 도와주는 역할을 합니다. 조동사는 be동사나 일반동사 앞에 놓여 미래나 의지(~할 것이다), 가능(~할 수 있다), 허락(~해도 좋다), 의무(~해야 한다) 등의 의미를 동사에 덧붙여 주는 역할을 합니다. 조동사는 의문문에서 주어 앞으로 이동하며, 조동사 다음에 오는 동사는 원형을 써야 합니다.

Unit 18 _ will/be going to _ 72
Unit 19 _ can / may _ 75
Unit 20 _ must / have to / should _ 78
***Review Exercise** _ 81

UNIT 18 will/be going to

Track 35

① @ He will be 14 years old next month.
  ⓑ We will see you next week.
  ⓒ Will you help me?
  ⓓ They will not meet her.
  ⓔ Accidents will happen.

② @ Mary is going to clean the house.
  ⓑ It's going to rain.

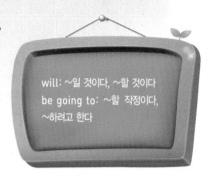

will: ~일 것이다, ~할 것이다
be going to: ~할 작정이다,
~하려고 한다

해석 ① @ 그는 다음 달에 열네 살이 될 것이다.
  ⓑ 우리는 다음 주에 너를 만날 것이다.
  ⓒ 나를 도와줄래?
  ⓓ 그들은 그녀를 만나지 않을 것이다.
  ⓔ 사고는 일어나게 마련이다.
  ② @ Mary는 집을 청소하려고 한다.
  ⓑ 비가 오려고 한다.

① 미래, 추측, 주어의 의지를 나타내는 will

@ will은 「~일 것이다」의 의미로, 시간이 지나면 자연히 이루어지는 미래의 일이
  나 미래에 대한 추측을 나타낸다.
  ▪ It will be fine tomorrow. (내일은 날씨가 맑을 것이다.)

> **POINT 64**
> will의 쓰임:
> ▪ 미래 추측
> ▪ 의지 표현(작정, 예정)
> ▪ 제안 및 권유

ⓑ will은 「~하려고 한다, ~할 예정이다」의 의미로, 주어의 의지를 나타낸다. 이때
  주어의 의지는 미리 마음먹었거나 계획한 것이 아니라 **말하는 순간에 갖게 된 의지**를 말한다.
  A: It's cold in this room. (이 방은 추워.)
  B: I will close the window. (창문을 닫을게.)

ⓒ 'Will you ~?」은 상대방에게 「~해 주겠어요?」라고 요청하거나 「~하겠어요?」
  라고 **제안** 또는 **권유**를 나타낸다.
  ▪ Will you open the window? (창문을 열어 주시겠어요?)
  ▪ Will you have some tea? (차 좀 드시겠어요?)

> **POINT 65**
> 조동사 will의 의문문:
> will을 주어 앞으로 이동하
> 여 의문문을 만든다.

ⓓ will을 포함하여 모든 조동사가 있는 문장을 부정문으로 만들 때는 조동사 다음
에 not을 쓴다. will not은 won't로 줄여 쓸 수 있다.

- **John will not/won't come to the party.** (John은 파티에 오지 않을 것
이다.)

ⓔ 습성, 경향, 성질 또는 현재의 습관을 나타낼 때도 will을 쓸 수 있다.

- **Boys will be boys.** (사내아이들의 장난은 어쩔 수가 없다.) — 습성, 경향
- **Oil will float on water.** (기름은 물에 뜨는 성질이 있다.) — 성질
- **She will sit alone for hours.** (그녀는 혼자 몇 시간이고 앉아 있곤 한다.) — 습관

② 의도를 말하거나 가까운 미래를 예측하는 be going to

ⓐ be going to는 「~하려고 한다, ~할 작정이다」라는 의미로, will과는 달리 **미리 의도하거나 계획된 일**을 말
할 때 쓴다.

- **We are going to go on a picnic.** (우리는 소풍을 가려고 한다.)
- ☞ be going to go/come 대신에 be going/coming을 쓰는 일이 많다.
- **I'm going out in a minute.** (나는 잠시 후에 외출하려고 한다.)
- **Mary is coming for a coffee tonight.** (Mary가 오늘밤 커피를 마시러 올 것이다.)

ⓑ be going to는 현재 주변의 증거를 보고 「~하려고 한다, ~할 것 같다」라고
가까운 미래에 곧이어 일어날 일을 예측할 때 쓴다.

- **This fence is going to fall down.** (이 담이 무너지려고 한다.)
- **Look! She is going to faint.** (저기 봐! 그녀가 기절하려고 해.)

☞ **be going to**와 같이 가까운 미래의 일을 나타내는 표현들

- **The leaders are to meet tomorrow.** (그 지도자들은 내일 만날 예정이다.) — be to+동사원형 (사람
이 조절할 수 있는 일에 사용)
- **I'm seeing him tomorrow.** — 현재진행형(구체적으로 계획된 일)
- **We are due to leave at 7:30.** (우리는 7시 30분에 떠날 예정이다.) — 일정표, 시간표와 관련하여 사용
- **Look! The race is about to start.** (저기 봐! 경주가 막 시작하려고 한다.)
- **They are on the point of starting.** (그들이 막 출발하려는 순간이다.)

[1~2] 다음 문장을 부정문과 의문문으로 바꿔 쓰시오.

1 She will have dinner with Tom.

_____ (부정문)

_____ (의문문)

2 They are going to play basketball.

_____ (부정문)

_____ (의문문)

[3~7] 우리말과 뜻이 같도록 빈칸에 알맞은 말을 쓰시오.

3 나는 내년에 중학생이 될 것이다.

I _____ _____ a middle school student next year.

4 TV를 켜 주시겠어요?

_____ _____ turn the TV on?

5 나는 도서관에 가려고 한다.

I _____ _____ to the library.

6 저기 봐! 저 아이가 넘어지려고 해.

Look! That child _____ _____ _____ fall down.

7 나는 막 떠나려던 참이다.

I am _____ _____ leave.

I am _____ _____ _____ of leaving.

Track 36

UNIT 19 can/may

Track 37

1. ⓐ My sister can make *gimbap*.
   ⓑ You can go to the park after school.
   ⓒ The rumor cannot be true.

2. ⓐ May I use your phone?
   ⓑ He may go hiking tomorrow.

- can: ∼할 수 있다(능력), ∼해도 좋다(허락)
- may: ∼해도 좋다(허락), ∼일지도 모른다(추측)

해석 1 ⓐ 내 여동생은 김밥을 만들 수 있다.
　　　 ⓑ 너는 방과 후에 공원에 가도 된다.
　　　 ⓒ 그 소문은 사실일 리가 없다.
　　 2 ⓐ 내가 너의 전화기를 써도 되겠니?
　　　 ⓑ 그는 내일 도보 여행을 하러 갈지도 모른다.

1 능력, 허락, 가능성을 나타내는 can

ⓐ 능력을 나타내는 can

(1) can은 「∼**할 수 있다**」라는 뜻으로 **능력**을 나타낸다. 능력을 나타내는 can은 be able to로 바꿔 쓸 수 있다.

> **POINT 69**
> can = be able to
> cannot = am/is/are not able to

- He can swim across the river. (그는 그 강을 헤엄쳐 건널 수 있다.)
  = He is able to swim across the river.

(2) cannot / can't는 「∼**할 수 없다**」의 뜻이다.

- I cannot/can't solve this problem. (나는 이 문제를 풀 수 없다.)
  = I'm not able to solve this problem.

(3) 「∼**할 수 있었다**」라는 과거의 능력은 **could**나 **was/were able to**를 써서 나타낸다.

- I could meet the teacher anytime. (나는 언제든지 선생님을 만날 수 있었다.)
  = I was able to meet the teacher anytime.

ⓑ 허락을 나타내는 can

(1) can은 「∼**해도 좋다**」라는 뜻으로 **허락**을 나타낸다. 「∼**해서는 안 된다**」라고 허락하지 않을 때는 **cannot/can't**를 쓴다.

- A: Can I look around? (둘러봐도 될까요?) — 의문문으로 허락 요청
  B: Yes, you can./No, you can't. (예, 됩니다. / 아니오, 안 됩니다.)

(2) 「Could I ~?」 표현을 써서 허락을 요청할 수도 있는데, 이것은 「Can I ~?」보다 더 **정중한 표현**이다.

ⓒ 가능성을 나타내는 **can**
(1) can은 「(때로는) ~일 수도 있다」는 가능성을 나타낸다.
- **Anybody can make mistakes.** (누구라도 실수할 수가 있다.)

(2) 부정형 cannot / can't는 「~일 리가 없다」는 의미이다.
- **You cannot fail the exam.** (너는 시험에 떨어질 리가 없다.)

(3) 의문문에서 can은 「(과연) ~일 가능성이 있을까?, ~일 수가 있을까?」라는 의미이다.
- **Can such a young man be a doctor?** (그렇게 어린 사람이 의사일 수 있을까?)

② 허락, 불확실한 추측을 나타내는 may

ⓐ 허락을 나타내는 **may**
   may는 「~해도 좋다」는 허락을 나타낸다. **may not**은 「~해서는 안 된다」라고 허락하지 않을 때 쓴다.
   - **You may go home now.** (너는 지금 집에 가도 좋다.)
   - **A: May I open the window?** (내가 창문을 열어도 될까요?)
     B: Yes, you may./No, you may not. (예, 열어도 되요. / 아니오, 열지 마세요.)
   허락을 하지 않을 때는 'No, you may not.' 보다 'I'm sorry you can't.' 를 더 많이 쓴다.

ⓑ 불확실한 **추측**이나 가능성을 나타내는 **may**
(1) may는 「~일 가능성이 있다, ~할지도 모른다」는 뜻으로 불확실한 **추측**이나 가능성을 나타낸다.
- **John may be at home now.** (John은 지금 집에 있을지도 모른다.)

> **POINT 70**
> May I ~? = Can I ~?
> (허락을 물을 때)

(2) may의 과거형인 might은 may보다 더 **불확실한 추측**이나 가능성이 더 희박함을 나타낸다.
- **The train might be late.** (그 기차가 늦을지도 모른다.)

(3) 추측을 나타내는 **may not**과 **might not**은 「~이 아닐지도 모른다, ~이 아닐 가능성이 있다」의 의미이다.
- **He may not tell the truth.** (그가 진실을 말하지 않을 수도 있다.)

[1~6] 다음 문장에서 밑줄 친 조동사의 뜻을 쓰시오.

1 You <u>can</u> swim well.

2 It <u>might</u> rain tonight.

3 I <u>can</u> speak English well.

4 He <u>may</u> come home early.

5 He <u>could</u> play the violin at the age of five.

6 You <u>may</u> go out with your friends.

[7~8] 밑줄 친 조동사의 뜻이 다른 것을 고르시오.

7 ① <u>Can</u> I stay here?
② <u>Can</u> I borrow your book?
③ <u>Can</u> she have a cookie?
④ <u>Can</u> she play the guitar?
⑤ <u>Can</u> I use your bike?

8 ① It <u>may</u> rain tomorrow.
② You <u>may</u> try on the shoes.
③ <u>May</u> I take your order?
④ <u>May</u> I open the window?
⑤ You <u>may</u> go out to play.

Track 38

★ can
ⓐ 능력: can 「~할 수 있다」, cannot/can't 「~할 수 없다」
ⓑ 허락: can 「~해도 좋다」, cannot/can't 「~해서는 안 된다」
ⓒ 가능성: can 「(때로는) ~일 수도 있다」, cannot/can't 「~일 리가 없다」, Can ~? 「(과연) ~일 수가 있을까?」
★ may
ⓐ 허락: may 「~해도 좋다」, may not 「~해서는 안 된다」
ⓑ 추측, 가능성: may 「~일지도 모른다」, may not 「~이 아닐지도 모른다」

UNIT 20 must/have to/should

Track 39

1 ⓐ You must go to school now.
  ⓑ You look pale. You must be sick.

2 I have to get up at six.

3 We should drive more carefully.

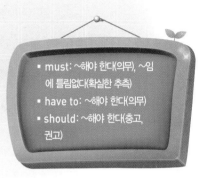

- must: ~해야 한다(의무), ~임에 틀림없다(확실한 추측)
- have to: ~해야 한다(의무)
- should: ~해야 한다(충고, 권고)

해석 1 ⓐ 너는 지금 학교에 가야 한다.
      ⓑ 너는 창백해 보인다. 너는 아픈 것이 틀림없다.
    2 나는 6시에 일어나야 한다.
    3 우리는 좀 더 조심스럽게 운전해야 한다.

1 의무, 확실한 추측을 나타내는 must

ⓐ 의무를 나타내는 must

(1) must는 「~해야 한다」는 의무 또는 필요를 나타낸다.

- We must be quiet in the library. (우리는 도서관에서 조용히 해야 한다.)

(2) must는 말하는 사람이 「~해야 한다」라고 생각할 때 쓰고, have to는 주변의 사정이나 규칙 때문에 어떤 일을 해야 할 때 쓴다.

- You must keep it a secret. (너는 그것을 비밀로 해야 한다.) — 말하는 사람의 판단
- You have to come to work by nine. (너는 9시까지 출근해야 한다.) — 회사의 규칙

(3) 「~해야 했다」라고 과거를 나타낼 때는 must를 쓸 수 없고 had to를 써야 한다.

(4) 의무나 필요를 나타내는 must의 부정형은 금지를 나타내는 must not/mustn't(~해서는 안 된다)와 필요하지 않음을 나타내는 do not have to/don't have to(~하지 않아도 된다)의 두 가지가 있다.

> **POINT 71**
> must not: ~해서는 안 된다(금지)
> don't have to: ~하지 않아도 된다(불필요)

- A: Must we leave now? (우리는 지금 떠나야 하니?)
  B: Yes, you must leave now. (응, 지금 떠나야 해.)
    No, you must not/mustn't leave now. (아니, 지금 떠나서는 안 돼.) — 금지
    No, you don't have to leave now. (아니, 지금 떠나지 않아도 돼.) — 불필요

ⓑ **확실한 추측**을 나타내는 must

(1) must는 「틀림없이 ~이다, ~임에 틀림없다」라는 **확실한 추측**을 나타낸다.
- **She must be an artist.** (그녀는 화가임에 틀림없다.)

(2) 「**틀림없이 ~ 아니다, ~일 리가 없다**」라고 부정적인 내용을 확실하게 추측할 때는 **must not**을 쓸 수 없고 **cannot/can't**를 써야 한다.
- **You studied very hard, so you can't fail the exam.** (너는 열심히 공부했으므로 시험에 떨어질 리가 없다.)

② 의무를 나타내는 have to

(1) have to는 must와 같이 「**~해야 한다**」라는 의미를 나타낸다.
- **We have to keep to the left.** (우리는 좌측통행을 해야 한다.)

(2) 주어가 3인칭 단수이면 **has to**를 쓴다.
- **He has to wear glasses.** (그는 안경을 써야 한다.)

(3) 「**~해야 했다**」라고 과거를 말할 때는 **had to**를 쓴다.
- **I had to walk the dog yesterday.** (나는 어제 개를 산책시켜야만 했다.)

> **POINT 72**
> 변신이 가능한 **have to** :
> - 주어가 3인칭 단수일 때 **has to**
> - 과거형은 **had to**
> - 부정형은 **don't/doesn't have to**(~하지 않아도 된다, ~할 필요가 없다)

(4) have to가 있는 문장을 의문문으로 만들 때는 조동사 **do**를 문장 맨 앞에 써야 한다.
- **Does John have to leave early?** (John은 일찍 떠나야 하니?)

(5) have to의 부정형은 **don't/doesn't have to**(~하지 않아도 된다, ~할 필요가 없다)이다.
- **A: Do you have to go now?** (너는 지금 가야 하니?)
- **B: No, I don't have to hurry.** (아니, 나는 서두르지 않아도 돼.)

③ 의무·당연·필요·도덕적 책임을 나타내는 should/ought to

(1) should는 「**당연히 ~해야 한다, ~하는 것이 좋다**」라는 의무·당연·필요 등을 나타낸다.
- **You should exercise every day.** (너는 매일 운동을 해야 한다.)

(2) should not/shouldn't는 「**~해서는 안 된다**」는 뜻이다.
- **You shouldn't go to bed so late.** (너는 그렇게 늦게 잠자리에 들어서는 안 된다.)

(3) should는 의문사와 함께 충고 또는 상대방의 의견을 구할 때 많이 쓰인다.
- **What should I do about my problem?** (내 문제에 대해 무엇을 해야 하지?)
- **Where should we have dinner tonight?** (오늘밤 어디서 저녁을 먹어야 하지?)

(4) ought to는 should와 의미가 유사하나, **should**보다 좀 더 강한 의미를 나타낸다.
- **You ought to vote.** (너는 당연히 투표를 해야 한다.)
- ☞ **had better**: 충고나 경고를 하기 위해 사용한다.
- **You had better see a doctor.** (너는 의사의 진찰을 받는 게 좋겠다.)

[1~3] 다음 문장을 어법상 바르게 고쳐 쓰시오.

1 What does she has to do?

_____

2 You don't must wait for me.

_____

3 I have to finish the project yesterday.

_____

[4~5] 밑줄 친 조동사의 뜻을 각각 쓰시오.

4 He didn't sleep last night. He <u>must</u> be tired now.

5 She isn't good at swimming. She <u>must</u> practice it regularly.

[6~8] 괄호 안에서 알맞은 것을 고르시오.

6 You (can, may, had better) slow down. You are driving too fast!

7 A: I failed my test.
B: Really? You (should, will, shall) study harder.

8 A: It's realy cold outside.
B: You (may, ought to, had to) wear a warm jacket.

Track 40

⭐ must
ⓐ 의무·필요성: 「~해야 한다」
▪ must의 부정형: must not/mustn't 「~해서는 안 된다」(금지)
don't/doesn't have to 「~하지 않아도 된다」(불필요)
ⓑ 확실한 추측: 「틀림없이 ~이다, ~임에 틀림없다」
▪ 「틀림없이 ~ 아니다, ~일 리가 없다」는 부정형: cannot/can't
⭐ have to 의무: 「~해야 한다」
▪ 의문문과 부정문에서 Do/Does를 사용.　　▪ 「~해야만 했다」는 과거형: had to
⭐ should/ought to 의무, 당연, 필요, 도덕적 책임: 「당연히 ~해야 한다, ~하는 것이 좋다」
▪ should not/shouldn't: 「~해서는 안 된다」
cf. had better: 「~하는 것이 좋다」 (충고나 경고를 나타낸다.)

1 빈칸에 공통으로 들어갈 말로 알맞은 것은?

> • You _____ use my dictionary.
> • I _____ write a letter in English.
> • He is honest. He _____ not tell a lie.

① may ② will ③ can ④ must ⑤ should

2 우리말과 뜻이 같도록 괄호 안에서 알맞은 말을 고르시오.

(1) I (will, can, have to) send a card to you.
  (나는 너에게 카드를 보낼 것이다.)
(2) She (may, must, can) know the truth.
  (그녀는 진실을 알고 있는 것이 틀림없다.)
(3) You (should, will, may) be honest.
  (너는 정직해야 한다.)
(4) He (must, may, can) meet his friends.
  (그는 그의 친구를 만날지도 모른다.)

3 대화의 빈칸에 들어갈 말로 알맞은 것은?

> A: Must I finish the work today?
> B: No, you _____ . (아니, 그러지 않아도 돼.)

① don't ② not ③ shouldn't
④ must not ⑤ don't have to

4 두 문장의 뜻이 같도록 빈칸에 알맞은 말을 쓰시오.

(1) He could swim across the river.
  = He _____ _____ _____ swim across the river.
(2) I can't answer the question.
  = I _____ _____ _____ _____ answer the question.

5 밑줄 친 must의 의미가 <u>다른</u> 하나는?

① She <u>must</u> be rich.
② They <u>must</u> be happy.
③ The baby <u>must</u> be hungry.
④ He <u>must</u> be wise to say so.
⑤ We <u>must</u> be nice to old people.

6 다음 중 <u>잘못된</u> 문장은?

① May I borrow your pen?
② You don't have to read it.
③ Could you open the door?
④ You should be quiet in class.
⑤ I am going to listening to the radio.

7 다음 문장을 과거형으로 바꿔 쓰시오.

(1) She has to finish her homework.

_____

(2) They can't enjoy the festival.

_____

(3) You must help your mom.

_____

8 괄호 안의 말을 사용하여 우리말에 맞게 영작하시오.

(1) 나는 어제 학교에 갈 필요가 없었다. (have to)

_____

(2) 우리는 내일 그 음악회에 갈 것이다. (be going to)

_____

(3) 그 소문은 사실이 아닐지도 모른다. (may)

_____

Chapter 05

문장의 5형식과 수동태

동사는 목적어의 유무, 보어의 유무에 따라 그 종류를 나눌 수 있습니다.
- 자동사 (목적어 불필요) – ① 완전자동사 (보어 불필요) ② 불완전자동사 (보어 필요)
- 타동사 (목적어 필요) – ① 완전타동사 (보어 불필요) ② 불완전타동사 (보어 필요)

타동사 중에는 2개의 목적어를 필요로 하는 동사(수여동사)가 있는데, 이 동사를 합하면 동사가 5종류가 됩니다. 기본 5문형이란 바로 이 5종류의 동사가 이루는 문형을 말합니다.

Unit 21 _ 자동사와 타동사 _ 84

Unit 22 _ 1형식 문장과 3형식 문장 _ 87

Unit 23 _ 4형식 문장 _ 90

Unit 24 _ 2형식 문장과 5형식 문장 _ 93

Unit 25 _ 능동태와 수동태 _ 96

Unit 26 _ 주의해야 할 수동태 _ 99

*Review Exercise _ 102

UNIT 21 자동사와 타동사

① ⓐ Babies cry.
　ⓑ I got a letter today.
　ⓒ My mother gave us chicken for lunch.

② ⓐ My head aches.
　ⓑ The singer became famous.
　ⓒ They found the singer famous.

해석 ① ⓐ 아기들이 운다.
　　 ⓑ 나는 오늘 편지를 한 통 받았다.
　　 ⓒ 엄마는 우리에게 점심으로 치킨을 주셨다.
　　 ② ⓐ 나의 머리가 아프다.
　　 ⓑ 그 가수는 유명해졌다.
　　 ⓒ 그들은 그 가수가 유명하다는 것을 알았다.

목적어가 필요하지 않은 동사를 자동사라고 하고, 목적어가 필요한 동사를 타동사라고 한다.

① 자동사와 타동사

(1) 「아기들이 운다」라고 하면 완전한 의미가 되지만, 「나는 받았다」라고 하면 「무엇을」이라는 의문이 생긴다. 즉 '울다(cry)'와 달리 '받다(get)'는 「~을」에 해당하는 목적어가 있어야 완전한 의미를 전달할 수 있다. ①ⓐ의 cry와 같이 「~을」에 해당하는 **목적어가 필요하지 않은 동사를 자동사**라고 하고, ①ⓑ의 get과 같이 「~을」에 해당하는 **목적어가 필요한 동사를 타동사**라고 한다.

> **POINT 13**
> ▪ 자동사: 목적어가 필요하지 않은 동사
> ▪ 타동사: 목적어가 필요한 동사

▪ **She works.** (그녀는 일한다.)
　　　자동사
▪ **She wants an MP3 player.** (그녀는 MP3 플레이어를 원한다.)
　　 타동사　　 목적어

(2) 타동사 가운데에 「~을」이라는 목적어뿐만 아니라 「~에게」라는 목적어가 필요한 것도 있다. 예를 들어, '엄마가 치킨을 준다'라고 하면 「누구에게」 주었는지 알 수 없다. 즉 give와 같은 동사는 「~을」에 해당하는 **직접목적어**와 「~에게」에 해당하는 **간접목적어를 필요**로 하는데, 이와 같은 동사를 **수여동사**라고 한다. 이 내용은 **UNIT 23**에서 자세히 다루도록 한다.

CHAPTER_05

▪**They told me a surprising story.** (그들은 나에게 놀라운 이야기를 말해 주었다.) ― 타동사(수여동사)
    동사 간·목   직·목

② 완전동사와 불완전동사

보어가 필요하지 않은 동사를 완전동사, 보어가 필요한 동사를 불완전동사라고 한다.

(1) ②ⓐ에서처럼 「나의 머리가 아프다」라고 하면 주어와 동사만으로도 완전한 문장이 된다. 이와 같이 보어 없이도 완전한 문장을 이루는 동사를 완전동사라고 한다. ①ⓐ, ⓑ, ⓒ에 쓰인 동사도 모두 완전동사이다.

▪**The phone rang.** (전화가 울렸다.) ― 완전동사

(2) 어떤 동사들은 주어를 설명하는 말을 필요로 한다. 예를 들어, ②ⓑ에서 'The singer became'이라고 하면 '그 가수는 되었다'가 되어 완전한 의미를 나타내지 못한다. '그 가수는 유명해졌다'는 완전한 의미를 나타내려면 became 다음에 famous와 같이 주어를 설명하는 말이 와야 한다. **주어를 설명해 주는 말을 주격보어**라고 한다. 주격보어는 의미상 「**주어＝주격보어**」의 관계, 즉 「**주어 am/is/are 주격보어**」 관계가 성립한다.

> **POINT 74**
> 주격보어 : 주어를 설명
> (주어=주격보어)

▪**Tom is a popular singer.** (Tom은 인기 있는 가수이다.) ― 불완전자동사
  주어   주격보어

(3) 목적어를 설명해 주는 말이 필요한 동사도 있다. ②ⓒ에서 famous가 없으면 '그는 그 가수를 알았다'가 되어 의도한 의미를 완전하게 나타내지 못한다. 즉 famous가 와서 목적어인 그 가수가 어떠한지를 설명해 주어야 완전한 문장이 된다. 이와 같이 **목적어를 설명해 주는 말을 목적격보어**라고 한다. 목적격보어는 의미상 「**목적어＝목적격보어**」의 관계, 즉 「**목적어 am/is/are 목적격보어**」 관계가 성립한다. ②ⓒ에서 'the singer is famous'의 관계가 성립되는 것을 알 수 있다.

> **POINT 75**
> 목적격보어 : 목적어를 설명
> (목적어=목적격보어)

▪**They call me Sue.** (그들은 나를 Sue라고 부른다.) ― 불완전타동사
      목적어 목적격보어

☞ 정리하면, 동사의 종류에는 다음 5가지가 있다.

  1. 완전자동사: 목적어와 보어가 모두 필요 없는 동사(주어+동사)
  2. 불완전자동사: 보어만 필요한 동사(주어+동사+주격보어)
  3. 완전타동사: 하나의 목적어만 필요한 동사(주어+동사+목적어)
  4. 수여동사: 간접목적어와 직접목적어가 모두 필요한 동사(주어+동사+간접목적어+직접목적어)
  5. 불완전타동사: 목적어와 보어가 모두 필요한 동사(주어+동사+목적어+목적격보어)
  이 5가지 동사가 이루는 문형을 **문장의 5형식**이라고 한다.

[1~5] 다음 문장을 우리말로 옮겨 쓰고, 밑줄 친 부분이 자동사이면 '자'를, 타동사이면 '타'를 쓰시오.

1 The sun set.
→ _____ (   )

2 They played basketball.
→ _____ (   )

3 She enjoyed music.
→ _____ (   )

4 John became an actor.
→ _____ (   )

5 I found him a soccer player.
→ _____ (   )

[6~8] 문장에서 '주격보어' 또는 '목적격보어'를 찾아 밑줄을 긋고, '주격보어' 이면 '주', '목적격보어' 이면 '목'을 쓰시오.

6 He is a popular singer. (   )

7 People call him Dave. (   )

8 Michael became a scientist. (   )

Track 42

★ 동사의 종류
- 완전자동사: 목적어와 보어가 모두 필요 없는 동사 (Babies cry.)
- 불완전자동사: 보어만 필요한 동사 (The singer became famous.)
  주격보어
- 완전타동사: 하나의 목적어만 필요한 동사 (I got a letter.)
  목적어
- 수여동사: 간접목적어, 직접목적어가 모두 필요한 동사 (She gave the boy a watch.)
  간접목적어 직접목적어
- 불완전타동사: 목적어와 보어가 모두 필요한 동사 (He found the singer famous.)
  목적어   목적격보어

UNIT 22 1형식 문장과 3형식 문장

Track 43

1 ⓐ Birds fly.
　ⓑ She ran in the park.
2 He watched the birds.
3 The man entered the house.
4 They waited for the train.

해석 1 ⓐ 새들이 난다.
　　　ⓑ 그녀는 공원에서 달렸다.
　　2 그는 그 새들을 관찰했다.
　　3 그 남자는 집으로 들어갔다.
　　4 그들은 기차를 기다렸다.

주어와 동사로 이루어진 문장을 1형식, 「주어+동사+목적어」로 이루어진 문장을 3형식이라고 한다.

1 주어와 동사만 있는 1형식 문장

ⓐ 모든 문장에는 주어와 동사가 있다. 1ⓐ와 같이 **주어와 동사로 이루어져 완전한 의미를 나타내는 문장을 1형식**이라고 한다. 즉 보어와 목적어가 필요하지 않은 완전자동사가 있는 문장이다.

> **POINT 76**
> 1형식 문장: **주어+동사 (+수식어)**

ⓑ 1ⓑ에는 주어와 동사 외에 전치사구 '**in the park**'이 있다. 이 전치사구를 뺀 **She ran**도 「그녀는 달렸다」라는 완전한 의미를 나타낸다. 이와 같이 시간, 장소, 정도 등을 나타내고 생략하더라도 문장이 성립하는 요소들을 **수식어**라고 한다.

문장의 형식은 모든 동사에게 필요한 주어를 제외하고, 동사에게 꼭 필요한 요소인 보어와 목적어가 있는지 없는지로 판단한다. 주어는 모든 문장에 있으므로 문장의 형식을 구별해 주지 못한다. 또한 수식어는 없어도 되는 요소이기 때문에 문장의 형식을 결정하는 데 관여하지 못한다. 따라서 1ⓑ도 1형식 문장이다.

- **The sun rises in the east.** (해는 동쪽에서 뜬다.)
　　주어　　동사　　수식어
1형식에 쓰이는 완전자동사로는 sing(노래하다), fly(날다), run(달리다), come(오다), sleep(자다), study(공부하다), walk(걷다), work(일하다) 등이 있다.

② 목적어가 있는 3형식 문장

POINT 77
3형식 문장: 주어+동사+목적어 (+수식어)

주어, 동사, 목적어로 완전한 뜻을 이루는 문장을 3형식이라고 한다. 즉 목적어가 필요한 완전타동사가 있는 문장이다. ②에서는 **the birds**가 목적어이다.

- **Mary bought a computer at the store.** (Mary는 가게에서 컴퓨터를 샀다.)
  <u>주어</u>　<u>동사</u>　<u>목적어</u>　<u>수식어</u>

③ 자동사처럼 보이는 타동사

일부 타동사는 목적어가 「~을」로 해석되지 않고 「~와, ~에 대하여, ~에」로 해석되기 때문에 자동사로 착각하기 쉽다. 예를 들어, ③의 동사 enter는 「~으로 들어가다」로 해석되므로 **enter into**라고 잘못 쓰지 않도록 주의한다.

discuss ~ (~에 대하여 토론하다)	enter ~ (~에 들어가다)	resemble ~ (~와 닮다)
reach ~ (~에 도달하다)	marry ~ (~와 결혼하다)	approach ~ (~에 다가가다)

- **She married ~~with~~ Tony in 2008.** (그녀는 2008년에 Tony와 결혼했다.)
- **We often discuss ~~about~~ politics.** (우리는 자주 정치에 대해 토론한다.)
- **They reached ~~to~~ the top of the mountain.** (그들은 산 정상에 도달했다.)
- **The boy resembles ~~with~~ his father.** (그 소년은 아버지와 닮았다.)

④ 타동사처럼 보이는 자동사

④의 wait은 「~을 기다리다」로 해석되어 「~을」에 해당하는 목적어가 필요한 타동사로 착각하기 쉽다. 그러나 wait은 자동사이므로 'The man waited'와 같이 목적어를 갖지 않거나, 'for the train'과 같이 for로 시작하는 수식어구를 가진다.

wait for ~ (~을 기다리다)	listen to ~ (~을 듣다)	look at ~ (~을 보다)
look for ~ (~을 찾다)	object to ~ (~을 반대하다)	care for ~ (~을 돌보다)

- **Look at this picture.** (이 그림을 보아라.)
- **She care for the children.** (그녀가 그 아이들을 돌본다.)
- **Why don't you listen to your friend's advice?** (네 친구의 충고를 듣는 게 어때?)

[1~5] 1형식 문장은 '1'을, 3형식 문장은 '3'을 쓰고, 3형식 문장에서 목적어를 찾아 밑줄을 그으시오.

1 He needs good shoes.

2 David is running in the playground.

3 They went to the festival.

4 Andy married Victoria last weekend.

5 She made pizza for her children.

[6~10] 밑줄 친 부분을 바르게 고쳐 쓰시오.

6 I resemble with my father.

7 I was listening the radio in my room.

8 She is waiting her friends in the park.

9 We reached to the top of the Eiffel Tower.

10 They discussed about the class newspaper.

Track 44

⭐ **1형식 문장** 「주어+동사 (+수식어)」로 이루어진 문장
⭐ **3형식 문장** 「주어+동사+목적어 (+수식어)」로 이루어진 문장
⭐ **수식어구** 수식어구는 문장 형식을 정하는 데 영향을 미치지 않는다.
⭐ **자동사처럼 보이는 타동사** discuss ~ (~에 대하여 토론하다), enter ~ (~에 들어가다), resemble ~ (~와 닮다), reach ~ (~에 도달하다), marry ~ (~와 결혼하다), approach ~ (~에 다가가다)
⭐ **타동사처럼 보이는 자동사** wait for ~ (~을 기다리다), listen to ~ (~을 듣다), look at ~ (~을 보다), look for ~ (~을 찾다), object to ~ (~을 반대하다), care for ~ (~을 돌보다)

UNIT 23 4형식 문장

① ⓐ They gave Mary birthday presents.
 ⓑ He bought Mary flowers.

② ⓐ They gave birthday presents to Mary.
 ⓑ He bought flowers for Mary.

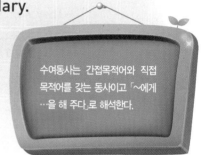

해석 ① ⓐ 그들은 Mary에게 생일 선물을 주었다.
  ⓑ 그는 Mary에게 꽃을 사 주었다.
  ② ⓐ 그들은 생일 선물을 Mary에게 주었다.
  ⓑ 그들은 꽃을 Mary에게 사 주었다.

수여동사는 간접목적어와 직접목적어를 갖는 동사이고 「~에게 …을 해 주다」로 해석한다.

① 두 개의 목적어가 있는 4형식 문장

(1) 타동사 중에는 give와 같이 「~에게」에 해당하는 **간접목적어**와 「~을」에 해당하는 **직접목적어**를 가지는 것들이 있다. 이런 동사들을 **수여동사**라 하고, 수여동사가 쓰인 문장을 **4형식 문장**이라고 한다. ① ⓐ에서 **Mary**는 'Mary에게'로 해석되므로 간접목적어이고, **birthday presents**는 '생일 선물을'로 해석되므로 직접목적어이다.

> **POINT 78**
> 4형식 문장: 주어+동사+간접목적어+직접목적어 (+ 수식어)

(2) 간접목적어와 직접목적어가 올 때는 「주어+동사+간접목적어+직접목적어(+수식어)」의 순서가 되어야 한다.
 ▪**They sent John and Mary invitation cards in the morning.**
  주어 동사 간접목적어   직접목적어   수식어
 (그들은 아침에 John과 Mary에게 초대장을 보냈다.)

② 4형식 문장 → 3형식 문장

(1) ① ⓐ는 간접목적어 **Mary**와 직접목적어 **birthday presents**를 가진 4형식 문장이다. ① ⓐ와 의미가 같은 ② ⓐ에는 **Mary**가 **to Mary**가 되어 **birthday presents** 뒤에 왔다. 이와 같이 **4형식 문장의 간접목적어를 전치사구로 바꾸어 쓰면 3형식 문장**이 된다. ① ⓐ는 **Mary**에게 **무엇**을 주었는지가 새롭고 중요한 정보일 때 사용하고, ② ⓐ는 생일 선물을 누구에게 주었는지가 새롭고 중요한 정보일 때 사용한다.

(2) 4형식 문장을 3형식 문장으로 바꾸어 쓸 때 동사에 따라 다른 전치사를 쓴다. 가장 많이 쓰이는 전치사는 **to** 와 **for**이다.

> 1) **to**를 쓰는 동사: bring, give, lend, pass, read, send, show, teach, tell, write 등
>> ▪I teach Amy Korean culture. (나는 Amy에게 한국 문화를 가르친다.)
>>
>> I teach Korean culture to Amy.
>
> 2) **for**를 쓰는 동사: buy, build, choose, find, get, make, sing 등
>> ▪I will find your friend a dog. (내가 네 친구에게 개를 찾아 줄 것이다.)
>>
>> I will find a dog for your friend.
>
> 3) 동사 **ask**의 경우는 전치사 **of**를 사용한다.
>> ▪I often ask the teacher questions. (나는 자주 선생님께 질문을 한다.)
>>
>> I often ask questions of the teacher.

> **POINT 79**
> 4형식 문장을 3형식 문장으로 바꿀 때 간접목적어 앞에 오는 전치사:
> ▪ **to**를 쓰는 동사: bring, give, lend, pass, read, send, show, teach, tell, write 등
> ▪ **for**를 쓰는 동사: buy, build, choose, find, get, make, sing 등
> ▪ **of**를 쓰는 동사: ask

☞ 다음 동사들은 잘못 사용하기 쉬우므로 특히 주의해야 한다.

1) 동사 **explain**(설명하다), **introduce**(소개하다), **announce**(발표하다), **suggest**(제안하다), **report**(보고하다) 등은 '~에게 ~을 …하다'로 해석되어 4형식 동사로 오해하기 쉬우나 **「주어+동사+목적어+to ~」의 3형식으로만 사용**된다.

▪He introduced his friend to me. (그는 나에게 그의 친구를 소개했다.)
He introduced me his friend. (×)

2) 동사 **cost**(~에게 …을 들게 하다), **envy**(~에게 …을 부러워하다), **forgive**(~에게 …을 용서해 주다), **save**(~에게 …을 덜어주다) 등은 **목적어를 2개 갖지만 3형식 문장으로 바꾸어 쓸 수 없다.**

▪The house cost him a lot of money. (그 집은 그에게 많은 돈이 들게 했다./그 집 때문에 그는 많은 돈을 들였다.)
The house cost a lot of money to/for him. (×)

▪She envies Mary her youth and beauty. (그녀는 Mary의 젊음과 아름다움을 부러워한다.)
She envies her youth and beauty to/for Mary. (×)

[1~4] 다음 4형식 문장을 3형식 문장으로 바꿔 쓰시오.

1 She made Tom a cake.

_____

2 Monica bought Jane a pretty bag.

_____

3 He told his grandchildren a story.

_____

4 Will you get me this book from the library?

_____

[5~7] 다음 3형식 문장을 4형식 문장으로 바꿔 쓰시오.

5 The librarian lent a book to Alex.

_____

6 He showed his pictures to me.

_____

7 She sings a song for her baby.

_____

[8~9] 다음 문장을 바르게 고쳐 쓰시오.

8 Mr. Smith explained me his problem.

9 Eva asked an interesting question to her friend.

Track 46

★ **4형식 문장**   주어+동사+간접목적어+직접목적어(+수식어)
- 4형식 → 3형식에 **to**가 쓰이는 동사: bring, give, lend, pass, read, send, show, teach, tell, write 등
- 4형식 → 3형식에 **for**가 쓰이는 동사: buy, build, choose, find, get, make, sing 등
- 4형식 → 3형식에 **of**가 쓰이는 동사: ask
- 「주어+동사+목적어+to ~」의 3형식으로만 쓰이는 동사: explain, introduce, announce, suggest, report 등
- 목적어를 2개 가지지만 3형식 문장으로 바꾸어 쓸 수 없는 동사: cost, envy, forgive, save 등

UNIT 24 2형식 문장과 5형식 문장

Track 47

1 ⓐ He is a good cook.
  ⓑ The spaghetti smells delicious.
2 The smell makes the boy happy.

해석 1 ⓐ 그는 훌륭한 요리사이다.
     ⓑ 그 스파게티는 맛있는 냄새가 난다.
   2 그 냄새가 그 소년을 행복하게 만든다.

주격보어는 주어를 보충 설명하는 말이고, 목적격보어는 목적어를 보충 설명하는 말이다.

1 주격보어가 있는 2형식 문장

(1) 2형식 문장은 **주어, 불완전자동사, 주격보어**로 이루어진 문장이다. 보어로 쓰이는 것은 주로 명사나 형용사이다.

> **POINT 80**
> 2형식 문장: **주어+동사+주격보어 (+ 수식어)**

(2) 「주어 + **be**동사」 다음에 명사나 형용사가 오면 그 문장은 2형식이며, 명사나 형용사는 주어를 설명하는 보어이다. 「주어+일반동사+X」의 문장인 경우 「**주어 am/is/are X**」가 성립하면 X는 주격보어이다. 1 ⓑ의 경우 'The spaghetti is delicious.'가 성립하므로 delicious는 주격보어이다.

(3) 자주 쓰이는 불완전자동사

감각과 관련된 동사	appear(~처럼 보이다), look(~하게 보이다), seem(~처럼 보이다), taste(~한 맛이 나다), sound(~하게 들리다), feel(~하게 느껴지다), smell(~한 냄새가 나다)
변화, 상태의 지속과 관련된 동사	become(~이 되다), get(~하게 되다), remain(~인 채로 남아 있다), keep(~인 상태를 유지하다)

> **POINT 81**
> 2형식 문장의 불완전자동사:
> ▪ 감각 관련 동사: look, taste, sound, feel, smell, seem+보어(형용사)
> ▪ 변화/상태의 지속 동사: become, get, remain, keep+보어(형용사)

특히 감각과 관련된 동사가 「~하게 …하다」라고 해석된다고 해서 동사 다음에 부사를 쓰는 일이 없도록 해야 한다.

▪ The carpets feel (smooth, ~~smoothly~~). (그 양탄자들은 부드럽게 느껴진다.)
▪ The girls look (happy , ~~happily~~). (그 소녀들은 행복해 보인다.)
▪ Your ideas sound (interesting, ~~interestingly~~). (네 생각들은 흥미롭게 들린다.)

☞ taste, smell, sound가 「(의도적으로) 맛보다, 냄새 맡다, ~ 소리를 내다」의 뜻일 때는 타동사이다.
- **I tasted the soup.** (나는 수프의 맛을 보았다.)
- **He sounded the bell.** (그는 종을 울렸다.)
- **The girl is smelling the flower.** (그 소녀가 꽃 냄새를 맡고 있다.)

② 목적격보어가 있는 5형식 문장

5형식 문장은 「주어+불완전타동사+목적어+목적격보어」로 이루어진 문장이다. 목적격보어는 목적어를 보충 설명하며, 「목적어 am/is/are 목적격보어」 관계가 성립한다. ②에서 목적어 the boy와 목적격보어 happy 사이에는 'the boy is happy' 관계가 성립되는 것을 알 수 있다.

> **POINT 82**
> 5형식 문장: 주어+동사+목적어+목적격보어(+수식어)

- **People consider him a genius.** (사람들은 그를 천재라고 여긴다.)
  <u>목적어</u> <u>목적격보어</u>
  (= People consider that he is a genius.)
- **I believe John honest.** (나는 John이 정직하다고 믿는다.)
  <u>목적어</u> <u>목적격보어</u>
  (= I believe that John is honest.)
- **You will find the book interesting.** (너는 그 책이 재미있다는 것을 알게 될 것이다.)
  <u>목적어</u> <u>목적격보어</u>
  (= You will find that the book is interesting)
- **We call the dog Happy.** (우리는 그 개를 Happy라고 부른다.)
  <u>목적어</u> <u>목적격보어</u>

☞ 많은 동사들은 다음의 **get**과 같이 의미에 따라 여러 문형의 문장에 쓰일 수 있다. 따라서 동사를 익힐 때는 각각의 의미와 함께 그 단어가 쓰이는 문형의 문장들을 같이 기억해야 한다.
- **How can I get to the station?** (역에 어떻게 가야 합니까?) ― 완전자동사: ~에 가다, 도달하다
- **It gets warm in spring.** (봄에는 날씨가 따뜻해진다.) ― 불완전자동사: ~하게 되다
- **John will get the prize.** (John이 그 상을 받을 것이다.) ― 완전타동사: 받다, 얻다, 사다 등
- **I'll get you some chocolate.** (너에게 초콜릿 좀 가져다줄게.) ― 수여동사: ~을 …에게 가져다주다 [사 주다]
- **I'll get dinner ready soon.** (곧 저녁을 준비할게요.) ― 불완전자동사: ~이 …하게 하다

[1~5] 괄호 안에서 알맞은 것을 고르시오.

1 Julie looked (beautiful, beautifully) yesterday.

2 These cookies taste (great, greatly).

3 The noise drives me (crazy, crazily).

4 Something smells (bad, badly).

5 Tony seems (sad, sadly).

[6~10] 우리말을 참고하여 빈칸에 알맞은 말을 쓰시오.

6 My mom _____ _____ Micky.
(나의 엄마는 나를 Micky라고 부른다.)

7 He keeps _____.
(그는 건강한 상태를 유지한다.)

8 This song made _____ _____.
(이 노래는 나를 행복하게 만들었다.)

9 I found _____ _____.
(나는 그녀가 젊다는 것을 알았다.)

10 People _____ Brad _____.
(사람들은 Brad가 영리하다고 생각한다.)

Track 48

⭐ 2형식 문장
- 「주어+동사+주격보어(+수식어)」로 이루어진 문장
- 「주어 am/is/are 주격보어」 관계가 성립한다.
- 동사 be, become, appear, get, look, taste, smell, sound 등이 2형식으로 자주 쓰인다.

⭐ 5형식 문장
- 「주어+동사+목적어+목적격보어(+수식어)」로 이루어진 문장
- 「목적어 am/is/are 목적격보어」 관계가 성립한다.
- 동사 make, call, think, believe, find, consider 등이 5형식으로 자주 쓰인다.

UNIT 25 능동태와 수동태

1. John cooked the food.
2. The food was cooked by John.

해석 1. John은 그 음식을 요리했다.
　　 2. 그 음식은 John에 의해 요리되었다.

능동태는 주어가 스스로 행동하는 문장이고, 수동태는 주어가 행동을 당하는 문장으로 「~되다, ~을 당하다」로 해석한다.

1 주어가 하는 능동태, 주어가 당하는 수동태

능동(能動)은 「스스로의 힘으로 행동하는 것」을 뜻하고, 수동(受動)은 「스스로 행동하지 않고 남에 의해 어떤 일을 당하게 되는 것」을 말한다. 1.에서는 'John이 요리를 한 것'이므로 'John이 능동적인 행동을 한 것'이다. 그러나 2.에서는 '음식이 스스로 만들어진 것'이 아니고 'John에 의해 만들어진 것'이다. 1.과 같이 **주어가 스스로 하는 행동을 나타내는 문장을 능동태**라 하고, 2.와 같이 **주어가 다른 사람에 의해 어떤 일을 당하는 것을 나타내는 문장을 수동태**라고 한다.

> **POINT 83**
> 수동태: 주어가 동작을 당하는 것

2 수동태

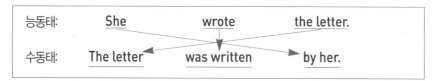

능동태:　She　wrote　the letter.

수동태:　The letter　was written　by her.

(1) 수동태 만드는 법

1) 능동태 문장의 목적어(the letter)를 수동태 문장의 주어로 쓴다.
2) 능동태 문장의 동사(write)를 「be동사+과거분사」의 형태(was written)로 고쳐 쓴다. 이때 능동태 문장의 시제와 수동태 문장의 be동사의 시제를 일치시켜야 한다.
(과거: **was/were**+과거분사, 현재: **am/is/are**+과거분사, 미래: **will be**+과거분사)

> **POINT 84**
> 능동태 → 수동태:
> ① 목적어 → 주어
> ② 동사 → be+과거분사
> ③ 주어 → by+목적격

3) 능동태 문장의 주어를 전치사 **by** 다음에 쓴다. 능동태의 주어가 **I/we/you/he/she/it/they**와 같이 대명사인 경우는 전치사 **by** 다음에 목적격 **me/us/you/him/her/it/them**을 써야 한다.

(2) 수동태 문장에서 일반 사람이나 불분명한 사람을 나타내는 **by people**이나 **by someone**과 같은 표현은 흔히 생략된다.

> **POINT 85**
> 수동태에서 **by people/ someone**은 생략 가능

- **People built the building in 2000.** (사람들이 2000년에 그 건물을 지었다.)

  → **The building was built (by people) in 2000.** (그 건물은 2000년에 지어졌다.)

(3) 수동태의 **be**동사는 조동사이다. 따라서 수동태의 부정문을 만들 때는 **be**동사 다음에 **not**을 써 주고, 의문문을 만들 때는 **be**동사를 주어 앞으로 이동한다.

> **POINT 86**
> 수동태의 부정문: **주어+be not+과거분사+by ~**

- **She is not hated by anyone.** (그녀는 누구한테도 미움을 받지 않는다.)
- **Were you bitten by mosquitos?** (너는 모기한테 물렸니?)

(4) 능동태와 수동태의 쓰임

능동태와 수동태는 의미가 같다. 그러나 능동태와 수동태를 항상 바꿔 쓸 수 있는 것은 아니다. 이미 알고 있거나 화제가 되는 것을 주어로 쓰고 새로운 내용은 문장 끝부분에 써야 자연스러운 표현이 된다. 따라서 동사의 주체에 대한 대화나 글에서는 능동태를 쓰는 것이 자연스럽고, 동사의 대상에 대한 대화나 글에서는 수동태를 쓰는 것이 자연스럽다.

> **POINT 87**
> 주체가 화제이면 **능동태**가, 대상이 화제이면 **수동태**가 자연스럽다.

- **Shakespeare was a famous playwriter. He wrote** *Hamlet*. (Shakespeare는 유명한 희곡 작가였다. 그는 Hamlet을 썼다.)
- **One of the most famous plays is** *Hamlet*. **It was written by Shakespeare.** (가장 유명한 희곡 중의 하나는 Hamlet이다. 그것은 Shakespeare에 의해 쓰였다.)

첫 번째 예문은 **Shakespeare**에 대하여 이야기하고 있다. 따라서 이어지는 문장은 **write**의 주체인 **Shakespeare(He)**가 주어가 되는 능동태를 쓰는 것이 자연스럽다. 그러나 두 번째 예문은 **Hamlet**이라는 작품에 대하여 이야기하고 있다. 그러므로 이어지는 문장은 **write**의 대상인 **Hamlet(It)**이 주어가 되는 수동태를 쓰는 것이 자연스럽다.

[1~3] 다음 문장을 수동태로 바꿔 쓰시오.

1 The director made this film.

_____

2 A lot of children love *Harry Potter*.

_____

3 My father will repair the computer.

_____

[4~5] 다음 문장을 괄호 안의 지시대로 바꿔 쓰시오.

4 The room is cleaned by Julie every day.

_____ (부정문)

5 The window was broken by Mike.

_____ (의문문)

[6~8] 다음 문장에서 생략할 수 있는 부분을 고르시오.

6 English is spoken by people in many countries.

7 My bag was stolen by someone in the bus.

8 The Internet is used a lot by people these days.

Track 50

⭐ 능동태 주어가 스스로 하는 행동을 나타내는 문장

  수동태 주어가 다른 사람에 의해 어떤 일을 당하는 것을 나타내는 문장

⭐ 수동태 만드는 법

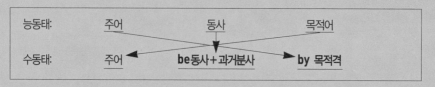

| 능동태: | 주어 | 동사 | 목적어 |
| 수동태: | 주어 | **be동사+과거분사** | **by** 목적격 |

⭐ 동사의 주체가 화제일 때는 능동태를, 동사의 대상이 화제일 때는 수동태를 쓰는 것이 자연스럽다.

UNIT 26 주의해야 할 수동태

Track 51

1 ⓐ I was given the picture by Alice.
  ⓑ The picture was given to me by Alice.

2 The picture was talked about by my friends.

3 The basket is filled with the apples.

4 I have the photo. →The photo is had by me. (×)

해석 1 ⓐ 나는 Alice에게서 그 사진을 받았다.
       ⓑ 그 사진은 Alice에 의해 나에게 주어졌다.
     2 그 사진에 대해 나의 친구들이 이야기했다.
     3 그 바구니는 사과로 가득 차 있다.
     4 나는 그 사진을 가지고 있다.

> 목적어가 2개인 문장의 수동태, 동사구의 수동태, 전치사를 포함하는 숙어의 수동태, by 이외의 전치사를 쓰는 수동태, 수동태로 쓸 수 없는 동사 등에 주의한다.

1 4형식 문장의 수동태

(1) **4형식 문장은 목적어를 2개 갖지만 수동태의 주어가 되는 것은 간접목적어(~에게), 즉 동사 바로 다음에 나오는 목적어이다.**

  ▪ Alice gave me the picture. — 4형식

  ▪ I was given the picture by Alice.

> **POINT 88**
> 4형식 문장 (주어+동사+간·목+직·목)의 수동태:
> 간·목 → 주어

(2) 4형식 문장을 **3형식 문장**으로 바꾸어 4형식 문장의 직접목적어(~을)를 **수동태의 주어로 쓸 수 있다.**

  ▪ Alice gave the picture to me. — 3형식

  ▪ The picture was given to me by Alice.

> **POINT 89**
> 4형식 → 3형식 문장:
> 주어+동사+직·목+to/for/of+간·목
> (to: give, teach, write 등
> for: buy, cook, make 등
> of: ask 등) 〈UNIT 23 참고〉
> 3형식 문장의 수동태:
> 직·목 → 주어

(3) 간접목적어와 직접목적어가 모두 수동태의 주어로 쓸 수 있지만, 사물인 직접목적어보다는 사람인 간접목적어가 수동태의 주어로 쓰이는 경우가 많다.

2 수동태로 쓸 수 있는 숙어 표현

(1) 「자동사+전치사」로 이루어지는 숙어 중에는 2의 **talk about**(~에 대해 이야기하다)처럼 수동태로 쓰일 수 있는 것들이 있다. 이들을 수동태로 바꿀 때는 전치사를 빠뜨리지 않도록 주의해야 한다.

> **POINT 90**
> 「자동사+전치사」의 수동태:
> be+과거분사+전치사+by

attend to ~ (~를 보살피다)	deal with ~ (~을 다루다)	depend on ~ (~에 의존하다)
laugh at ~ (~을 비웃다)	look after ~ (~을 돌보다)	look for ~ (~을 찾다)
run over ~ (~을 치다)	care for ~ (~을 돌보다)	talk about ~ (~에 대해 이야기하다)

- The car ran over the boy. → The boy was run over by the car. (그 소년은 차에 치였다.)

(2) 「동사+명사+전치사」로 이루어지는 숙어 중 **make use of**(~을 이용하다), **take care of**(~을 돌보다), **take advantage of**(~을 이용하다) 등은 수동태로 쓸 수 있다. 이들을 수동태로 바꿀 때에는 전치사 다음의 명사와 동사 다음의 명사 양쪽을 수동태의 주어로 쓸 수 있다.

- The boy makes good use of time. (그 소년은 시간을 잘 이용한다.)
  → Time is made good use of by the boy.
  → Good use is made of time by the boy.

③ 수동태를 닮은 「be+형용사+전치사」

다음의 표현은 과거분사와 같은 모양의 형용사를 포함하고 있어 **유사 수동태**라고 한다. 이들 중 대부분은 과거분사와는 달리 부사 **very**의 수식을 받을 수 있다. 각 표현마다 다른 전치사가 쓰이므로 각각 암기해야 한다.

be covered with ~ (~으로 덮여 있다)	be filled with ~ (~으로 가득 차 있다)
be interested in ~ (~에 흥미가 있다)	be known to ~ (~에게 알려져 있다)
be married to ~ (~와 결혼하다)	be pleased with ~ (~에 기뻐하다)
be satisfied with ~ (~에 만족하다)	be surprised at ~ (~에 놀라다)

- I was very surprised at the news. (나는 그 소식을 듣고 매우 놀랐다.)

④ 수동태로 쓰지 않는 동사

일부 소유나 상태를 나타내는 동사는 목적어를 가지면서도 수동태로 쓰일 수 없다. 수동태로 쓰이지 않는 타동사로는 **have**(가지다) 외에도, **fit**(~에 맞다), **lack**(~이 부족하다), **resemble**(닮다), **become**(어울리다) 등이 있다.

> **POINT 91**
> 수동태로 쓰지 않는 동사:
> **소유, 상태 등을 나타내는 동사**
> have, fit, lack, resemble, become 등

- He resembles his father. (그는 그의 아빠와 닮았다.)
  His father is resembled by him. (×)
- This dress becomes you. (이 드레스는 너에게 어울린다.)
  You are become by this dress. (×)

☞ believe, report, say, think 등 **절을 목적어로 가지는 동사**는 두 가지 형식의 수동태가 가능하다.
People believe that John is a genius. (사람들은 John이 천재라고 믿는다.)
→ It is believed (by people) that John is a genius.
→ John is believed to be a genius.

[1~4] 다음 문장을 수동태로 바꿔 쓰시오.

1 He teaches me English.

_____

2 She teaches English to him.

_____

3 My mom made the cake for me.

_____

4 She read the fairy tales to the baby.

_____

[5~6] 괄호 안의 단어를 이용하여 수동태 문장을 완성하시오.

5 The baby is _____ her mom. (take care of)

6 He was _____ his friends. (laugh at)

[7~8] 우리말과 같은 의미가 되도록 빈칸에 알맞은 전치사를 쓰시오.

7 The glass is filled _____ water. (그 잔은 물로 가득 차 있다.)

8 The streets are covered _____ a lot of fallen leaves.
(거리는 많은 낙엽으로 덮여 있다.)

Track 52

🍀 **4형식 문장의 수동태** 4형식의 수동태에서는 일반적으로 간접목적어가 수동태의 주어로 쓰인다.
The boy was given the book by his teacher. – 4형식의 수동태 (간접목적어가 수동태의 주어로 이동)
cf. The book was given to the boy by his teacher. – 3형식의 수동태 (직접목적어가 수동태의 주어로 이동)

🍀 **수동태로 쓰일 수 있는 「동사+(명사)+전치사」** deal with ~ depend on ~ laugh at ~ look after ~
look for ~ run over ~ take care of ~ talk about ~ make use of ~ take advantage of ~

🍀 **수동태를 닮은 「be+형용사+전치사」** be covered with ~ be filled with ~ be interested in ~
be known to ~ be married to ~ be pleased with ~ be satisfied with ~ be surprised at ~

🍀 **수동태로 쓰일 수 없는 타동사**
have(가지다), fit(맞다), lack(부족하다), resemble(닮다), become(어울리다) 등 소유나 상태를 나타내는 동사

🍀 **절이 목적어인 문장의 수동태** 두 가지 형식의 수동태가 가능하다.
They say that he is honest. → It is said that he is honest. → He is said to be honest.

Chapter 05
Review Exercise

1 다음 중 동사의 쓰임이 <u>잘못된</u> 문장은?

① Wait me.
② She works at a bank.
③ He became a teacher.
④ He looked at his watch.
⑤ Exercise keeps us healthy.

2 다음 중 문장 형식이 <u>다른</u> 하나는?

① I wrote a diary in English.
② Cindy wanted some chocolate.
③ My grandma told me old stories.
④ I gave a movie ticket to my sister.
⑤ Nick bought an English dictionary for Tom.

3 빈칸에 들어갈 말로 적절하지 <u>않은</u> 것은?

> The food _____ great.

① is   ② looks   ③ smells
④ finds   ⑤ tastes

4 3형식 문장은 4형식 문장으로, 4형식 문장은 3형식 문장으로 바꿔 쓰시오.

(1) Brady brought gloves to Tom.

_____

(2) He gave me a present.

_____

(3) I made my friends spaghetti yesterday.

_____

(4) I showed my paintings to Emma.

_____

5 괄호 안에서 알맞은 것을 고르시오.

(1) They looked (friend, friendly).
(2) The pillow feels (soft, softly).
(3) This apple tastes (good, well).
(4) The music sounds (exciting, excitingly).

6 빈칸에 들어갈 말로 알맞은 것은?

> Can I ask a favor _____ you?

① to   ② for   ③ of   ④ in   ⑤ on

7 빈칸에 들어갈 단어가 <u>다른</u> 하나는?

① He sent a card _____ her.
② I'll give a present _____ you.
③ I wrote a letter _____ my father.
④ She bought a lot of chocolate _____ her child.
⑤ The waiter brought two cups of coffee _____ us.

8 우리말과 뜻이 같도록 괄호 안의 단어를 올바르게 배열하시오.

(1) Mr. Bean은 그 아이에게 로봇을 만들어 주었다.
   (Mr. Bean, the child, a robot, made)

   _____

(2) 우리는 교실을 항상 깨끗하게 유지해야 한다.
   (we, the classroom, clean, always, should, keep)

   _____

9 괄호 안에서 알맞은 것을 고르시오.

(1) Cellphones (use, are used) very widely in everyday life.
(2) The living room (cleaned, was cleaned) by my mom yesterday.
(3) A Nobel Prize (gave, was given) to the scientist.
(4) The teacher (told, was told) the students about their grades.

10 다음 중 어법상 옳은 문장은?

① The boy was bitten by a dog.
② I was given to a book by Tony.
③ This matter was dealt by them.
④ A beautiful home is had by them.
⑤ This road is uses very often by people.

11 밑줄 친 부분 중 잘못된 것은?

① Pitt was married <u>with</u> Jolie.
② I was surprised <u>at</u> the news.
③ She is interested <u>in</u> watching movies.
④ I'm not satisfied <u>with</u> my report card.
⑤ His parents were pleased <u>with</u> his letter.

12 밑줄 친 부분 중 잘못된 것은?

능동태: John thinks that Mary is a genius.
수동태: Mary <u>is</u> <u>thought</u> <u>by John</u> <u>that she is</u> <u>a genius</u>.
　　　　①　②　③　④　⑤

Chapter 06

부정사

부정사는 「to+동사원형」의 형식으로 쓰는 to부정사와, 「동사원형」만으로 쓰는 원형부정사가 있습니다. 부정사의 부정(不定)은 정해져 있지 않다는 뜻입니다. 「to+동사원형」을 부정사라고 부르는 이유는 「to+동사원형」이 문장의 위치에 따라 명사, 형용사, 부사 역할을 할 수 있어서 역할이 정해져 있지 않기 때문입니다.

Unit 27 _ to부정사의 명사적 용법 _ 106
Unit 28 _ to부정사의 형용사적 용법 _ 109
Unit 29 _ to부정사의 부사적 용법 _ 112
Unit 30 _ 원형부정사 _ 115
Unit 31 _ 주의해야 할 to부정사 용법 _ 118
*Review Exercise _ 121

UNIT 27 to부정사의 명사적 용법

1. To make good friends is important.
2. I want to be an English teacher.
3. Her plan is to travel all over the world.
4. ⓐ It is better to be safe than sorry.
   ⓑ She found it exciting to meet people from all over the world.

해석
1. 좋은 친구들을 사귀는 것이 중요하다.
2. 나는 영어 선생님이 되는 것을 원한다.
3. 그녀의 계획은 전 세계를 여행하는 것이다.
4. ⓐ (나중에) 후회하는 것보다는 안전한 것이 더 낫다.
   ⓑ 그녀는 전 세계에서 온 사람들을 만나는 것이 흥미진진하다는 것을 알았다.

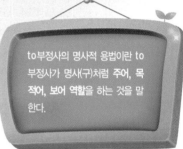

to부정사의 명사적 용법이란 to부정사가 명사(구)처럼 주어, 목적어, 보어 역할을 하는 것을 말한다.

⭐ to부정사의 형식

to부정사는 원래 「to+동사원형」을 말한다. 그러나 동사 다음에는 동사가 거느리는 식구들, 즉 목적어, 보어, 전치사구, 부사 등이 오게 되고, 동사는 다음에 오는 요소들과 함께 동사구를 이루게 된다. 따라서 흔히 부정사라고 하면 「to+동사구」를 말한다.

> **POINT 92**
> to부정사는 「to+동사원형」의 형태로 쓴다.

다음 문장에서 'to study English every day'와 'to go to Europe in June'이 to부정사이다.
- He wants to study English every day. (그는 영어를 매일 공부하기를 원한다.)
- He decided to go to Europe in June. (그는 6월에 Europe에 가기로 결정했다.)

⭐ to부정사의 명사적 용법

to부정사는 명사구가 할 수 있는 역할, 즉 주어, 목적어, 보어 역할을 할 수 있다.

① 주어 역할

- **To speak English fluently is not easy.** (영어를 유창하게 말하는 것은 쉽지 않다.)
- **To play with fire is dangerous.** (불을 가지고 노는 것은 위험하다.)

② 목적어 역할

to부정사는 **want**(원하다), **hope**(바라다), **decide**(결정하다), **plan**(계획하다), **promise**(약속하다), **expect**(기대하다), **learn**(배우다)과 같은 동사의 목적어 자리에 올 수 있다.

- **I want to leave early.** (나는 일찍 떠나기를 원한다.)
- **I decided to stay at home.** (나는 집에 머무르기로 결정했다.)

③ 보어 역할

- **His bad habit is to get up late.** (그의 나쁜 습관은 늦게 일어나는 것이다.)
- **His job is to take care of children.** (그의 일은 아이들을 돌보는 것이다.)

④ to부정사를 대신하는 it

> **POINT 93**
> to부정사를 대신하는 it :
> - 주어가 to부정사일 때 to부정사 대신에 it을 쓴다.
> - 「동사+to부정사(=목적어)+목적격보어」일 때 to부정사 대신에 it을 쓴다.

(1) 주어로 쓰인 to부정사를 대신하는 it

모든 물건이 위는 매우 무겁고 아래는 가벼우면 균형이 맞지 않게 된다. 마찬가지로 문장에서 주어는 길고 술어가 짧으면 균형 잡힌 문장이 되지 못하고 이해하기도 어렵다. 이런 이유로 to부정사가 주어로 쓰이면 주어 자리에 to부정사 대신 **it**을 쓰고 to부정사는 문장 맨 끝에 써 주는 것이 일반적이다. 이때 **it**을 **가주어** 또는 **형식주어**라고 하고, 뒤에 나오는 to부정사를 **진주어**라고 한다.

- **To be safe than sorry is better.**

→ It is better to be safe than sorry.

(2) 목적어로 쓰인 to부정사를 대신하는 it

다음의 문장과 같이 목적어로 쓰인 **to**부정사 다음에 목적격보어가 오면 어디까지가 목적어인지 알기 어렵다. 이런 이유로 목적어 자리에 **it**을 써 주고 **to**부정사는 문장 끝에 둔다. 이 경우 **it**을 **가목적어** 또는 **형식목적어**라고 하고 to부정사를 **진목적어**라고 한다.

- **She found to meet people from all over the world exciting.**

→ She found it exciting to meet people from all over the world.

UNIT 27_**Checkup** Test

[1~5] 다음 문장에서 to부정사에 밑줄을 그어 표시하고, 그것이 주어, 목적어, 보어 중에 서 어떤 역할을 하는지 쓰시오.

1 To learn English is very interesting.

2 I decided to join a tennis club.

3 My wish is to travel around the world.

4 I'm planning to go to Europe.

5 I never expected to meet you here.

[6~7] 다음 두 문장의 뜻이 같도록 빈칸에 알맞은 말을 쓰시오.

6 To save the rain forest is very important.
= _____ _____ very important to save the rain forest.

7 To start something new is exciting.
= _____ _____ _____ to start something new.

[8~9] 우리말과 의미가 같도록 빈칸에 알맞은 말을 쓰시오.

8 나는 영어를 유창하게 말할 수 있기를 원한다.
I want _____ _____ able _____ speak English fluently.

9 그는 영어를 공부하는 것이 흥미롭다는 것을 깨달았다.
He found _____ interesting _____ _____ English.

 핵심 노트

Track 54

⭐ **to부정사 (to+동사원형)** 주어, 목적어, 보어로 쓰일 수 있다.
To speak English fluently is not easy. — 주어
I decided to stay at home. — 목적어
His dream is to be a pilot. — 보어

⭐ **to부정사를 대신하는 it**
ⓐ 주어로 쓰인 **to**부정사를 대신하는 **it**
It is better to be safe than sorry.
ⓑ 목적어로 쓰인 **to**부정사를 대신하는 **it**
She found it exciting to meet people from all over the world.

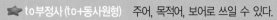

1 She has many books to read.

2 I don't have a house to live in.

3 I want something hot to drink.

해석 **1** 그녀는 읽을 책을 많이 가지고 있다.
     2 나는 살 집이 없다.
     3 나는 마실 뜨거운 것을 원한다.

to부정사의 형용사적 용법이란
to부정사가 **형용사처럼 명사**를
수식하는 역할을 하는 것을 말
한다.

① 명사를 꾸며 주는 to부정사

(1) 형용사는 명사를 수식하는 역할을 한다.

- **Edison was a great inventor.** (Edison은 위대한 발명가였다.)

to부정사도 형용사와 같이 명사를 수식해 줄 수 있다. to부정사가 명사를 수식
할 때는 명사 뒤에 온다.

> **POINT 94**
> to부정사의 형용사적 용법:
> to부정사가 명사 뒤에서 그
> 명사를 꾸며 주는 역할

- **I have much homework to do.** (나는 해야 할 숙제가 많다.)

(2) 명사를 꾸며 주는 to부정사에는 주어 또는 목적어 자리가 비어 있어야 한다. 왜냐하면 수식 받는 명사가 부정사의
의미상 주어 또는 목적어에 해당하기 때문이다.

- **He is the man _____ [to lead our country].** (그가 우리나라를 이끌어갈 사람이다.)

(← the man leads our country) — 의미상으로 the man이 lead의 주어

- **He gave me some milk [to drink _____].** (그는 나에게 마실 우유를 주었다.)

(← drink some milk) — 의미상으로 some milk가 drink의 목적어

따라서 수식 받는 명사에 해당하는 요소를 to부정사에 다시 써 줄 수 없다.

- **He gave me some milk to drink it.** (×)

이 문장에서 수식 받는 some milk가 drink의 목적어에 해당하기 때문에 it을 drink의 목적어로 다시 쓸
수 없다.

② 수식 받는 명사가 전치사의 목적어인 경우

(1) 수식 받는 명사가 **to**부정사에 속한 전치사의 목적어에 해당하는 경우가 있다. 이 경우에도 전치사 다음에 목적어를 다시 써 주면 안 된다. ②의 예문을 살펴보자.

- **I don't have a house to live in.** (← live in a house)

수식 받는 명사 **a house**가 전치사 **in**의 목적어에 해당하므로 다음과 같이 **in**의 목적어를 다시 써 줄 수 없다.

- **I don't have a house to live in it.** (×)

(2) 수식 받는 명사가 **to**부정사 속에 있는 전치사의 목적어인 경우 전치사를 빠뜨려서는 안 된다. 즉, 다음 **a)**와 같이 잘못 쓰지 않도록 주의해야 한다.

a) I need a pen to write. (×)
b) I need a pen to write with. (○) (나는 쓸 펜이 필요하다.)

수식 받는 명사를 **to**부정사의 동사구 끝에 써 보면, **a)**는 **write a pen**이 되고, **b)**는 **write with a pen**이 된다. '펜을 쓰는 것'이 아니라 '펜으로 쓰는 것'이므로 **write with a pen**이 되어야 한다. 마찬가지로 **sit chairs**가 아니라 **sit on chairs**이므로 다음 두 문장 중 **b)**가 맞는 문장이다.

a) Bring chairs to sit. (×)
b) Bring chairs to sit on. (○) (앉을 의자를 가져와라.)

③ -thing, -one, -body, -where+형용사+to부정사

something, someone, somebody, somewhere 등 '-thing, -one, -body, -where'로 끝나는 대명사나 부사를 꾸며 주는 형용사는 뒤에 온다.

> **POINT 95**
> -thing, -one, -body, -where와 같은 대명사나 부사는 수식어구인 「형용사 +to부정사」가 뒤에 온다.

- **Something strange happened yesterday.** (어제 어떤 이상한 일이 일어났다.)
- **Let's talk somewhere quiet.** (어디 조용한 곳에서 이야기하자.)

-thing, -one, -body, -where로 끝나는 말을 형용사와 to부정사가 동시에 꾸며 줄 때는 「-thing, -one, -body, -where+형용사+to부정사」의 순서가 된다.

- **I want to meet someone wise to teach me the ways of life.** (나는 나에게 삶의 길을 가르쳐 줄 현명한 사람을 만나고 싶다.)
- **Is there anything new to recommend?** (권할 만한 새로운 다른 것이 있습니까?)

[1~5] 다음 문장에서 to부정사가 수식하는 말을 찾아 보기와 같이 화살표로 표시하시오.

[보기] I have a book to read.

1 She isn't a person to break her promise.

2 She was the first woman to visit our office.

3 They have a lot of dogs to take care of.

4 He is not a boy to tell a lie.

5 I want something cold to drink.

[6~8] 우리말과 의미가 같도록 빈칸에 알맞은 말을 쓰시오.

6 나는 적을 종이 한 장이 필요하다.
I need a sheet of _____ to write _____.

7 그들은 공을 넣을 상자를 찾고 있다.
They are looking for a _____ to put the ball _____.

8 나는 너에게 말할 무언가 중요한 것이 있다.
I have something _____ to _____ you.

 핵심 노트

 Track 56

to부정사의 형용사적 용법

- 부정사는 명사 뒤에서 명사를 수식할 수 있다.
  He has a family to support. (그는 부양해야 할 가족이 있다.)

- 부정사에는 수식 받는 명사가 들어가야 할 빈 자리가 있어야 한다.
  We must buy water to drink. (우리는 마실 물을 사야 한다.) (← drink water)

- 수식 받는 명사가 전치사의 목적어인 경우 전치사를 써 주어야 한다.
  Please lend me a pen to write with. (쓸 펜 좀 빌려 주세요.) (← write with a pen)

- -thing, -one, -body, -where 등을 형용사와 to부정사가 동시에 수식할 때 「-thing, -one, -body, -where+형용사+to부정사」의 순서가 된다.
  Is there anything new to recommend? (추천할 만한 어떤 새로운 것이 있습니까?)

UNIT 29 to부정사의 부사적 용법

1. He went to the bookstore to buy a new novel.
2. I am glad to see you again.
3. He grew up to be an English teacher.
4. To tell (you) the truth, I can't trust you any more.

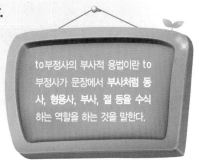

to부정사의 부사적 용법이란 to부정사가 문장에서 **부사처럼 동사, 형용사, 부사, 절 등을 수식하는 역할**을 하는 것을 말한다.

해석
1. 그는 새 소설책을 사기 위해 서점에 갔다.
2. 너를 다시 보게 되어 기쁘다.
3. 그는 자라서 영어 선생님이 되었다.
4. 사실을 말하자면, 나는 더 이상 너를 믿을 수 없다.

⭐ 부사와 같은 역할을 하는 to부정사

Chapter 1에서 배운 것처럼 부사는 동사, 형용사, 부사, 절을 수식해 줄 수 있다. to부정사도 부사와 같이 동사, 형용사, 부사, 절을 수식할 수 있다. 부사적으로 쓰인 to부정사가 나타내는 의미는 다음과 같다.

1 목적

행위를 나타내는 동사를 수식하여 「~하기 위하여」라는 **목적**을 나타낼 수 있다.

- I studied hard to get good grades. (나는 좋은 성적을 받기 위해 열심히 공부했다.)

목적을 나타내는 부정사는 in order to, so as to로 쓰이는 일이 많다.

- He stopped for a minute in order to rest. (그는 쉬기 위하여 잠시 멈추었다.)
- I got up early so as to catch the first bus. (나는 첫 버스를 타기 위해 일찍 일어났다.)

> **POINT 96**
> to부정사의 부사적 용법:
> **~하기 위하여**(행위의 목적)

2 원인

느낌이나 감정을 나타내는 동사나 형용사를 수식하여 「~해서, ~하고서」라는 **원인**을 나타낼 수 있다.

> **POINT 97**
> to부정사의 부사적 용법:
> **~해서, ~하고서**(감정의 원인)

- **The girl cried to hear the news.** (그 소녀는 그 소식을 듣고 울었다.)
- **I was surprised to meet the famous singer in our apartment complex.** (나는 그 유명한 가수를 우리 아파트 단지에서 만나서 놀랐다.)

③ 결과

동사가 나타내는 행위 다음에 일어나는 **결과**를 나타낼 수 있다.
- **He lived to be one hundred years old.** (그는 살아서 100살이 되었다.)

> **POINT 98**
> to부정사의 부사적 용법:
> ~해서 그 결과로 …하게 되다(행위의 결과)

(1) 목적을 나타내는 **to**부정사가 주어의 의지로 이루어지는 동사 다음에 쓰이는 반면에, 결과를 나타내는 **to**부정사는 주어의 의지로 통제할 수 없는 동사 다음에 쓰이는 것이 일반적이다.
- **He awoke one morning to find himself famous.** (그는 어느 날 아침 깨어나 자신이 유명해진 것을 알았다.)

(2) 좋지 않은 결과를 말하는 경우 흔히 **to**부정사 앞에 **only**가 온다.
- **He worked hard only to fail.** (그는 열심히 일했으나 결국 실패하고 말았다.)
- **He found the key only to lose it again.** (그는 열쇠를 찾았으나 다시 잃어버렸다.)

④ 독립부정사

to부정사는 절이나 문장 앞에 와서 **절 또는 문장 전체를 수식**할 수 있다. 이 용법의 **to**부정사를 **독립부정사**라고 한다.
- **To begin with, we must do our duties.** (우선 우리는 우리의 의무를 이행해야 한다.)

문장 전체를 수식하는 독립부정사는 관용적으로 쓰이는 표현이므로 숙어처럼 외워 두어야 한다.
- **To be sure, she is the best dancer.** (확실히 그녀는 최고의 무용수이다.)

> **POINT 99**
> 독립부정사:
> - to begin with: 우선
> - to be sure: 확실히
> - to be short: 간단히 말해서
> - needless to say: 말할 필요도 없이
> - to make matters worse: 설상가상으로

- **To be short, you must do your best.** (간단히 말해서 너는 온 힘을 기울여야 한다.)
- **Needless to say, we love you so much.** (말할 필요도 없이 우리는 너를 무척 사랑한다.)
- **Three of our players were ill, and to make matters worse, our main scorer had broken his ankle.** (우리 선수 중 세 명이 아팠고, 또 설상가상으로 우리의 주득점자는 발목뼈가 부러졌다.)

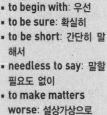

[1~5] 주어진 단어를 사용하여 우리말의 뜻에 맞게 문장을 완성하시오.

1 그들은 그 소식을 듣고서 기뻤다.
They were pleased _____. (hear, the news, to)

2 나는 Big Ben 소리를 들으러 London으로 갈 거야.
I'll go to London _____. (to, the sound, of, hear, Big Ben)

3 그는 과학자가 되기 위해 열심히 공부한다.
He studies hard _____. (a scientist, be, to)

4 그녀는 집에 돌아와서 집이 엉망이 된 것을 알았다.
She _____ that the house was in a mess. (home, came, find, only, to)

5 솔직히 말하자면, 나는 그렇게 생각하지 않아.
_____, I don't think so. (honest, to, with, be, you)

[6~10] 두 부분을 연결하여 뜻이 통하도록 문장을 완성하시오.

6 Students go to school   ⓐ to see her at the party.

7 To make a long story short,   ⓑ to see the Eiffel Tower.

8 She was surprised   ⓒ to learn many things.

9 She grew up   ⓓ I was a young and foolish boy.

10 He went to Paris   ⓔ to be a famous pianist.

Track 58

⭐ **to부정사의 부사적 용법**

■ 행위 동사를 수식하여 「~하기 위하여」라는 **목적**을 나타내며, **in order to**, **so as to**의 형식으로 많이 쓰인다.
They work hard to succeed/in order to succeed/so as to succeed. (그들은 성공하기 위하여 열심히 일한다.)

■ 감정을 나타내는 동사나 형용사를 수식하여 **원인**을 나타낸다.
I'm pleased to meet you. (당신을 만나서 반가워요.)

■ 동사가 나타내는 행위 다음에 일어나는 **결과**를 나타낸다.
He left his home only to come **back in three months.** (그는 집을 떠났으나 3개월 후에 돌아왔다.)

■ 절 또는 문장을 수식한다.
The dog is, so to speak, **a member of our family.** (그 개는, 말하자면, 우리 가족의 일원이다.)

Track 59

① You can cross the road here.

② I saw him cross the road.

③ Diana made them laugh.

④ⓐ I cannot but tell you the truth.
　ⓑ Can you help me (to) clean the house?

해석 ① 너는 여기서 길을 건널 수 있다.
　　② 나는 그가 길을 건너는 것을 보았다.
　　③ Diana는 그들을 웃게 만들었다.
　　④ⓐ 나는 너에게 사실을 말할 수밖에 없다.
　　　　ⓑ 너는 내가 집을 청소하는 것을 도와줄 수 있니?

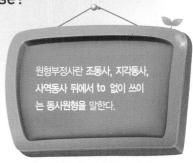

원형부정사란 조동사, 지각동사, 사역동사 뒤에서 to 없이 쓰이는 동사원형을 말한다.

원형부정사

to부정사는 일반적으로 「to+동사원형」의 형식으로 쓰는데, 부정사에 to가 쓰이지 않고 동사원형만 쓰이는 경우가 있다. 이를 원형부정사라고 한다.

① 조동사+동사원형

조동사(will, can, must, may 등)의 다음에는 동사원형을 쓴다.
- **You must hurry if you want to catch the train.** (너는 그 기차를 타기 원하면 서둘러야 한다.)

② 지각동사+목적어+원형부정사

(1) to부정사가 보고, 듣고, 느끼는 것을 나타내는 **지각동사 see**, **hear**, **feel**, **watch**, **notice** 등의 목적어 다음에서 목적격보어로 쓰이면 **원형부정사**를 써야 한다.
- **I heard him play the violin.** (나는 그가 바이올린을 연주하는 것을 들었다.)

POINT 100
지각동사(see, watch, hear, feel)+목적어+원형부정사

(2) 지각동사가 **수동태**로 쓰이면 **to**부정사를 써야 한다.
- He was seen to enter the house. (그가 그 집으로 들어가는 것이 목격되었다.)
- More than twice she was heard to weep. (두 번 이상 그녀가 우는 소리가 들렸다.)

③ 사역동사+목적어+원형부정사

(1) 「~에게 …하게 하다」를 뜻하는 **사역동사 make, have, let**의 목적어 다음에는 원형부정사를 쓴다.

- She let him use the dictionary. (그녀는 그에게 사전을 사용하게 했다.)
- Mom had me bring the newspaper. (엄마는 나에게 신문을 가져오게 했다.)

(2) 사역동사 **make**의 경우도 **수동태**가 되면 **to**부정사를 쓴다.
- I was made to tell a lie. (나는 거짓말을 하도록 강요당했다.)

☞ ⓐ 사역동사 **let**의 수동형은 일반적으로 **be allowed to**를 쓴다.
- The teacher let him go home early. (선생님은 그가 일찍 집에 가도록 허용했다.)
  → He was allowed to go home early by the teacher.

ⓑ 사역동사 **have**는 수동형으로 쓰지 않는다.
- They had me go there. (그들은 내가 그곳에 가게 했다.)
  → I was had to go there by them. (×)

④ 기타 원형부정사를 쓰는 경우

(1) cannot but(~하지 않을 수 없다), had better(~하는 것이 좋다), would rather(차라리 ~하다) 다음에는 원형부정사를 쓴다.
- We couldn't but laugh to see the boy. (우리는 그 소년을 보고 웃지 않을 수 없었다.)
- We had better stay at home today. (오늘은 집에 있는 것이 좋겠다.)
- I would rather die than do such a mean thing. (그런 비열한 일을 하느니 차라리 죽겠다.)

(2) 동사 **help**는 목적어 다음에 **to**부정사를 쓰기도 하고 원형부정사를 쓰기도 한다. 또한 **help** 바로 다음에도 **to**부정사와 원형부정사를 모두 쓸 수 있다.
- Please help me (to) peel these potatoes. (이 감자들을 까는 것을 도와주세요.)
- Seat belts help (to) prevent accidents. (안전띠는 사고를 예방하는 데에 도움이 된다.)

[1~5] 우리말과 일치하도록 빈칸에 알맞은 말을 쓰시오.

1 나는 한 남자가 그 건물에서 나오는 것을 보았다.
   I saw a man _____ out of the building.

2 많은 새들이 노래하는 것이 들렸다.
   Many birds were heard _____ _____.

3 너는 가서 준비하는 게 좋겠다.
   You'd better _____ and _____ ready.

4 나는 그가 식탁을 치우는 것을 도왔다.
   I helped him _____ the table.

5 아이들이 성냥을 가지고 놀지 못하게 하시오.
   Don't let children _____ with matches.

[6~10] 다음 문장에서 **틀린** 곳을 찾아 바르게 고쳐 쓰시오.

6 We heard him sang in the classroom.

7 She was seen enter the house.

8 I let him to use my computer.

9 She had him to repair the radio.

10 I cannot but accepted your offer.

Track 60

핵심 노트

⭐ 원형부정사를 쓰는 경우
- 조동사 다음에서: I can play the piano. (나는 피아노를 칠 수 있다.)
- 지각동사(see, hear, feel, watch, notice 등)/사역동사(make, have, let 등)+목적어+원형부정사
   I heard her say "Sorry." (나는 그녀가 "미안해"라고 말하는 것을 들었다.)
   I made them give me the money back. (나는 그들이 나에게 돈을 돌려주게 만들었다.)
- 지각동사와 사역동사의 수동태에서는 to부정사를 쓴다.
   She was heard to say "Sorry."
   They were made to give me the money back.
- cannot but / had better / would rather+원형부정사, help+목적어+(to)부정사, help+(to)부정사
   We had better leave early. (우리는 일찍 떠나는 것이 좋겠다.)
   Let's help them (to) find jobs. (그들이 일자리를 찾는 것을 돕자.)
   We helped (to) clean the house. (우리는 청소하는 것을 도왔다.)

UNIT 31 주의해야 할 to부정사 용법

Track 61

1 It is impossible for you to please everyone.

2 He told me not to move.

3 I don't know what to do.

4 This book is difficult to read.

5 ⓐ It was too cold to go out.

ⓑ He is old enough to go to school.

해석 1 네가 모든 사람들을 기쁘게 하는 것은 불가능하다.

2 그는 나에게 움직이지 말라고 말했다.

3 나는 무엇을 해야 할지 모르겠다.

4 이 책은 읽기 어렵다.

5 ⓐ 날씨가 너무 추워서 밖에 나갈 수 없었다.

ⓑ 그는 학교에 다니기에 충분할 만큼 나이가 들었다.

- to부정사의 의미상 주어: for+대명
사의 목적격+to부정사
- to부정사의 부정형: not+to부정사
- 의문사+to부정사: ~할 …
- too … to부정사: 너무 …하여 ~
할 수 없는
- enough to부정사: ~할 만큼 …한

1 to부정사의 주어

(1) 모든 동사와 마찬가지로 to부정사에도 주어가 있어야 하는데, 이를 to부정사의 **의미상 주어**라고 한다.

a) John wants Mary to leave early. (John은 Mary가 일찍 떠나기를 원한다.)

b) John wants to leave early. (John은 일찍 떠나기를 원한다.) ← [**John to leave early**]

a)에서는 to leave의 의미상 주어가 Mary인데 동사 want의 주어인 John과 다르기 때문에 써 준 것이고, b)에서는 to leave의 주어가 동사 want의 주어인 John과 같기 때문에 생략되었다.

(2) to부정사가 동사의 목적어로 쓰인 경우가 아니면 to부정사의 의미상 주어는 보통 「for+명사/인칭대명사의 목적격」으로 나타낸다.

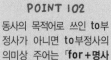

POINT 102
동사의 목적어로 쓰인 to부정사가 아니면 to부정사의 의미상 주어는 「for+명사/for+대명사의 목적격」으로 나타낸다.

- He stepped aside for me to pass. (그는 내가 지나가도록 비켜 주었다.)

- It is not easy for Tom to solve the problem. (Tom이 그 문제를 푸는 것은 쉽지 않다.)

그러나 부정사의 주어가 막연한 일반 사람일 때는 to부정사의 주어를 보통 생략한다.

- It is easy to make mistakes. (실수하기는 쉽다.)

(3) 의미상의 주어를 「**of+명사/인칭대명사의 목적격**」으로 나타내는 경우

「It + be동사 + 형용사 + to부정사」에서 형용사가 brave, careless, clever, foolish, generous, good, kind, polite, right/wrong, rude, selfish, silly, wicked 등과 같이 행동의 특성을 나타내면 의미상의 주어를 「of + 명사/인칭대명사의 목적격」으로 나타낸다.

- It was kind of her to help us. (그녀가 우리를 도와준 것은 친절한 일이었다.)
- It was silly of us to believe him. (우리가 그를 믿은 것은 어리석은 일이었다.)

> **POINT 103**
> clever, kind, silly 등 행동의 특성을 나타내는 형용사 다음에 to부정사가 오면 의미상의 주어는 「of + 명사/of + 대명사의 목적격」으로 나타낸다.

② to부정사의 부정

to부정사를 부정할 때는 **to**앞에 **not**이나 **never**를 쓴다.

- He left home never to return. (그는 집을 떠나서 결코 돌아오지 않았다.)

> **POINT 104**
> to부정사의 부정:
> **not/never + to부정사**

③ 의문사 + to부정사

「의문사 + to부정사」는 명사와 같은 역할을 하여 흔히 동사의 목적어로 쓰인다.

- Please tell me how to get to the station. (정거장에 어떻게 가는지 말해 주세요.)
- Did you decide where to go? (어디에 갈지 결정했어요?)

④ 주어가 to부정사의 목적어로 해석되는 구문

형용사 easy, difficult, hard, pleasant, interesting 등의 다음에 to부정사가 오면 문장의 주어는 의미상으로 to부정사의 목적어에 해당한다. 따라서 to부정사의 목적어를 다시 써 주면 안 된다.

- The problem is easy to solve. (그 문제는 풀기 쉽다.)
  (= It is easy to solve the problem.)
  The problem is easy to solve it. (×)

⑤ ⓐ too + 형용사/부사 + to부정사: 너무 ~하여 …할 수 없는

- He is too young to go to school. (그는 너무 어려서 학교에 다닐 수 없다.)
  (= He is so young that he cannot go to school.)

> **POINT 105**
> **too + 형용사/부사 + to부정사**:
> 너무 ~하여 …할 수 없는

ⓑ 형용사/부사 + enough to부정사: (충분히) ~할 만큼 …

- She studied hard enough to get good grades. (그녀는 좋은 성적을 받을 만큼 열심히 공부했다.)

☞ **완료부정사**: to부정사가 주절의 동사가 나타내는 것보다 먼저의 일을 나타낼 때는 완료부정사(**to have + 과거분사**)를 쓴다.

- He seems to be rich. (그는 부자인 것 같다.)
  (= It seems that he is rich.) — seem과 is 둘 다 현재
- He seems to have been rich. (그는 부자였던 것 같다.)
  (= It seems that he was rich.) — seem은 현재, was는 과거

> **POINT 106**
> **완료부정사(to have + 과거분사)**: 주절의 동사보다 먼저 일어난 일을 나타낼 때 쓴다.

[1~3] 주어진 단어를 사용하여 우리말 뜻에 맞게 문장을 완성하시오.

1 She doesn't _____.
(그녀는 그가 떠나는 것을 원하지 않는다.) (leave, him, to, want)

2 He decided _____.
(그는 그 콘서트에 가지 않기로 결정했다.) (the concert, to, not, go, to)

3 He didn't know _____.
(그는 그 상자를 어디에 두어야 할지 몰랐다.) (the box, where, to, put)

[4~5] 우리말을 참고하여 빈칸에 알맞은 말을 쓰시오.

4 It was foolish _____ _____ _____ pay so much.
(그들이 그렇게 많이 지불한 것은 어리석었다.)

5 It is very hard _____ _____ _____ read her handwriting.
(우리가 그녀의 필적을 이해하는 것은 매우 어렵다.)

[6~8] 다음 두 문장이 뜻이 같도록 빈칸에 알맞은 말을 쓰시오.

6 This book is too difficult for me to read.
= This book is _____ difficult that _____ _____ read it.

7 Love is difficult to understand.
= It is difficult _____ _____ _____.

8 This sofa is comfortable to sit on.
= _____ _____ _____ to sit on this sofa.

Track 62

⭐ **to부정사의 주의해야 할 용법**

- to부정사가 동사의 목적어로 쓰인 경우가 아니면 to부정사의 의미상 주어는 보통 「**for+대명사의 목적격**」으로 나타낸다.
- 「**It+be동사+형용사+to부정사**」 구문에서 형용사가 good, kind, clever, foolish, polite, right/wrong, rude, silly, selfish 등이면 to부정사의 의미상 주어는 「**of+대명사의 목적격**」으로 나타낸다.
- to부정사의 부정: to 앞에 not이나 never를 쓴다.
- 「**의문사+to부정사**」는 흔히 동사의 목적어로 쓰인다.
- easy, hard, difficult, pleasant 등의 다음에 to부정사가 오면 문장의 주어는 의미상 to부정사의 목적어이다.
- too+형용사/부사+to부정사: 너무 ~하여 …할 수 없는(= so ~ that 주어 cannot …)
- 형용사/부사+enough to부정사: (충분히) ~할 만큼 …

Chapter 06
Review Exercise

1 괄호 안의 단어 중에서 알맞은 것을 고르시오.

(1) He is (so, too, very) weak to lift it.

(2) She is strong enough (move, moving, to move) the table.

(3) I don't know where (go, going, to go) for the vacation.

(4) She lets her children (play, played, to play) in the street.

(5) We heard her (play, played, to play) the piano.

(6) Mom told me (don't close, not close, not to close) the window.

(7) You'd better (tell, telling, to tell) the truth to your parents.

(8) It is important for (we, us, ours) to protect sea animals.

2 다음 문장에서 to부정사에 밑줄을 그어 표시하고, 어떤 용법으로 사용되었는지 쓰시오.

(1) I want to buy a new cellphone.

(2) To read this book is difficult.

(3) His dream is to become an astronaut.

(4) Sujin grew up to be a ballerina.

(5) She has many friends to talk with.

(6) I found it interesting to study English.

(7) I called you to ask about our vacation.

(8) It is time to go to bed.

(9) It was silly of us to believe her.

3 다음 두 문장의 뜻이 같도록 빈칸에 알맞은 말을 쓰시오.

(1) To learn English is fun.

   = It is _____.

(2) It is hard to understand Einstein's theories.

   = Einstein's theories _____.

(3) I was so late that I couldn't catch the train.

   = I was too _____.

(4) It is thought that he was killed in the war.

   = He is thought _____.

4 보기의 단어를 활용하여 문장을 완성하시오.

> [보기] drink, enter, exercise, go, hear, join, pick, solve, tell

(1) _____ regularly is good for your health.

(2) My parents don't let me _____ out after 10 o'clock.

(3) I was sad _____ the bad news.

(4) He made me _____ him the story.

(5) They decided not _____ the club.

(6) She had him _____ them up from the airport.

(7) Did you see anyone _____ the room?

(8) I'm thirsty. Please give me something _____.

(9) Let me know how _____ the puzzle.

5 주어진 단어를 배열하여 우리말과 뜻이 같도록 문장을 완성하시오.

(1) 내 취미는 동전을 모으는 것이다. (collect, is, coins, to)
My hobby _____.

(2) 그녀는 끝내야 할 많은 숙제가 있다. (has, homework, to, much, finish)
She _____.

(3) 그는 약간의 음식을 사기 위해서 슈퍼마켓에 갔다. (the supermarket, to, buy, some, to, food)
He went _____.

(4) 나는 무엇을 해야 할지 모르겠다. (know, to, what, do)
I don't _____.

(5) 나는 그들이 운동장에서 축구하는 것을 보았다. (the playground, soccer, in, play)
I saw them _____.

(6) Mike은 그 강을 헤엄쳐 건널 수 있을 만큼 튼튼하다. (swim, across, enough, to, the river)
Mike is strong _____.

(7) 그는 열심히 공부했으나 시험에 떨어졌다. (to, hard, fail, only, the exam)
He studied _____.

(8) 그 책상은 내가 옮기기에는 너무 무거웠다. (was, to, heavy, too, me, for, move)
The desk _____.

Chapter 07

동명사

동명사는 「동사원형＋-ing」의 형태로 쓰는데, 동명사란 이름이 붙여진 것은 「동사원형＋-ing」가 동사의 성질과 명사의 성질을 동시에 갖고 있기 때문입니다. 동명사는 명사가 올 수 있는 자리에만 쓰일 수 있는 점에서 명사를 닮았지만, 또한 목적어와 보어를 가질 수 있고 부사의 수식을 받을 수 있는 점에서는 동사를 닮았습니다.

Unit 32 _ 동명사의 용법 _ 124
Unit 33 _ 동명사와 to부정사 _ 127
Unit 34 _ 중요 동명사 구문 _ 130
*Review Exercise _ 133

UNIT 32 동명사의 용법

Track 63

1 ⓐ Dancing is fun.
　ⓑ My hobby is listening to music.
　ⓒ I enjoy talking with you.
　ⓓ Thank you for inviting me.

2 ⓐ Learning English is fun.
　ⓑ Keeping silent is difficult.
　ⓒ Driving fast is dangerous.
　ⓓ I don't like being treated like a child.

3 ⓐ John's returning home is good news.
　ⓑ We enjoy playing tennis.

4 I hate not being on time.

동명사란 동사원형에 -ing를 붙인 형태로서, 문장에서 주어, 보어, 목적어의 역할을 한다.

해석 **1** ⓐ 춤추는 것은 재미있다.
　　　ⓒ 나는 당신과 이야기하는 것을 즐긴다.
　　2 ⓐ 영어를 배우는 것은 재미있다.
　　　ⓒ 빨리 운전하는 것은 위험하다.
　　3 ⓐ John이 집에 돌아온다는 것은 반가운 소식이다.
　　　ⓑ 우리는 테니스 하는 것을 즐긴다.
　　4 나는 시간을 지키지 않는 것을 싫어한다.

　　　ⓑ 나의 취미는 음악을 듣는 것이다.
　　　ⓓ 저를 초대해 주셔서 고맙습니다.
　　　ⓑ 침묵을 지키는 것은 어렵다.
　　　ⓓ 나는 어린애처럼 취급받는 것을 좋아하지 않는다.

★ 동명사란?

동명사는 원래 「동사원형+-ing」의 형태로 「~하는 것」이라는 뜻이다. 동명사는 동사에 -ing가 붙었더라도 동사로서의 특성은 그대로 가지고 있기 때문에 동명사구의 내부 구조는 동사구와 같다. 반면에, 동명사는 명사가 올 수 있는 자리에만 올 수 있다. 즉, 동명사 전체는 명사적 특성을 지니고 있다.

1 동명사의 명사적 특성

동명사는 명사적 특성을 지니고 있기 때문에 명사가 할 수 있는 역할을 한다. 즉, 주어, 보어, 타동사의 목적어, 전치사의 목적어로 쓰일 수 있다.

(1) 주어: **Making good friends is important.** (좋은 친구를 사귀는 것이 중요하다.)

POINT 107
동명사 주어는 단수 취급

이 문장에서 **good friends**가 복수라고 해서 동사를 **are**로 쓰면 안 된다. 문장의 주어는 **good friends**가 아니라 **making good friends**이고, 동명사는 단수로 취급되기 때문이다.

(2) 보어: **His job is walking the dogs.** (그의 일은 개들을 산책시키는 것이다.)

(3) 타동사의 목적어: **I finished doing my homework.** (나는 숙제하는 것을 끝마쳤다.)

(4) 전치사의 목적어: **I am interested in cooking food.** (나는 음식을 요리하는 데 흥미가 있다.)

　　☞ 동명사와는 달리 **to**부정사는 전치사 다음에 쓸 수 없다.

　　▪ **I am interested in to cook food.** (×)

② 동명사의 동사적 특성

동명사는 명사의 성질도 가지고 있지만 동사의 성질도 가지고 있기 때문에 목적어와 보어를 가질 수 있고 부사의 수식을 받을 수 있다. 또한 동명사는 수동태가 될 수도 있다.

▪ **Reading poems is a good way to develop imagination.** (시를 읽는 것은 상상력을 발전시키는 좋은 방법이다.) — 동명사+목적어

▪ **Being fat is bad for health.** (뚱뚱한 것은 건강에 나쁘다.) — 동명사+보어

▪ **Reading fast is like eating fast.** (빨리 읽는 것은 빨리 먹는 것과 같다.) — 동명사+부사

▪ **I love being called a genius.** (나는 천재라고 불리는 것을 좋아한다.) — 수동태

③ 동명사의 의미상 주어

(1) 동명사는 동사적 성질을 가지므로 동사에 주어가 필요하듯이 동명사에도 주어가 있어야 한다. **동명사의 주어는 소유격이나 목적격을 동명사 앞에 써서 나타낸다.** ③ⓐ에서 **returning home**의 주체, 즉 주어는 바로 **John**이다.

POINT 108
동명사의 의미상 주어는 동명사 앞에 소유격 또는 목적격을 써서 나타낸다.

▪ **Do you mind my/me sitting here?** (내가 여기에 앉아도 괜찮겠어요?)

(2) 동명사의 주어가 없는 경우에는 동명사의 주어가 주절의 주어나 목적어와 같아서 생략되었기 때문이다.

▪ **Mary enjoys [~~Mary's~~ playing tennis].** (Mary는 테니스 하는 것을 즐긴다.)

▪ **Thank you for [~~your~~ helping me].** (나를 도와줘서 고마워.)

(3) 동명사의 주어가 일반 사람이면 생략한다.

▪ **Seeing is believing.** (보는 것이 믿는 것이다., 百聞이 不如一見이다.)

▪ **Heating a big house is expensive.** (큰 집을 난방하는 데에는 돈이 많이 든다.)

④ 동명사의 부정

동명사를 부정할 때는 동명사 앞에 **not**이나 **never**를 쓴다.

POINT 109
동명사의 부정형:
not/never+동명사

▪ **He is famous for never wearing any shoes.** (그는 결코 신발을 신지 않는 것으로 유명하다.)

[1~5] 다음 문장에서 동명사구를 찾아 밑줄을 긋고, 문장에서의 역할을 쓰시오.

1 Reading books makes you wise.

2 My favorite activity is listening to music.

3 He is not interested in playing computer games.

4 He doesn't like being alone in the dark.

5 Trying is better than not trying at all.

[6~10] 다음 문장에서 틀린 곳을 찾아 바르게 고쳐 쓰시오.

6 She is good at to speak English.

7 Reading books are my favorite hobby.

8 My parents don't like I coming home late.

9 My hobby is collect dolls.

10 I remember he saying so.

Track **64**

⭐ 동명사(동사원형＋-ing)는 명사처럼 주어, 목적어, 보어로 쓰인다.
주어: **Making good friends is important.** (좋은 친구를 사귀는 것이 중요하다.)
목적어: **I like writing letters.** (나는 편지 쓰는 것을 좋아한다.)
보어: **Seeing is believing.** (보는 것이 믿는 것이다.)

⭐ 동명사는 동사처럼 목적어나 보어를 가질 수 있고, 부사의 수식을 받거나 수동태가 될 수 있다.
Playing soccer is fun. (축구하는 것은 재미있다.) — 동명사+목적어
Keeping calm is important. (침착함을 유지하는 것은 중요하다.) — 동명사+보어
Eating slowly is good for health. (천천히 먹는 것이 건강에 좋다.) — 동명사+부사
Everyone hates being ignored. (모든 사람은 무시당하는 것을 싫어한다.) — 수동태

⭐ 동명사의 의미상 주어
주절의 주어나 목적어와 같으면 생략하고, 다르면 소유격이나 목적격으로 써 준다.
Mary enjoys [Mary playing tennis]. (Mary는 테니스 하는 것을 즐긴다.)
Do you mind my/me opening the window? (내가 창문을 열어도 괜찮겠어요?)

⭐ 동명사의 부정   동명사 앞에 **not**이나 **never**를 써 준다.
I hate not being on time. (나는 시간을 지키지 않는 것을 싫어한다.)

UNIT 33 동명사와 to부정사

1. Angela finished making pizza.
2. I decided to make pizza.
3. ⓐ She remembers meeting Sam.
   ⓑ She remembers to meet Sam.
4. ⓐ I like watching TV.
   ⓑ I like to watch TV.

해석 1 Angela는 피자를 만드는 것을 끝마쳤다.
     2 나는 피자를 만들기로 결심했다.
     3 ⓐ 그녀는 Sam을 만났던 것을 기억한다.
        ⓑ 그녀는 Sam과 만나기로 한 것을 기억한다.
     4 ⓐⓑ 나는 텔레비전 보는 것을 좋아한다.

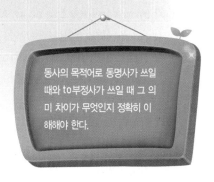

동사의 목적어로 동명사가 쓰일 때와 to부정사가 쓰일 때 그 의미 차이가 무엇인지 정확히 이해해야 한다.

모든 동사가 동명사와 to부정사와 어울리는 것은 아니다. 어떤 동사는 동명사만을 목적어로 가지고 어떤 동사는 부정사만을 목적어로 가진다. 또 어떤 동사는 동명사와 부정사를 둘 다 목적어로 갖지만 의미가 달라진다.

1 동명사를 목적어로 가지는 동사

enjoy, finish, keep, mind, avoid, suggest, consider, give up 등

> **POINT 110**
> 동명사만을 목적어로 갖는 동사:
> enjoy, finish, keep, mind, avoid, suggest, consider, give up 등

- We enjoy playing basketball. (○) (우리는 농구하는 것을 즐긴다.)
- We enjoy to play basketball. (×)

2 to부정사를 목적어로 가지는 동사

want, decide, plan, promise, wish, expect, hope, agree 등

> **POINT 111**
> to부정사만을 목적어로 갖는 동사: want, decide, plan, promise, wish, expect, hope, agree 등

- We decided to take a taxi. (○) (우리는 택시를 타기로 결정했다.)
- We decided taking a taxi. (×)

③ 동명사와 to부정사에 따라 의미가 달라지는 동사

(1) 동명사: 이미 일어난 일 / to부정사: 앞으로 일어날 일

remember, forget, regret 등의 다음에 오는 동명사는 **이미 일어난 일**을 나타내고, to부정사는 **앞으로 일어날 일**을 나타낸다.

- **He remembers having a meeting yesterday.** (그는 어제 회의를 한 것을 기억한다.)
- **He remembers to have a meeting tomorrow.** (그는 내일 회의가 있다는 것을 기억한다.)
- **I forgot locking the door.** (나는 문을 잠갔다는 사실을 잊었다. — 문을 이미 잠갔음.)
- **I forgot to lock the door.** (나는 문을 잠그는 것을 잊었다. — 잊고 잠그지 않았음.)

> **POINT 112**
> - remember/forget+ -ing: ~했던 것을 기억하다/잊다
> - remember/forget +to부정사: ~할 것을 기억하다/잊다

(2) try -ing: (시험 삼아/실제로) ~을 해 보다 / try to do: ~하려고 노력하다

- **I tried sending Mary flowers, but she didn't show any interest in me.** (나는 Mary에게 꽃을 보내 보았으나, 그녀는 나에게 전혀 관심을 보이지 않았다.)
- **I tried to send Mary flowers, but I couldn't.** (나는 Mary에게 꽃을 보내려고 애썼으나, 보낼 수가 없었다.)

> **POINT 113**
> - try+-ing: (시험 삼아/실제로) ~을 해 보다
> - try+to부정사: ~하려고 노력하다

(3) stop -ing: ~하는 것을 멈추다, 그만두다 / stop to do: ~하기 위해 멈추다

- **We stopped talking.** (우리는 이야기하는 것을 멈추었다.)
- **We stopped to talk.** (우리는 이야기하기 위해 (걸음을) 멈추었다.)

> **POINT 114**
> - stop+-ing: ~하는 것을 멈추다, 그만두다
> - stop+to부정사: ~하기 위해 멈추다

④ 동명사와 to부정사를 둘 다 쓸 수 있는 동사

attempt, begin, can't bear, continue, intend, like, love, omit, start 등

- **He attempted escaping/to escape through a window.** (그는 창문으로 달아나려고 했다.)
- **It began raining/to rain.** (비가 오기 시작했다.)

☞ **완료동명사**: 주절의 동사가 나타내는 것보다 동명사가 더 먼저의 일을 나타낼 때는 완료동명사(**having**+과거분사)를 쓴다.

- **I am angry about not being at the party.** (나는 파티에 참석하지 못해서 화가 난다.)

  (= **I am angry that I am not at the party.**) — am이 둘 다 현재
- **I am angry about not having been invited to the party.** (나는 파티에 초대 받지 못했기 때문에 화가 난다.)

  (= **I am angry that I was not invited to the party.**) — am은 현재, was는 과거

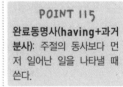

> **POINT 115**
> 완료동명사(**having**+과거분사): 주절의 동사보다 먼저 일어난 일을 나타낼 때 쓴다.

[1~5] 다음 우리말의 뜻에 맞도록 괄호 안에서 알맞은 말을 고르시오.

1 내일 나에게 전화하는 것을 잊지 마.
Don't forget (to call, calling) me tomorrow.

2 그녀는 숙제하는 것을 끝냈다.
She finished (to do, doing) her homework.

3 그는 미래를 위해 저축하려고 노력한다.
He tries (to save, saving) money for the future.

4 그는 다음 월요일에 내게 전화하기로 약속했다.
He promised (to call, calling) me next Monday.

5 그들은 공부하기 위해 TV 보는 것을 멈췄다.
They stopped (to watch, watching) TV (to study, studying).

[6~10] 보기의 알맞은 단어를 활용하여 문장을 완성하시오.

[보기] close, listen, make, read, see

6 I enjoy _____ to music.

7 I want _____ the Eiffel Tower in Paris.

8 Have you finished _____ this book yet?

9 They started _____ a new fantasy movie.

10 Would you mind me _____ the window?

 핵심 노트

 Track 66

⭐ 동명사를 목적어로 가지는 동사 enjoy, finish, keep, mind, avoid, suggest, consider, give up 등
⭐ to부정사를 목적어로 가지는 동사 want, decide, agree, hope, expect, plan, promise, wish, refuse 등
⭐ 동명사와 to부정사에 따라 의미가 달라지는 동사
 ▪ remember -ing: (이미) ~한 것을 기억하다 / remember to do: (앞으로) ~할 것을 기억하다
 ▪ forget -ing: (이미) ~한 것을 잊다 / forget to do: (앞으로) ~할 것을 잊다
 ▪ regret -ing: ~한 것을 후회하다 / regret to do: 유감스럽지만 ~하다
 ▪ try -ing: (시험 삼아/실제로) ~을 해 보다 / try to do: ~하려고 애쓰다
 ▪ stop -ing: ~하는 것을 멈추다, 그만두다 / stop to do: ~하기 위해 멈추다

UNIT 34 중요 동명사 구문

Track 67

1. I look forward to seeing you soon.
2. How about going to the movies?
3. We go swimming every weekend.
4. Illness keeps me from going out.
5. On hearing the news, she began to cry.

해석 1. 너를 다시 만나기를 고대한다.
　　 2. 영화 보러 가는 것이 어때?
　　 3. 우리는 주말마다 수영하러 간다.
　　 4. 나는 아파서 밖에 나가지 못하고 있다.
　　 5. 그 소식을 듣자마자 그녀는 울기 시작했다.

동명사의 관용적 표현과 그 의미는 각각 별도로 기억해 두어야 한다.

1 to 다음에 동명사를 쓰는 표현

(1) 동명사는 명사처럼 전치사 다음에 쓸 수 있지만, to부정사는 전치사 다음에 쓸 수 없다.

> **POINT 116**
> ▪ 전치사+**동명사** (O)
> ▪ 전치사+**to부정사** (×)

- He complains about the noise. (그는 소음에 대해 불평한다.) — 전치사+명사
- He complained about walking so far. (그는 그렇게 멀리 걷는 것에 대해 불평했다.) — 전치사+동명사
- He complained about to walk so far. (×)

(2) 다음 표현의 to는 전치사이므로 to 다음에는 모두 동명사를 써야 한다.

look forward to -ing (~을 고대하다)　　be/get used to -ing (~에 익숙하다/익숙해지다)
object to -ing (~에 반대하다)　　prefer -ing to -ing (…보다 ~을 더 좋아하다)
take to -ing (~을 좋아하게 되다)　　in addition to -ing (~뿐만 아니라)

- I'm not used to using chopsticks. (나는 젓가락을 사용하는 것에 익숙하지 않다.)

> **POINT 117**
> ▪ **be used to+(동)명사** : ~에 익숙하다
> ▪ **used to+동사원형** : ~하곤 했다 (과거의 습관)

- I prefer working hard to being idle. (나는 빈둥대는 것보다 열심히 일하는 것을 더 좋아한다.)

☞ used to+동사원형: ~하곤 했다 (과거의 습관)

▪I used to get up early. (나는 일찍 일어나곤 했다.)

② How about -ing?/What about -ing?: 「~하는 것이 어때?」의 뜻으로 제안을 나타낸다.

▪What about going for a walk in the park? (공원에 산책하러 가는 것이 어때?)
(= Let's go for a walk in the park.)

③ go -ing: 「~하러 가다」의 뜻으로 주로 여가 활동이나 취미 활동을 이야기할 때 쓴다.

▪Let's go mountain climbing tomorrow. (내일 등산하러 가자.)

④ keep/prevent/stop ··· from -ing: ···가 ~하지 못하게 하다

▪Rain prevented them from playing the game. (비 때문에 그들은 경기를 하지 못했다.)
(= They couldn't play the game because of rain.)

⑤ on -ing: ~하자마자

▪On seeing me, he ran away. (나를 보자마자 그는 도망쳤다.)
(= As soon as he saw me, he ran away.)

> **POINT 118**
> ▪ **How/What about -ing?:** ~하는 것이 어때?
> ▪ **go -ing:** ~하러 가다
> ▪ **keep/prevent/stop ··· from -ing:** ···가 ~하지 못하게 하다
> ▪ **on -ing:** ~하자마자

☞ 기타 중요 동명사 구문

ⓐ **cannot help -ing**: ~하지 않을 수 없다 (= cannot but+동사원형)
▪I cannot help telling the truth. (나는 진실을 말할 수밖에 없다.)
(= I cannot but tell the truth.)

ⓑ **feel like -ing**: ~하고 싶다
▪I feel like going for a swim now. (나는 지금 수영하러 가고 싶다.)
(= I want to go for a swim now.)

ⓒ **There is no -ing**: ~하는 것은 불가능하다
▪There is no telling what tomorrow will bring. (내일 무슨 일이 일어날지 알 수 없다.)
(= It is impossible to tell what tomorrow will bring.)
(= We cannot tell what tomorrow will bring.)

ⓓ **be worth -ing**: ~할 가치가 있다
▪The book is worth reading carefully. (그 책은 주의 깊게 읽을 가치가 있다.)
(= It is worthwhile to read the book carefully.)
be worth -ing 구문에서 주어는 의미상으로 동명사의 목적어가 되는 것에 주의해야 한다.

ⓔ **It is no use/good -ing**: ~해야 소용없다
▪It is no use trying to deceive me. (나를 속이려고 애써 봐야 소용없다.)
(= It is of no use to try to deceive me.)

> **POINT 119**
> ▪ **cannot help -ing:** ~하지 않을 수 없다
> ▪ **feel like -ing:** ~하고 싶다
> ▪ **There is no -ing:** ~하는 것은 불가능하다
> ▪ **be worth -ing:** ~할 가치가 있다
> ▪ **It is no use/good -ing:** ~해야 소용없다

[1~5] 다음 문장의 괄호 안에서 알맞은 말을 고르시오.

1 I look forward to (see, seeing) my grandmother.

2 You'll soon get used to (do, doing) exercise in the morning.

3 How about (play, playing) soccer this afternoon?

4 She objects to (make, making) tall buildings in her town.

5 They prevented me from (eat, eating) fast food.

[6~10] 우리말과 뜻이 같도록 빈칸에 알맞은 말을 쓰시오.

6 나는 지금 물을 한 컵 마시고 싶다.
I feel _____ _____ a cup of water now.

7 그는 도서관에 도착하자마자 공부하기 시작했다.
_____ _____ at the library, he started to study.

8 인생은 살만한 가치가 있다.
Life is _____ _____.

9 나는 그의 전화를 기다릴 수밖에 없다.
I can't help _____ _____ his call.

10 엎질러진 우유에 대해 울어 봐야 소용이 없다.
It is _____ _____ crying over spilt milk.

 핵심 노트

Track 68

⭐ to 다음에 부정사를 쓰지 않고 동명사를 쓰는 표현
- look forward to -ing (~을 고대하다)
- be used to -ing (~에 익숙하다)
- object to -ing (~에 반대하다)
- prefer -ing to -ing (…보다 ~을 더 좋아하다)
- take to -ing (~을 좋아하게 되다)
- in addition to -ing (~뿐만 아니라)

⭐ 중요 동명사 구문
- How/What about -ing? (~하는 것이 어때?)
- go -ing (~하러 가다)
- keep/prevent/stop … from -ing (…가 ~하지 못하게 하다)
- on -ing (~하자마자)
- cannot help -ing (~하지 않을 수 없다, ~할 수밖에 없다)
- feel like -ing (~하고 싶다)
- There is no -ing (~하는 것은 불가능하다)
- be worth -ing (~할 가치가 있다)
- It is no use/good -ing (~해야 소용없다)

Chapter 07
Review Exercise

1 다음 짝지어진 문장 중에서 동명사가 쓰인 문장을 고른 후, 동명사구에 밑줄을 그어 표시 하시오.

(1) ⓐ He is studying English.
　　ⓑ He likes studying English.
(2) ⓐ My job is looking for new writers.
　　ⓑ My dad is looking for a new job.
(3) ⓐ It will be raining in the evening.
　　ⓑ It began raining in the evening.
(4) ⓐ He loves to watch flying birds.
　　ⓑ He loves flying high in the sky.

2 괄호 안에 주어진 것 중에서 알맞은 것을 고르시오.

(1) Would you mind (to pass, passing) me the salt?
(2) They want (to go, going) to Europe this summer.
(3) She is interested in (to take, taking) pictures.
(4) I planned (to visit, visiting) my grandparents in New York.
(5) They enjoy (to play, playing) computer games.

3 두 문장의 뜻이 같도록 빈칸에 알맞은 말을 쓰시오.

(1) Mary helped me and I thanked her.
　　= I thanked Mary for ＿＿＿＿＿ me.
(2) Let's take a picture together.
　　= ＿＿＿＿＿ ＿＿＿＿＿ taking a picture together?
(3) We couldn't go on a picnic because of rain.
　　= Rain ＿＿＿＿＿ us ＿＿＿＿＿ ＿＿＿＿＿ on a picnic.
(4) I want to take a shower.
　　= I feel ＿＿＿＿＿ ＿＿＿＿＿ a shower.
(5) As soon as he finished his homework, he went out.
　　= ＿＿＿＿＿ ＿＿＿＿＿ his homework, he went out.

4 주어진 단어를 바르게 나열하여 문장을 완성하시오.

(1) _____ is very dangerous.

  (a bike, a helmet, without, riding)

(2) They are _____.

    (in, studying, interested, math)

(3) I'm _____ in Canada.

    (visiting, my, looking, to, forward, sister)

(4) We are _____.

    (making, about, robots, talking)

5 다음 중 맞는 문장은?

① I planned seeing you soon.
② John enjoys to play basketball.
③ My mom wants me studying hard.
④ I'm looking forward to hear from you.
⑤ We couldn't help crying to hear the news.

6 보기의 단어를 활용하여 문장을 완성하시오.

[보기] make, buy, decide, finish, throw, promise, read, try, use, wear

(1) Could you please stop _____ a noise?
(2) It was a nice day. We _____ to go for a walk.
(3) I considered _____ a new cellphone.
(4) Have you finished _____ the book yet?
(5) I don't mind you _____ my pencil.
(6) He _____ not to be late again.
(7) They didn't give up _____ to find their dog.
(8) He's getting used to _____ a ring.
(9) Don't forget _____ cleaning your room before you go out.
(10) Try to keep the children from _____ food all over the floor.

Chapter 08

접속사

접속(接續)은 연결한다는 뜻으로, 접속사는 단어와 단어, 구와 구, 절과 절을 연결하여 더 큰 단위로 만들어 주는 역할을 합니다. 접속사는 연결되는 두 말의 관계에 따라 등위접속사와 종속접속사로 구별됩니다. 등위접속사는 단어, 구, 절을 대등한 자격으로 연결해 주며, 종속접속사는 두 절을 연결하여 한 절을 주절로 만들고 다른 한 절을 종속절로 만듭니다. 종속절은 주절을 수식하거나 주절의 주어, 목적어 등의 역할을 합니다.

Unit 35 _ 등위접속사 _ 136
Unit 36 _ 상관접속사 _ 139
Unit 37 _ 부사절을 이끄는 종속접속사 _ 142
Unit 38 _ 명사절을 이끄는 종속접속사 _ 145
***Review Exercise** _ 148

UNIT 35 등위접속사

CD 1
Track 69

1 I like apples and bananas.

2 Do you like apples or bananas?

3 I like apples, but I don't like bananas.

4 We were exhausted, for we marched a long way.

5 It was very cold, so we didn't go swimming.

해석 1 나는 사과와 바나나를 좋아한다.
2 너는 사과를 좋아하니, 혹은 바나나를 좋아하니?
3 나는 사과를 좋아한다. 하지만 바나나는 좋아하지 않는다.
4 우리는 기진맥진했다. 왜냐하면 먼 거리를 행군했기 때문이다.
5 날씨가 아주 추웠다. 그래서 우리는 수영하러 가지 않았다.

- **and**: ~과 …, 그리고
- **or**: 또는, 혹은
- **but**: 그러나, 하지만
- **for**: 왜냐하면 ~이니까
- **so**: 그래서, 그러므로

등위접속사의 용법

등위접속사는 말 그대로 단어와 단어, 구와 구, 절과 절을 대등한 자격으로 연결해 준다. 이러한 등위접속사에는 **and, or, but, for, so**가 있다.

> **POINT 120**
> 등위접속사: **and, or, but, for, so**는 단어와 단어, 구와 구, 절과 절을 **대등한 자격으로 연결**한다.

1 and

(1) 등위접속사 **and**는 두 개 이상의 단어와 단어, 구와 구, 절과 절을 연결해 준다.
- **Tom and I are friends.** (Tom과 나는 친구 사이이다.) — 단어 연결
- **She talked and I listened.** (그녀는 이야기하고 나는 들었다.) — 절 연결

(2) **and**가 세 개 이상의 말을 연결해 줄 때는 마지막 말 앞에만 **and**를 쓴다.
- **We talked, sang, and danced.** (우리는 이야기하고 노래하고 춤췄다.)

(3) 다음 표현들은 두 말이 **and**로 연결되어 하나의 사물이나 개념을 나타내며, 단수 취급을 한다.

bread and butter (버터 바른 빵)   **curry and rice** (카레라이스)
horse and cart (말이 끄는 마차)   **Stars and Stripes** (성조기[미국 국기])

- **Curry and rice is the main food of Sri Lanka.** (카레라이스는 Sri Lanka의 주요 음식이다.)

> **POINT 121**
> 등위접속사 **and**:
> - 셋 이상을 연결해 줄 때는 마지막 말 앞에 **and**를 쓴다.
> - **and**로 연결된 말이 하나의 사물이나 개념을 나타내면 단수로 취급한다.

(4) 명령문, **and** …: 「~해라. 그러면 …」

- **Work hard, and you will succeed.** (열심히 일해라. 그러면 성공할 것이다.)
  (= If you work hard, you will succeed.)

POINT 122
명령문, **and** …:「~해라. 그러면 …할 것이다.」

2 or

(1) 접속사 **or**는 단어와 단어, 구와 구, 절과 절을 연결해 주며, 기본적인 의미는 「~ 또는 …」이다. **or**가 셋 이상을 연결해 줄 때는 마지막 말 앞에 **or**를 쓴다.

- **You can walk, take a bus, or take the subway.** (너는 걷거나 버스를 타거나 혹은 지하철을 탈 수 있다.)

(2) **or**가 「즉, 바꾸어 말하면」(in other words)의 뜻으로 쓰일 때가 있다.

- **I like botany, or the study of plants.** (나는 식물학, 즉 식물 연구를 좋아한다.)

(3) 명령문, **or** …: 「~해라. 그렇지 않으면 …」

- **Work hard, or you will fail.** (열심히 일해라. 그렇지 않으면 실패할 것이다.)
  (= If you don't work hard, you will fail.)

POINT 123
등위접속사 or :
- 「~ 또는 …」
- 「즉, 바꾸어 말하면」
- 셋 이상을 연결할 때는 마지막 말 앞에 **or**를 쓴다.

POINT 124
명령문, **or** :「~해라. 그렇지 않으면 …할 것이다.」

3 but: 접속사 but은 대조를 나타낸다.

- **He is poor, but he is happy.** (그는 가난하지만 행복하다.)
- ☞ **but**은 전치사일 때 「~을 제외하고」(except), 부사일 때 「단지」(only)를 의미한다.
- **There was no one left but me.** (나를 제외하고 아무도 남아있지 않았다.)
- **He is but a child.** (그는 어린아이에 불과하다.)

POINT 125
- 등위접속사 **but** : 대조를 나타낸다.
- 전치사 **but** :「~을 제외하고」
- 부사 **but** :「단지」

4 for: 접속사 for는 근거·이유를 나타내어 「왜냐하면 ~이기 때문이다」를 의미한다. 접속사 because와 달리 for는 문장 첫머리에 오지 못한다.

- **I married her, for I loved her.** (나는 그녀와 결혼했다. 왜냐하면 그녀를 사랑했으니까.)
  I married her, because I loved her.
- **For I loved her, I married her.** (×)
  Because I loved her, I married her. (○)

POINT 126
등위접속사 for :
- 「왜냐하면 ~이기 때문이다」
- 문장의 맨 앞에 쓰지 않는다.

5 so: 「그러므로」(therefore), 「그런 이유로」(for that reason)

- **I was lost, so I bought a street map.** (나는 길을 잃어서 거리 지도를 샀다.)

POINT 127
등위접속사 so :
「그러므로, 그런 이유로」

[1~3] 다음 문장에서 등위접속사가 연결한 대상을 보기와 같이 표시하시오.

[보기] This dog is black (and) white white.

1 The dog is black (and) the cat is white.

2 I like apples, (but) my sister likes bananas.

3 Which do you like better, bread and butter (or) bacon and eggs?

[4~8] 다음 빈칸에 알맞은 접속사를 보기에서 골라 쓰시오.

[보기] and, but, for, or, so

4 Hurry up, _____ you will miss the train.

5 He is not tall, _____ he is a good basketball player.

6 I was very sick, _____ I couldn't go to school.

7 I left in haste, _____ I was already late.

8 She bought a notebook, an eraser, _____ two pencils.

[9~11] 우리말의 뜻에 맞게 빈칸에 알맞은 말을 쓰시오.

9 그가 오늘 결석한 것을 보니 그는 아픈 것이 틀림없다.
   He must be ill, _____ he is absent today.

10 그는 어리지만 현명하다.
   He is young, _____ _____.

11 나는 나를 제외하고는 아무도 없었다는 것을 알았다.
   I knew there was nobody _____ _____.

Track **70**

UNIT 36 상관접속사

Track 71

① I met both Jack and his wife.

② He is not only smart but (also) kind.

③ It is not a dog, but a cat.

④ It is either blue or green.

⑤ It was neither cold nor wet.

해석 ① 나는 Jack과 그의 부인을 둘 다 만났다.
　　② 그는 똑똑할 뿐 아니라 친절하다.
　　③ 그것은 개가 아니라 고양이이다.
　　④ 그것은 파란색이거나 녹색 중 하나이다.
　　⑤ 날씨가 춥지도 않았고 비가 오지도 않았다.

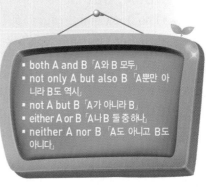

- both A and B 「A와 B 모두」
- not only A but also B 「A뿐만 아니라 B도 역시」
- not A but B 「A가 아니라 B」
- either A or B 「A나 B 둘 중 하나」
- neither A nor B 「A도 아니고 B도 아니다」

⭐ 상관접속사의 용법

상관접속사는 떨어져 있는 두 개 이상의 단어가 서로 관련되어 하나의 접속사 역할을 하는 말을 가리킨다. 흔히 쓰이는 상관접속사로는 both ~ and …, not only ~ but (also) …, not ~ but …, either ~ or …, neither ~ nor … 등이 있다.
등위접속사 and, or, but과 상관접속사는 문법적으로 같은 종류의 것을 연결한다.
즉, 명사(구)와 명사(구), 전치사구와 전치사구, 동명사와 동명사, 부정사와 부정사, 절과 절처럼 **연결되는 요소가 동일한 구조**이어야 한다.

- I like singing and dancing. (나는 노래하고 춤추는 것을 좋아한다.) — 동명사+동명사
  I like singing and to dance. (×) — 동명사+부정사
- I lived both in Seoul and in Busan. (나는 서울과 부산 두 곳에 모두 살았다.) — 전치사구+전치사구
  I lived both in Seoul and Busan. (×) — 전치사구+명사

> **POINT 128**
> 상관접속사: 서로 떨어져 있는 두 개 이상의 단어가 서로 관련되어 하나의 접속사 역할을 하는 말

> **POINT 129**
> 등위접속사 and, or, but과 상관접속사는 문법적으로 같은 종류의 것을 연결한다.

① **both A and B**: 「A와 B 둘 다」
- **Both he and his wife enjoy golf.** (그와 그의 부인 둘 다 골프를 즐긴다.)

> **POINT 130**
> **both A and B**:
> 「A와 B 둘 다」

② **not only A but (also) B**: 「A뿐만 아니라 B도 역시」

「not only A but (also) B」는 「both A and B」와 같은 의미의 표현으로, also는 생략되는 경우가 많다.

- He is not only a painter, but (also) a writer. (그는 화가일 뿐만 아니라 작가이기도 하다.)
  (= He is a writer as well as a painter.)
- To accomplish great things, we must not only act but (also) dream. (위대한 업적을 이루기 위해서는 실행에 옮겨야 할 뿐만 아니라 꿈도 가져야 한다.)

POINT 131

not only A but (also) B:
「A뿐만 아니라 B도 역시」

③ **not A, but B**: 「A가 아니라 B」

- The book is not yours, but mine. (그 책은 네 것이 아니라 내 것이다.)
- It is not I but you who are to blame. (책임져야 할 사람은 내가 아니라 너다.)

POINT 132

not A, but B:
「A가 아니라 B」

④ **either A or B**: 「A이거나 B 둘 중 하나」

- You can have either tea or juice. (너는 차를 마실 수도 있고, 아니면 주스를 마실 수도 있다.)

either가 부정문에 쓰이면 「둘 다 ~ 아니다, ~도 역시 아니다」라는 뜻이다.

- I don't like either of the books. (나는 그 책 둘 다 좋아하지 않는다.)
- A: I haven't been to Jejudo. (나는 제주도에 가 본 적이 없어.)
  B: I haven't, either. (나도 역시 가 본 적이 없어.)

POINT 133

either A or B:
- 「A이거나 B 둘 중 하나」
- 부정문에서 either는 「둘 다 ~ 아니다, ~도 역시 아니다」

⑤ **neither A nor B**: 「A도 아니고 B도 아니다」

「neither A nor B」는 「either A or B」의 부정형에 해당한다.

- I like neither science nor math. (나는 과학과 수학 둘 다 좋아하지 않는다.)
- ☞ 「neither A nor B」는 전체부정이지만, 「both A and B」가 부정문에 쓰이면 「A와 B 둘 다 ~인 것은 아니다」의 뜻으로 부분부정이 된다.
- I don't like both cats and dogs. (나는 고양이와 개 둘 다 좋아하는 것은 아니다.)

POINT 134

neither A nor B:
- 「A도 아니고 B도 아니다」
- 「either A or B」의 부정형

- ☞ 상관접속사의 주어와 동사의 일치
  「either A or B」, 「neither A nor B」, 「not only A but also B」, 「not A but B」가 주어로 쓰이면 동사는 **B에 일치시킨다.**
  - Either you or I am wrong. (너와 나 둘 중 하나는 틀렸다.)
  - Not only the teacher but also the students are excited.
    (그 선생님뿐만 아니라 학생들도 흥분했다.)

POINT 135

다음 상관접속사가 주어일 때 동사는 **B에 일치시킨다.**
- not only A but also **B**
- not A but **B**
- either A or **B**
- neither A nor **B**

[1~5] 다음 우리말을 영어로 옮겨 쓸 때, 빈칸에 알맞은 말을 쓰시오.

1 나는 사자가 아니라 호랑이를 보았다.
I saw _____ lions _____ tigers.

2 나는 사과와 바나나를 둘 다 산 것은 아니다.
I didn't buy _____ apples _____ bananas.

3 너와 그 중 한 명은 반드시 그곳에 가야 한다.
_____ you _____ he must go there.

4 그녀와 나는 둘 다 일본에 가 보지 않았다.
_____ she _____ I have been to Japan.

5 그는 한국뿐만 아니라 미국에서도 유명하다.
He is famous not _____ in Korea _____ _____ in the U.S.

[6~10] 다음 문장 중 틀린 곳을 찾아 바르게 고쳐 쓰시오.

6 She is good at not only singing but also at dancing.
_____

7 I like watching movies, listening to music, and to read books.
_____

8 I worked both in a bookstore and a library.
_____

9 Neither my father or my mother wants me to be a singer.
_____

10 Either he or she have to finish the work.
_____

Track 72

⭐ **상관접속사의 용법** 상관접속사는 떨어져 있는 두 개 이상의 단어가 서로 관련되어 하나의 접속사 역할을 하는 말이다.

▪ 등위접속사 and, or, but과 상관접속사는 **문법적으로 같은 종류의 것을 연결**한다.
▪ both A and B: A와 B 둘 다　　　　　　　▪ not only A but (also) B: A뿐만 아니라 B도 역시
▪ not A, but B: A가 아니라 B
▪ either A or B: A이거나 B 둘 중 하나　　　▪ neither A nor B: A도 아니고 B도 아니다
▪ 상관접속사와 주어–동사의 일치: 다음 상관접속사가 주어로 쓰이면 **동사는 B에 일치시킨다.**
　not only A but also **B**, not A but **B**, either A or **B**, neither A nor **B**

UNIT 37 부사절을 이끄는 종속접속사

Track 73

1. I'll go out when it snows.
2. I'll make a snowman if it snows.
3. I need gloves because it's cold.
4. We arrived early so that we could get good seats.
5. Though it's cold, I want to go out.

해석 1. 눈이 올 때 나는 밖에 나갈 것이다.
2. 눈이 오면 나는 눈사람을 만들 것이다.
3. 날씨가 춥기 때문에 나는 장갑이 필요하다.
4. 우리는 좋은 자리를 잡을 수 있도록 일찍 도착했다.
5. 비록 날씨가 춥지만, 나는 밖에 나가고 싶다.

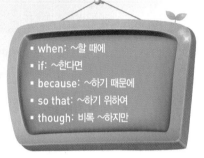

- when: ~할 때에
- if: ~한다면
- because: ~하기 때문에
- so that: ~하기 위하여
- though: 비록 ~하지만

⭐ 부사절을 이끄는 종속접속사

종속접속사는 절과 절을 연결시킬 때 하나의 절이 다른 절에 포함되도록 연결해 주는데, 이때 포함하는 절을 **주절**, 포함되는 절을 **종속절**이라고 한다. 종속절은 부사처럼 주절을 수식하거나, 명사처럼 주절의 주어, 목적어, 보어로 쓰인다.
부사절은 시간, 이유나 원인, 조건, 양보, 목적 등의 의미를 나타내며, 어떤 의미를 나타내는지는 그 부사절을 이끄는 종속접속사에 의해 결정된다.

> **POINT 136**
> **종속접속사**: 주절과 종속절을 연결해 주는 접속사
> → 주절+**종속접속사**+종속절
> → **종속접속사**+종속절+주절

1. **시간**: when (~할 때), before (~하기 전에), since (~ 이래로), while (~하는 동안), after (~한 후에), whenever (~할 때마다), as (~할 때, ~하면서), untill/till (~할 때까지), as soon as (~하자마자)
   - He sings as he works. (그는 일하면서 노래를 부른다.)
   - I have lived here since I was born. (나는 태어난 이래로 여기서 살고 있다.)
   - As soon as I came in, the phone rang. (내가 들어오자마자 전화가 울렸다.)

2. **조건**: if (만약 ~하면), once (일단 ~하면), unless (만약 ~하지 않으면), in case (~하는 경우에 대비하여)
   - Once you start, you must finish it. (일단 시작했으면 너는 그것을 끝내야 한다.)

- **Take an umbrella in case it rains.** (비가 올 경우에 대비하여 우산을 가지고 가라.)

③ 이유·원인 : because/as/since (～이기 때문에, ～이므로)

- **As we have no money, we can't buy anything.** (돈이 없어서 우리는 아무것도 살 수 없다.)
- **Since he wants to go, I'll take him.** (그가 가고 싶어 하니 내가 그를 데리고 갈게.)

④ 목적 : so that ～/in order that (～하기 위하여, ～하도록)

- **I study hard in order that I can pass the exam.** (나는 시험에 합격하기 위해 열심히 공부한다.)
  (= I study hard in order to pass the exam.)

☞ 결과를 나타내는 **so that/so ～ that**

ⓐ **so that**: 「그래서 ～」 (앞에 보통 쉼표가 온다.)

- **I got up late, so that I missed the school bus.** (나는 늦게 일어났다. 그래서 통학 버스를 놓쳤다.)

ⓑ **so+형용사·부사+that/such+명사(구)+that**: 「매우 ～해서 …하다」

- **It was so hot that I couldn't sleep.** (날씨가 너무 더워서 나는 잠을 잘 수 없었다.)
- **This is such a difficult book that I can't read it.** (이것은 매우 어려운 책이라서 나는 그것을 읽을 수 없다.)

> **POINT 137**
> - **목적의 so that ～** : ～하기 위해
> - **결과의 so that**
>   ① so that : 그래서 ～하다
>   ② so+형용사(부사)+that /such+명사(구)+that : 매우 …해서 ～하다

⑤ 양보

(1) **though/although/even if/even though**: 「비록 ～이지만」

- **Although he was poor, he liked to help others.** (비록 그는 가난했지만, 다른 사람들을 돕기를 좋아했다.)
- **Even if you take a taxi, you'll miss your train.** (비록 네가 택시를 탄다고 해도 기차를 놓칠 것이다.)

(2) **whether ～ or …**: 「～이건 …이건 간에」

- **You'll be late whether you go by bus or train.** (너는 버스로 가건 기차로 가건 간에 늦을 것이다.)

> **POINT 138**
> **no matter+의문사**: ～하던지 간에 (= 의문사+-ever)
> - no matter what/who/where/when/how= whatever/whoever/ wherever/whenever/ however

(3) **no matter+의문사 / 의문사+-ever**: 「～하든지 간에」

- **No matter what you do, you must do your best.** (네가 무엇을 하든지 간에 온 힘을 기울여야 한다.)
  (= Whatever you do, you must do your best.)
- **However hungry I am, I can't eat a whole pizza.** (나는 아무리 배가 고프더라도 피자 한 판을 전부 먹을 수는 없다.)
  (= No matter how hungry I am, I can't eat a whole pizza.)

[1~5] 두 부분을 의미가 통하도록 연결하여 문장을 완성한 후 종속절을 표시하시오.

1 I'll wait here   ⓐ so that he can go on a trip.

2 Although she had a bad cold,   ⓑ you'll feel better.

3 They didn't play soccer   ⓒ until you're ready.

4 If you get up early,   ⓓ because it was raining.

5 He saves money   ⓔ she went to school.

[6~10] 다음 우리말을 영어로 옮겨 쓸 때, 빈칸에 알맞은 말을 쓰시오.

6 나는 그 건물로 들어가면서 그를 봤다.
I saw him _____ I was entering the building.

7 나는 집에 도착하자마자 그녀에게 전화했다.
_____ _____ _____ I got home, I called her.

8 길을 잃을 경우를 대비해서 지도를 가져가라.
Take a map with you _____ _____ you get lost.

9 그는 열심히 공부했지만 시험에 떨어졌다.
_____ he studied hard, he failed to pass the exam.

10 남들이 뭐라고 하든지 간에 너는 아름답다.
You're beautiful, _____ _____ what they say.

Track **74**

⭐ **시간을 나타내는 종속접속사** when(~할 때), before(~하기 전에), since(~ 이래로), while(~하는 동안), after(~한 후에), whenever(~할 때마다), as(~할 때, ~하면서), until/till(~할 때까지), as soon as(~하자마자)

⭐ **조건을 나타내는 종속접속사**
if(만약 ~하면), once(일단 ~하면), unless(만약 ~하지 않으면), in case(~하는 경우에 대비하여)

⭐ **이유나 원인을 나타내는 종속접속사** because, as, since(~이기 때문에, ~이므로)

⭐ **양보를 나타내는 종속접속사** ⓐ though, although, even if, even though: 비록 ~이지만
ⓑ whether ~ or …: ~이건 …이건 간에 ⓒ no matter+의문사 / 의문사+-ever: ~하든지 간에

⭐ **목적을 나타내는 종속접속사** so that ~, in order that ~ (~하기 위하여, ~하도록)

⭐ **결과를 나타내는 종속접속사** ⓐ so that: 그래서 ~ (앞에 보통 쉼표가 온다.)
ⓑ so+형용사·부사+that / such+명사(구)+that: 매우 ~해서 …하다

UNIT 38 명사절을 이끄는 종속접속사

1 ⓐ That she is still alive is a miracle.
  ⓑ I believe (that) she is honest.
  ⓒ The truth is that she told a lie.
  ⓓ Ancient people believed the idea that the earth was flat.

2 ⓐ I wonder if he will come to the party.
  ⓑ It is not important whether you are rich or not.

해석 1 ⓐ 그녀가 아직 살아 있다는 것은 기적이다.
     ⓑ 나는 그녀가 정직하다고 믿는다.
     ⓒ 진실은 그녀가 거짓말을 했다는 것이다.
     ⓓ 고대인들은 지구가 편평하다는 생각을 믿었다.
   2 ⓐ 나는 그가 파티에 올지 궁금하다.
     ⓑ 네가 부자인지 아닌지는 중요하지 않다.

> - that 명사절은 주어, 목적어, 보어, 동격절로 쓰인다.
> - whether 명사절은 주어, 목적어, 보어로 쓰이고, if 명사절은 주로 목적어로 쓰인다.

⭐ 명사절을 이끄는 종속접속사

종속접속사 that, if, whether 등으로 시작하는 절은 명사와 같은 역할을 할 수 있는데, 이와 같이 명사 역할을 하는 절을 명사절이라고 한다. 명사절은 주어, 목적어, 보어, 동격절로 쓰인다.

> **POINT 139**
> 명사절: 주어, 목적어, 보어 역할 또는 명사 다음에서 명사를 설명해 주는 동격절 역할을 한다.

1 that

접속사 that이 이끄는 명사절은 주어, 목적어, 보어, 명사의 동격절로 쓸 수 있다.

(1) 주어로 쓰이는 that절

1 ⓐ의 that절은 is a miracle의 주어이다. 이와 같이 that절이 주어인 경우는 일반적으로 주어 자리에 it을 쓰고 that절은 문장 끝에 써 준다.

- It is likely that John will win the game. (John이 경기를 이길 것 같다.)

> **POINT 140**
> 명사절을 이끄는 종속접속사:
> - that: ~것은/을
> - if, whether: ~인지 아닌지(는/를)

(2) 목적어로 쓰이는 that절
- **I think (that) you're right.** (나는 네가 옳다고 생각한다.)
동사 다음의 목적절에서 접속사 **that**은 생략되는 경우가 많다.

(3) 보어로 쓰이는 that절
- **His claim is that God exists.** (그의 주장은 신이 존재한다는 것이다.)

(4) 동격절로 쓰이는 that절
that절은 명사의 내용을 설명해 주는 역할을 하는데, ①ⓓ의 **that the earth was flat**은「그 생각(= **the idea**)」의 내용이 무엇인지를 설명해 주고 있다. 이처럼 **명사 다음에서 명사의 내용을 설명하는 절이 명사의 동격절**이다.
- **I know the fact that the earth is round.** (나는 지구가 둥글다는 사실을 알고 있다.)
동격절의 경우「명사 **is** 동격절」이 완전한 문장이 된다.
- **The idea was that the earth was flat.** (그 생각은 지구가 편평하다는 것이었다.)

② if/whether

(1) 접속사 **if**와 **whether**는「~인지 (아닌지)」를 뜻하는 명사절, 즉 의문을 나타내는 명사절을 이끈다.
- **I don't know whether he is a poet or a novelist.** (나는 그가 시인인지 소설가인지 모른다.)

(2) **whether**가 이끄는 명사절은 주어, 목적어, 보어로 모두 쓰일 수 있으나, **if**가 이끄는 명사절은 주로 목적어로만 쓰인다.
- **Whether she likes me (or not) is unclear to me.** (나에게는 그녀가 나를 좋아하는지 아닌지 불분명하다.)
- **I wonder if/whether she likes me.** (나는 그녀가 나를 좋아하는지 궁금하다.)
- **The question is whether she likes me (or not).** (의문점은 그녀가 나를 좋아하는지 아닌지이다.)

(3) 접속사 **whether** 다음에는 **or not**이 올 수 있으나, **접속사 if 다음에는 or not**이 올 수 없다.
- **I wonder whether or not she likes me.** (○)
- **I wonder if or not she likes me.** (×)

> POINT 141
> if/whether(~인지 아닌지):
> - whether가 이끄는 명사절은 주어, 목적어, 보어 역할 가능. 뒤에 **or not**이 올 수 있다.
> - if가 이끄는 명사절은 목적어 역할만 가능. 뒤에 **or not**이 올 수 없다.

☞ 의문사 **who(m), whose, what, where, when, why, how**로 시작하는 절도 명사절로 쓰인다.
- **I don't know who broke the window.** (나는 누가 창문을 깼는지 모른다.)
- **What will happen tomorrow cannot be predicted.** (내일 무슨 일이 일어날지 예측할 수 없다.)
- **Tell me why you didn't come.** (왜 오지 않았는지 나에게 말해 줘.)
- **I want to know where she lives.** (나는 그녀가 어디 사는지 알고 싶다.)

[1~4] 밑줄 친 that절이 문장에서 어떤 역할을 하는지 쓰시오.

1 She said that she would come early.

2 It is certain that he will pass the exam.

3 My point is that we should do it right now.

4 Is it true that they are going to France?

[5~6] 주어진 두 문장을 동격절을 사용하여 한 문장으로 만드시오.

5 Your opinion is that we need a new leader. I agree with it.
→ I agree _____.

6 The story is that she survived the sinking of the Titanic. It is published.
→ The story _____.

[7~10] 빈칸에 알맞은 말을 보기에서 골라 쓰시오.

> [보기] how, that, what, whether

7 Tell me _____ I can get to the post office.

8 I don't know _____ I should go there or not.

9 I think _____ we can finish the project on time.

10 Can you guess _____ I'm thinking right now?

Track 76

⭐ 명사절을 이끄는 종속접속사

- that: 접속사 that이 이끄는 명사절은 주어, 목적어, 보어, 명사의 동격절로 쓰인다.
  It is likely that John will win the game. (John이 경기를 이길 것 같다.) — 주어
  I think (that) you're right. (나는 네가 옳다고 생각한다.) — 목적어
  His claim is that God exists. (그의 주장은 신이 존재한다는 것이다.) — 보어
  I know the fact that the earth is round. (나는 지구가 둥글다는 사실을 알고 있다.) — 동격절

- if/whether: 의문의 내용을 나타내는 명사절을 이끈다.
  He asked me if/where she would come to the party. (그는 나에게 그녀가 파티에 오는지 물었다.)

1 다음 우리말을 영어로 옮겨 쓸 때, 빈칸에 알맞은 말을 쓰시오.

(1) 버튼을 눌러라. 그러면 문이 열릴 것이다.

Push the button, _____ the door will open.

(2) 서둘러라. 그렇지 않으면 수업에 늦을 것이다.

Hurry up, _____ you will be late for class.

(3) 오늘이 월요일이니 아니면 화요일이니?

Is it Monday _____ Tuesday today?

(4) 그는 오늘 물을 제외하고 아무것도 먹지 않았다.

He ate nothing _____ water today.

(5) 나는 그 책을 읽었지만 내 여동생은 읽지 않았다.

I read the book, _____ my sister didn't.

(6) 자전거를 타는 것은 위험하므로 너는 반드시 헬멧을 써야 한다.

Riding a bike is dangerous, _____ you must wear a helmet.

2 우리말의 뜻에 맞게 보기에서 알맞은 것을 골라 빈칸을 채우시오.

> [보기] both a notebook and a pencil
> either a notebook or a pencil
> neither a notebook nor a pencil
> not a notebook but a pencil
> not only a notebook but also a pencil

(1) 그녀는 공책과 연필을 둘 다 가져올 것이다.

She will bring _____.

(2) 그녀는 공책이 아니라 연필을 가져올 것이다.

She will bring _____.

(3) 그녀는 공책뿐만 아니라 연필도 가져올 것이다.

She will bring _____.

(4) 그녀는 공책이나 연필 둘 중 하나를 가져올 것이다.

She will bring _____.

(5) 그녀는 공책도 연필도 가져오지 않을 것이다.

She will bring _____.

3 다음 두 문장의 뜻이 같도록 빈칸에 알맞은 말을 쓰시오.

(1) Do your best, or you won't succeed.

= _____ you don't do your best, you will _____ succeed.

(2) After he took a shower, he went to bed.

= _____ he went to bed, he took a shower.

(3) Though they practiced hard, they didn't win the game.

= They practiced hard, _____ they didn't win the game.

(4) As it was very cold, we stayed at home.

= It was _____ cold _____ we stayed at home.

(5) He can speak not only English but also French.

= He can speak French _____ _____ _____ English.

4 다음 문장에서 틀린 곳을 찾아 바르게 고쳐 쓰시오.

(1) She made the cookies not only without peanuts but also almonds.

_____

(2) The Stars and Stripes are the national flag of the United States.

_____

(3) Either Jack or Mike have to fix the chair.

_____

(4) Both Jack and Mike likes soccer very much.

_____

(5) I don't know if or not she likes me.

_____

(6) I'm sure if you can do it.

_____

(7) He can speak Chinese, and can't speak Japanese.

_____

5 주어진 단어를 우리말의 뜻에 맞도록 알맞게 나열하여 문장을 완성하시오.

(1) 나는 잊을 경우를 대비하여 그의 전화 번호를 적어 두었다.

I wrote down his phone number _____ _____ I forgot it.

(2) 너는 네 방 청소를 끝낼 때까지 밖에 나갈 수 없다.

You can't go out _____ you finish cleaning your room.

(3) 비록 네가 나를 도와준다고 해도, 오늘 그 일을 끝낼 수는 없다.

_____ _____ you help me, it can't be finished today.

(4) 그는 제일 먼저 시작했지만, 가장 늦게 끝냈다.

_____ he started first, he finished last.

(5) 그는 첫 비행기를 타기 위해 일찍 일어났다.

He got up early in _____ to take the first plane.

(6) 너는 수업이 시작하기 전에 교실에 있어야 한다.

You should be in the classroom _____ the class begins.

(7) 네가 더 빨리 걷지 않으면, 우리는 버스를 놓칠 거야.

_____ you walk faster, we will miss the bus.

(8) 그가 나에게 진실을 말했을 때, 나는 매우 놀랐다.

I was very surprised _____ he told me the truth.

6 다음 괄호 안에서 알맞은 것을 고르시오.

(1) I don't remember (that, what) you said last night.

(2) I asked him (that, when) the train would arrive.

(3) They don't know (if, that, who) took the money.

(4) I wonder (if, what, where) you want to come to the party.

(5) Can you tell me (how, that, what) I can use this machine?

Chapter 09

분사와 분사구문

분사에는 현재분사와 과거분사의 두 가지 형태가 있는데, 현재분사는 「동사원형+-ing」 형태이고, 과거분사는 「동사원형+-ed」 형태와 동사마다 각각 다른 불규칙 변화형이 있습니다. 분사는 동사의 활용형이므로, 동사처럼 목적어나 보어를 가질 수 있고 부사의 수식을 받을 수 있으며, 완료형이나 수동태가 될 수도 있습니다. 분사가 절을 수식하는 경우, 이를 분사구문이라고 하고, 시간, 이유, 조건, 양보, 부대 상황 등의 의미를 나타냅니다.

Unit 39 _ 현재분사와 과거분사 _ 152
Unit 40 _ 분사구문 만드는 법 _ 155
Unit 41 _ 수동 분사구문과 with+명사구+분사 _ 158
Unit 42 _ 분사구문의 의미 _ 161
*Review Exercise _ 164

UNIT 39 현재분사와 과거분사

Track 01

1. The boy is sitting on the grass.
2. ⓐ I have done a lot of work today.
   ⓑ A lot of work was done today.
3. I like that boy sitting on the grass.
4. She bought a car made in Korea.

해석 1. 그 소년은 잔디밭에 앉아 있다.
   2. ⓐ 나는 오늘 많은 일을 했다.
      ⓑ 많은 일이 오늘 이루어졌다.
   3. 나는 잔디밭에 앉아 있는 저 소년을 좋아한다.
   4. 그녀는 한국에서 생산된 자동차를 샀다.

현재분사는 진행형을 만들거나 명사를 수식하며, **능동·진행의 뜻을** 나타낸다. 과거분사는 완료형을 만들거나 명사를 수식하며, **수동·완료의 뜻을** 나타낸다.

분사의 기본 용법

1. 진행형을 만드는 현재분사

현재분사는 be동사와 함께 쓰여 진행형 문장을 만든다. 진행형은 제한된 시간 동안 계속되는 행위가 아직 끝나지 않고 진행 중이라는 의미를 나타낸다. 진행형이 이런 의미를 갖는 것은 현재분사가 진행의 의미를 갖기 때문이다.

- My brother is playing a computer game. (내 동생은 컴퓨터 게임을 하고 있다.)

2. 완료형과 수동태를 만드는 과거분사

(1) have 동사와 함께 완료형을 만든다.
- I have just finished my homework. (나는 방금 숙제를 끝마쳤다.)

(2) be동사와 함께 수동태를 만든다.
- This house was built in 1900. (이 집은 1900년에 지어졌다.)

3. 명사를 수식하는 현재분사

다음 두 문장이 나타내는 의미는 현재분사 smiling을 baby 앞에 써서 한 문장으로 나타낼 수 있다.

▪I love the baby. The baby is smiling.

→ I love the smiling baby. (나는 미소 짓고 있는 그 아기를 사랑한다.)

현재분사 뒤에 다른 말이 따라 올 때는 현재분사를 명사 뒤에 써야 한다.

▪I met the doctor. The doctor was treating my father.

→ I met the doctor treating my father. (나는 아버지를 치료 중인 의사를 만났다.)

명사를 수식하는 현재분사는 진행의 의미를 갖는다. 또한 수식 받는 명사 표현과 현재분사는 의미상 주어와 술어 관계이므로 「수식 받는 명사+be동사+수식하는 현재분사」는 자연스러운 의미가 되어야 한다.

▪I like that boy sitting on the grass. (○) (←That boy is sitting on the grass.) (○)

④ 명사를 수식하는 과거분사

▪We must repair the window. The window was broken.

→ We must repair the broken window. (우리는 깨진 유리창을 수리해야 한다.)

과거분사의 경우에도 뒤에 따라오는 말이 있으면 명사 뒤에 과거분사를 써야 한다.

▪We want to buy the house. The house was built by a famous architect.

→ We want to buy the house built by a famous architect. (우리는 유명한 건축가에 의해 지어진 그 집을 사고 싶다.)

⭐ 진행과 능동의 뜻인 현재분사, 수동의 뜻인 과거분사

(1) 현재분사는 진행과 능동의 뜻을 갖는다.

▪Who is the doctor treating the patient? (그 환자를 치료 중인 의사가 누구냐?)

(←The doctor is treating the patient.) ― 능동 진행형

(2) 과거분사는 수동의 뜻을 갖는다.

▪Who is the patient treated by the doctor? (그 의사에게 치료 받는 환자가 누구냐?)

(← The patient is treated by the doctor.) ― 수동태

> **POINT 142**
> ▪ 현재분사는 진행과 능동의 의미를 갖는다.
> ▪ 과거분사는 수동 또는 완료의 의미를 갖는다.

☞ 명사를 수식하는 일부 자동사의 과거분사(escaped, fallen, developed, retired 등)는 완료형에서 유래하여 수동의 뜻이 아니라 완료의 뜻을 나타낸다.

▪We are looking for the prisoner. He has escaped.

→ We are looking for the escaped prisoner. (우리는 도망친 죄수를 찾고 있다.)

☞ 진행형으로 쓸 수 없는 상태 동사(know, see, hear, believe 등)의 현재분사도 명사를 수식할 수 있다.

▪I'm looking for men. They know how to cook.

→ I'm looking for men knowing how to cook. (나는 요리할 줄 아는 남자들을 찾고 있다.)

[1~5] 주어진 단어를 활용하여 문장을 완성하시오.

1 He was _____ by my side. (sit)

2 The patient was _____ to the hospital. (take)

3 I haven't _____ him since this morning. (see)

4 This game is very _____ . (excite)

5 I was _____ at her success. (surprise)

[6~10] 주어진 분사구를 문장의 알맞은 곳에 써 넣으시오.

6 Who is the girl? (playing the piano)

_____

7 He dropped the glass. (filled with milk)

_____

8 People wear uniforms. (working in the office)

_____

9 I met a boy in Sydney. (called Tony)

_____

10 I got a letter from a friend in the U.K. (written in English)

_____

Track 02

⭐ 분사의 기본 용법

- **be**+현재분사: 진행형　　　　■ **be**+과거분사: 수동태　　　　■ **have**+과거분사: 완료형

⭐ 명사를 수식하는 분사

분사 뒤에 따라 오는 말이 없으면 명사 앞에 쓸 수 있고, 분사 뒤에 따라 오는 말이 있으면 명사 뒤에 써야 한다.

Who is that running **boy?** (달리고 있는 저 소년이 누구니?)

He bought the completely broken **car.** (그는 완전히 고장 난 차를 샀다.)

Who is the girl dancing with Bill? (Bill과 춤추고 있는 소녀가 누구냐?)

He was sitting at the table covered with papers. (그는 서류로 덮인 탁자에 앉아 있었다.)

⭐ 명사를 수식하는 분사의 의미

ⓐ 현재분사: **능동, 진행**의 의미　ⓑ 과거분사: **수동**의 의미

I met a scientist making a flying car. (나는 나는 자동차를 만들고 있는 과학자를 만났다.)

I want to buy a flying car made by the scientist. (나는 그 과학자가 만든 나는 자동차를 사고 싶다.)

UNIT 40 분사구문 만드는 법

① Walking down the street, I met my friend.
② It starting to rain, we hurried home.
③ Not knowing what to say, she kept silent.
④ Having spent all the money, we started looking for work.

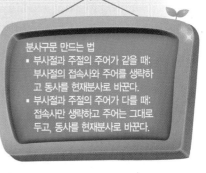

분사구문 만드는 법
· 부사절과 주절의 주어가 같을 때: 부사절의 접속사와 주어를 생략하고 동사를 현재분사로 바꾼다.
· 부사절과 주절의 주어가 다를 때: 접속사만 생략하고 주어는 그대로 두고, 동사를 현재분사로 바꾼다.

해석 ① 거리를 걷다가 나는 친구를 만났다.
② 비가 내리기 시작해서 우리는 서둘러 집으로 갔다.
③ 무슨 말을 해야 할지 몰라서 그녀는 침묵을 지켰다.
④ 그 돈을 모두 써 버렸기 때문에 우리는 일자리를 찾기 시작했다.

분사구문 만드는 법

분사구문이란 분사를 사용하여 부사절을 간단하게 쓴 것으로 보통 절 전체를 수식한다.

· Reading books, we often fall asleep. (우리는 책을 읽다가 자주 잠이 든다.)
(= While we are reading books, we often fall asleep.)

① 부사절과 주절의 주어가 같을 때

접속사와 부사절의 주어를 생략하고, 부사절의 동사를 현재분사로 바꾼다.

· After we talk to you, we feel better.
  생략   생략

→ Talking to you, we feel better. (우리는 너와 이야기하고 나면 기분이 더 좋아진다.)

② 부사절과 주절의 주어가 다를 때

접속사는 생략하지만 부사절의 주어는 그대로 두고, 동사를 현재분사로 바꾼다.

· Because nobody had any more to say, the meeting was
  생략   having
closed.

POINT 143
분사구문 만드는 법:
① 부사절과 주절의 주어가 같을 때
– 부사절의 **접속사와 주어를 생략한다.**
– 부사절의 **동사를 현재분사**로 바꾼다.
② 부사절과 주절의 주어가 다를 때
– 접속사는 생략하고 주어는 그대로 둔다.
– 동사를 현재분사로 바꾼다.

→ Nobody having any more to say, the meeting was closed. (아무도 더 이상 할 말이 없었으므로 회의가 끝났다.)

분사구문의 의미상 주어가 주절의 주어와 같은 경우에는 생략할 수 있지만, 다른 경우에는 생략할 수 없다.

▪ 창밖을 내다보니 비행기가 날아서 지나가고 있었다.

Looking out of the window, a plane was flying past. (×) 〈분사구문의 의미상 주어 ≠ a plane〉

Looking out of the window, I saw a plane flying past. (○) 〈분사구문의 의미상 주어 = I〉

▪ 비가 많이 와서, 우리는 집에 있었다.

Raining heavily, we stayed at home. (×) 〈분사구문의 의미상 주어 ≠ we〉

It raining heavily, we stayed at home. (○) 〈분사구문의 의미상 주어 It ≠ 주절의 주어 we〉

③ 부정의 분사구문

부정문을 분사구문으로 만들 때는 조동사를 생략하고 분사 앞에 **not**이나 **never**를 쓴다.

> **POINT 144**
> 분사의 부정형:
> not/never+분사구문

▪ Because I did not want to go out, I made excuses.

→ Not wanting to go out, I made excuses. (외출하고 싶지 않아서 나는 핑계를 댔다.)

명사를 수식하는 분사를 부정할 경우에도 **not**이나 **never**를 분사 앞에 쓴다.

▪ He is teaching children not knowing how to read. (그는 글을 읽을 줄 모르는 아이들을 가르치고 있다.)

▪ The island is a home to many species never found anywhere else. (그 섬은 다른 어디에서도 결코 발견되지 않는 많은 생물 종들의 서식지이다.)

④ 완료 분사구문

부사절의 일이 주절보다 먼저 일어난 일이면 「**having**+과거분사」를 써서 완료 분사구문으로 표현한다.

> **POINT 145**
> 완료 분사구문(having+과거분사): 부사절이 주절보다 먼저 일어난 일을 표현할 때 사용한다.

▪ Though I slept ten hours, I feel sleepy.

(**slept**: 과거, **feel**: 현재)

→ Having slept ten hours, I feel sleepy. (나는 열 시간을 잤는데도 졸린다.)

▪ As he had been ill for a long time, he needed more time to recover.

(**had been**: 과거완료, **needed**: 과거)

→ Having been ill for a long time, he needed more time to recover. (그는 오랫동안 아팠으므로, 회복하는 데에 시간이 좀 더 필요했다.)

[1~4] 밑줄 친 부분을 분사구문 형태로 바꿔 쓰시오.

1 <u>Because I felt tired</u>, I went to bed early.

2 <u>While she watched an old movie</u>, she fell asleep.

3 She is in the kitchen <u>and she is making cookies</u>.

4 <u>As we sang and danced together</u>, we had a great time.

[5~8] 주어진 단어를 사용하여 우리말의 뜻에 맞게 문장을 완성하시오.

5 그녀는 배가 고프지 않아서 점심을 먹지 않았다. (hungry, not, being)

_____, she didn't have lunch.

6 그는 축구를 하다가 다리를 다쳤다. (playing, hurt, leg, his, soccer)

He _____.

7 날씨가 좋아서 그들은 낚시하러 갔다. (went, being, they, fine, fishing)

It _____.

8 그녀는 일을 끝내고 나서 집으로 돌아갔다. (her, work, went, finished, she, home)

Having _____.

Track 04

⭐ 분사구문 만드는 법

① 부사절과 주절의 주어가 같을 때: 접속사와 부사절의 주어 → 생략, 부사절의 동사 → 현재분사

As we had so little time, we hurried.

→ **Having** so little time, we hurried. (시간이 별로 없어서 우리는 서둘렀다.)

② 부사절과 주절의 주어가 다를 때: 접속사는 생략하지만 주어는 그대로 두고, 부사절의 동사를 현재분사로 바꾼다.

When night came on, we left for home.

→ **Night coming** on, we left for home. (밤이 와서 우리는 집을 향해 떠났다.)

⭐ 분사(구문)의 부정   분사 앞에 not이나 never를 붙인다.

Not being able to help in other ways, I gave her some money.

(다른 방법으로 도울 수 없어서 나는 그녀에게 돈을 조금 주었다.)

⭐ 완료 분사구문   주절보다 먼저 일어난 일을 나타낸다.

As I spent all the money, I can't go on a trip.

→ **Having spent** all the money, I can't go on a trip. (그 돈을 모두 써 버려서 나는 여행을 갈 수 없다.)

UNIT 41 수동 분사구문과 with+명사구+분사

Track 05

1 ⓐ Seen from here, the rock looks like a human face.
ⓑ Damaged by the storm, the bridge is not usable.

2 ⓐ He is walking with his dog following behind.
ⓑ I came home with my purse stolen.

해석 1 ⓐ 여기서 보면 그 바위는 사람 얼굴처럼 보인다.
ⓑ 폭풍우에 손상되었기 때문에 그 다리는 사용할 수 없다.
2 ⓐ 그는 그의 개가 뒤따라오고 있는 상태로 걷고 있다.
ⓑ 나는 지갑을 잃어버린 채로 집에 왔다.

> • 수동의 분사구문은 과거분사로 시작한다.
> • 부대 상황의 「with+명사구+분사」는 「~한 상태로, ~된 상태로」의 뜻이다.

1 수동 분사구문: 일반적으로 과거분사로 시작

(1) 수동태인 부사절을 분사구문으로 바꾸면 「Being+과거분사」의 형태가 되는데, 일반적으로 being은 생략된다.

- When it is seen from here, the rock looks like a human face.
  → Being seen from here, the rock looks like a human face.
  → Seen from here, the rock looks like a human face.

> **POINT 146**
> 수동 분사구문: 주어와 분사구문의 동사의 관계가 「수동」이면 과거분사를 쓴다. 「(Being)+과거분사」에서 일반적으로 being은 생략된다.

다음 분사구문에서 Serving과 Served 중 어느 것이 옳을까?

- (Serving, Served) with milk, the cake makes a delicious breakfast. (우유와 설탕과 함께 나오므로 그것은 맛있는 아침 식사가 된다.)

분사구문에서 현재분사와 과거분사 중 어느 것을 쓸지 판단하려면 항상 의미상 주어와 동사의 관계를 파악해야 한다. 의미상의 주어가 능동적으로 「~하다」이면 현재분사를, 수동적으로 「~되다, ~당하다」이면 과거분사를 써야 한다. 위 분사구문에서는 의미상 주어가 주절의 주어 the cake이다. '음식'은 사람에 의해 serve되는 것이므로 수동의 의미인 과거분사 Served를 써야 한다.

☞ 진행형을 분사구문으로 바꾸면 「Being+현재분사」가 되는데, 이때는 being을 반드시 생략한다.
- As I was running, I didn't hear him. (달리고 있었으므로 그의 말을 듣지 못했다.)
  → ~~Being~~ Running, I didn't hear him.

(2) 부사절이 수동태이고 주절보다 먼저 일어난 일을 나타내는 경우, 그 부사절을 분사구문으로 바꾸면 「Having been」으로 시작하게 된다. **Having been**도 일반적으로 생략된다.

- **As it was damaged by the storm, the bridge is not usable.**
  (부사절 동사 **was**: 과거, 주절 동사 **is**: 현재)
  → **Having been damaged by the storm, the bridge is not usable.**
  → **Damaged by the storm, the bridge is not usable.**
  따라서 수동태인 부사절이 분사구문이 되면 시제에 관계없이 과거분사로 시작한다.

POINT 147

수동 분사구문의 형태:
- 주절과 시제가 같을 때: (Being)+과거분사
- 주절보다 먼저 일어난 일일 때: (Having been)+과거분사
→ 수동 분사구문은 **Being**과 **Having been**이 생략되고 과거분사로 시작된다.

②with+명사구+분사 : 부대 상황을 나타낸다.

「with+명사구+분사/형용사구/전치사구」의 형식으로 「~인 상태로, ~인 채로, ~상태이므로」라는 부대 상황의 의미를 나타낸다. 부대 상황(附帶狀況)이란 주어가 하는 주된 동작·상황과 더불어 발생하는 부수적인 동작·상황을 말한다.

(1) **with+명사구+현재분사** : 명사구가 능동적으로 행위를 수행하는 경우

- **I studied English with my mom watching TV.** (나는 엄마가 TV를 보시고 있는 상태로 영어 공부를 했다.) (→ **My mom was watching TV.**)

POINT 148

부대 상황의 분사구문:
with+명사+현재분사 : ~한 상태로 (능동적)
명사와 **-ing**는 주어와 술어 관계

그러면, 다음 두 문장은 어떤 차이가 있을까?

a) **I studied English with my mom watching TV.**
b) **I studied English, my mom watching TV.**

a)와 b) 모두 동시에 일어나는 행위를 나타낸다. 다만 b)는 두 사건이 동시에 일어나는 것이 명시되어 있지 않은 반면에, a)와 같이 **with**를 쓰면 두 사건이 동시에 일어난다는 것이 더 분명해진다.

(2) **with+명사구+과거분사** : 명사구가 어떤 행동을 당하는 경우

- **He played basketball with his finger broken.** (그는 손가락이 부러진 채로 농구를 했다.) (→ **His finger was broken.**)

POINT 149

부대 상황의 분사구문:
with+명사+과거분사 : ~된 채로 (수동적)
명사와 **-ed**는 주어와 술어 관계

☞ ⓐ **with+명사구+형용사구**
- **Don't speak with your mouth full.** (입에 음식을 가득 넣은 채 말하지 마라.)

ⓑ **with+명사구+전치사구**
- **He waited with his back against the door.** (그는 등을 문에 기댄 채 기다렸다.)

[1~4] 두 문장의 뜻이 같도록 빈칸에 알맞은 말을 쓰시오.

1 As she was surprised at the news, she called her mother immediately.
→ _____ at the news, she called her mother immediately.

2 When it is seen from a spaceship, the earth is beautiful.
→ _____ from a spaceship, the earth is beautiful.

3 He closed his eyes and he tasted the soup.
→ He tasted the soup with his eyes _____.

4 Because he had a bag in one hand, he couldn't run fast.
→ With a bag _____ _____ _____, he couldn't run fast.

[5~9] 빈칸에 알맞은 말을 넣어 우리말과 뜻이 같도록 문장을 완성하시오.

5 무언가에 화가 나서 그는 아무 말도 하지 않았다.
_____ at something, he didn't say anything.

6 혼자 남겨지자 그 아이는 울기 시작했다.
_____ _____, the baby began to cry.

7 눈이 내리는 들판에서 소년들이 놀고 있다.
The boys are _____ on the field with it _____.

8 그는 그의 등을 벽에 기댄 채 서 있었다.
He was _____ _____ his back against the wall.

Track 06

✦ **수동태의 분사구문** 「being+과거분사」, 「having been+과거분사」가 되어야 할 수동의 분사구문에서 being과 having been은 일반적으로 생략하고, 과거분사로 시작한다.
(Being) Heated to 100℃, water boils. (물은 섭씨 100도까지 가열되면 끓는다.)
(Having been) Made decades ago, the film is still popular all over the world.
(그 영화는 수십 년 전에 만들어졌지만 아직도 전 세계적으로 인기가 있다.)

✦ **부대 상황을 나타내는 「with+명사구+분사/형용사구/전치사구」**
ⓐ with+명사구+현재분사: 명사구가 능동적으로 행위를 수행할 때
The boy was walking with his dog following behind. (그 소년은 개가 뒤따르는 상태로 걷고 있었다.)
ⓑ with+명사구+과거분사: 명사구가 행위를 당하는 수동적인 입장일 때
He played tennis with his finger broken. (그는 손가락이 부러진 채 테니스를 했다.)
ⓒ with+명사구+형용사구: With the door open, he fell asleep. (그는 문을 열어 놓은 채 잠이 들었다.)
ⓓ with+명사구+전치사구: He sleeps with his legs on the pillow. (그는 다리를 베개에 올려놓은 채 잔다.)

UNIT 42 분사구문의 의미

Track 07

① Finishing the homework, he went for a walk.

② She is reading a book sitting under the tree.

③ Feeling tired, I went to bed early.

④ Turning left, you will find the building.

⑤ Living next door to her, I've never seen her.

⑥ The singer made a dramatic entrance, attracting the audience's attention.

해석 ① 그는 숙제를 끝마치고 산책하러 나갔다.
　　② 그녀는 나무 밑에 앉아서 책을 읽고 있다.
　　③ 피곤해서 나는 일찍 잠자리에 들었다.
　　④ 왼쪽으로 돌면 그 건물을 발견할 것이다.
　　⑤ 나는 비록 그녀의 이웃집에 살지만 그녀를 본 적이 없다.
　　⑥ 그 가수는 극적으로 입장하여 청중들의 주의를 끌었다.

분사구문의 의미 :
① 시간 ② 동시 동작 ③ 이유
④ 조건 ⑤ 양보 ⑥ 결과, 연속 동작

 분사구문의 의미

분사구문은 시간, 이유, 조건 등 다양한 의미를 나타낸다.

① **시간**: ~할 때, ~하는 동안, ~한 후에 (= when, while, after)

　▪(After) Eating lunch, I cleaned my room. (점심을 먹은 후에 나는 방을 청소했다.)
　　= After I ate lunch, I cleaned my room.

② **동시 동작**: ~하면서 (= while, as, ~ and …)

　▪She is knitting (while) watching TV. (그녀는 텔레비전을 보면서 뜨개질을 하고 있다.)
　　= She is knitting while she is watching TV. = She is knitting and watching TV.

③ **이유**: ~ 때문에 (= because, as)

　▪There being no one around, I couldn't ask for help. (주위에 아무도 없어서 나는 도움을 청할 수 없었다.)
　　= As/Because there was no one around, I couldn't ask for help.

④ **조건**: 만약 ~하면 (= if)
- Doing your best, **you will succeed.** (만약 온 힘을 기울인다면 너는 성공할 것이다.)
  = If you do your best, **you will succeed.**

⑤ **양보**: 비록 ~이지만 (= though, although, even if)
- Being poor, **he is honest.** (비록 가난하지만 그는 정직하다.)
  = Though he is poor, **he is honest.**

⑥ **결과, 연속 동작**: …하여 ~하다 (= … and ~)
- She studied hard, **getting good grades.** (그녀는 열심히 공부하여 좋은 성적을 받았다.)
  = She studied hard **and got good grades.**

☞ **분사구문 심화 학습**

Q1: 다음 두 문장 중 어느 것이 옳을까?
- a) He is interested. b) He is interesting.
  → interest(흥미를 느끼게 만들다), excite(흥분시키다), surprise(놀라게 만들다) 등과 같은 동사들의 현재분사형은
  「~을 느끼게 만드는, ~한 느낌을 유발하는」의 뜻을 나타내고, 과거분사형은 「~을 느끼는」의 의미를 나타낸다.

interesting (흥미를 주는)	interested (흥미를 느끼는)
exciting (흥분시키는)	excited (흥분한)
surprising (놀라게 만드는)	surprised (놀란)

POINT 150
- 과거분사: (감정을) 느끼는
- 현재분사: (감정을) 느끼게 만드는

따라서 '그는 흥미를 느끼고 있다.' 라고 말하려면 **a)**를 써야 한다. 그러나 재미있게 농담을 잘하는 사람을 가리켜 '그는
(다른 사람들에게) 흥미를 느끼게 한다.' 라고 말하려면 **b)**를 써야 한다.

Q2: 다음 분사구문에서 의미상의 주어가 주절의 주어와 다른데도 생략할 수 있을까?
Generally speaking, dogs are very friendly. (일반적으로 말해서, 개는 매우 붙임성이 있다.)
  → 주절의 내용에 대해 말하는 사람의 느낌, 의견 등을 표현할 때 관용적으로 쓰는 분사구문을 **독립 분사구문**이라고 하며 의
  미상의 주어를 표시하지 않는다.
  speaking briefly(간단히 말해서), **considering everything**(모든 것을 고려해 볼 때), **judging from**
  ~ (~으로 판단하건대), **supposing** ~ (만약 ~이라면) 등

Q3: 다음 a)의 문장을 b)로 바꾸어 쓸 수 있을까?
- a) As there is demand, there is supply.
- b) Being demand, there is supply. (×)
  → 분사구문에서 **there**를 생략하면 「~이 있다」는 의미가 사라지고 「~이다」로 해석된다.
  따라서 부사절과 주절에 모두 **there**가 있더라도 분사구문에서 **there**를 생략하지 않
  고 써 주어야 한다.
  There being demand, there is supply. (수요가 있기 때문에 공급이 있다.)

POINT 151
there+be동사(~이 있다)
의 분사구문: There being
~, …. (there를 생략할
수 없다.)

[1~5] 두 문장의 뜻이 같도록 빈칸에 알맞은 접속사를 쓰시오.

1 Taking off his coat, Mike ran into the river.

= _____ he took off his coat, Mike ran into the river.

2 Arriving at the store, he found that it was closed.

= _____ he arrived at the store, he found that it was closed.

3 Taking a key from his pocket, he opened the door.

= He took a key from his pocket, _____ opened the door.

4 Not having a car, they had to take a taxi.

= _____ they didn't have a car, they had to take a taxi.

5 Being sick, he couldn't go to school.

= _____ he was sick, he couldn't go to school.

[6~9] 우리말의 뜻에 맞도록 알맞은 단어를 고르시오.

6 영화를 다시 보고 나서야 나는 그 이야기를 이해했다.

(Saw, Seen, Having seen) the movie again, I understood the story.

7 모든 초대 손님이 도착한 후에야 그는 파티를 시작했다.

All the guests (arrived, being arrived, having arrived), he started the party.

8 아침을 잘 먹고 우리는 여행을 시작했다.

(Eating, Eaten, Being eaten) a good breakfast, we started the journey.

9 가난한 가정에서 태어났지만 그는 결코 희망을 잃지 않았다.

(Born, Being born) in a poor family, he never lost his hope.

Track 08

⭐ 분사구문의 의미

ⓐ 시간: Eating lunch, I ate ice cream. (나는 점심을 먹은 후에 아이스크림을 먹었다.)

ⓑ 동시 동작: He is singing watching TV. (그는 TV를 보면서 노래를 부르고 있다.)

ⓒ 이유: Feeling tired, I went to bed early. (나는 피곤해서 일찍 잠자리에 들었다.)

ⓓ 조건: Doing your best, you will succeed. (온 힘을 기울인다면 너는 성공할 것이다.)

ⓔ 양보: Being poor, he is honest. (비록 가난하지만 그는 정직하다.)

ⓕ 결과, 계속 동작: She studied hard, getting good grades. (그녀는 열심히 공부하여 좋은 성적을 받았다.)

⭐ 관용적으로 쓰이는 독립분사구문   generally speaking (일반적으로 말해서), judging from ~ (~으로 판단하건대), considering everything (모든 것을 고려할 때), speaking briefly (간단히 말해서), supposing ~ (만약 ~이라면)

⭐ 분사구문에서 존재를 나타내는 there는 생략할 수 없다.

There being demand, there is supply. (수요가 있어서 공급이 있다.)

1 괄호 안에서 문맥에 맞는 말을 고르시오.

(1) My sister was (read, reading) a book.

(2) My brother stayed up all night (done, doing) his homework.

(3) The boy (walking, walked) down the street is my cousin.

(4) We saw her (to cook, cooked, cooking) in the kitchen.

(5) I don't want to see her (disappointing, disappointed).

(6) The (improving, improved) design made the car faster.

(7) He is (knowing, known) as Korea's Bill Gates.

(8) Look at the cat (sleeping, sleep, slept) on the roof.

(9) I have some (to use, using, used) pencils.

(10) He bought me a book (to write, writing, written) in English.

2 보기의 알맞은 단어를 활용하여 문장을 완성하시오.

[보기] build, close, go, listen, live, say, surprise, take, think, write

(1) The man _____ next door is from Australia.

(2) The house _____ with natural stone is beautiful.

(3) After _____ a walk in the park, they went home.

(4) This novel was _____ by Leo Tolstoy.

(5) He was walking in the forest _____ about his family.

(6) The news was very _____ to them.

(7) _____ home, I met an old friend.

(8) You should not walk on the street with your eyes _____.

(9) She walked in the garden, _____ to music.

(10) _____ goodbye, she went out.

3 보기에서 알맞은 문장을 골라 분사구문의 형태로 바꾸어 빈칸에 쓰시오.

> [보기] ⓐ He was watching TV.
> ⓑ She said she would be back in an hour.
> ⓒ The firefighters put off the fire.
> ⓓ The island is seen from the airplane.
> ⓔ They were listening to the story.

(1) _____, they realized how much they were loved.

(2) _____, the island is very beautiful.

(3) She went out _____.

(4) _____, he fell asleep.

(5) _____, the firefighters got people out of the building.

4 주어진 두 문장을 분사구문을 사용하여 한 문장으로 만드시오.

(1) I was getting off the bus. I dropped my book.

_____

(2) I was walking home in the rain. I got wet.

_____

(3) She was trying not to make a noise. She opened the door carefully.

_____

(4) He had lost the ticket. He couldn't go to the concert.

_____

(5) She cleaned the rooms. After that, she had dinner.

_____

5 다음 두 문장의 뜻이 같도록 빈칸에 알맞은 말을 쓰시오.

(1) I was reading my newspaper and I heard the doorbell ring.

= _____ my newspaper, I heard the doorbell ring.

(2) After she had done the dishes, she started to study.

= _____ _____ the dishes, she started to study.

(3) Having no money, I couldn't buy the book.

= _____ I _____ no money, I couldn't buy the book.

(4) Entering the classroom, she found flowers on the desk.

= _____ she _____ the classroom, she found flowers on the desk.

(5) Turning to the left, you will find the hospital.

= _____ you _____ to the left, you will find the hospital.

(6) Covered with snow, the mountain was very beautiful.

= As it _____ _____ with snow, the mountain was very beautiful.

(7) As gas prices rise, more people go to work by bus.

= _____ gas prices _____, more people go to work by bus.

(8) Having finished their homework, they went out to play soccer.

= _____ they _____ their homework, they went out to play soccer.

(9) Confused and not knowing what to do, I called the doctor.

= As I was _____ and _____ know what to do, I called the doctor.

(10) As there was nothing to do, I went home.

= _____ _____ nothing to do, I went home.

Chapter 10

형용사와 비교 구문

형용사는 명사 앞에 놓여 명사를 직접 꾸며 주거나, 주격보어와 목적격보어로 쓰여 주어와 목적어를 보충 설명합니다. 형용사와 부사는 형태의 변화를 통해 정도의 차이를 나타낼 수 있는데, 이것을 「비교」라고 합니다. 형용사와 부사의 비교 형태에는 「~한, ~하게」라고 보통의 정도를 나타내는 「원급」, 2개를 비교하여 「더 ~한, 더 ~하게」라고 나타내는 「비교급」, 3개 이상을 비교하여 「가장 ~한, 가장 ~하게」라고 나타내는 「최상급」이 있습니다.

Unit 43 _ 한정 용법과 서술 용법 _ 168
Unit 44 _ 비교급과 최상급의 형태 _ 171
Unit 45 _ 원급과 비교급 비교 구문 _ 174
Unit 46 _ 최상급 비교 구문 _ 177
***Review Exercise** _ 180

UNIT 43 한정 용법과 서술 용법

Track 09

1 ⓐ I have a cute dog.
　ⓑ The dog is cute.

2 ⓐ I bought a live fish online.
　ⓐ The fish is still alive.

3 ⓐ A certain boy wants to see you.
　ⓑ He is certain that he will win the game.

해석 1 ⓐ 나는 귀여운 개를 가지고 있다.
　　　ⓑ 그 개는 귀엽다.
　　2 ⓐ 나는 인터넷으로 살아 있는 물고기를 샀다.
　　　ⓑ 그 물고기는 여전히 살아 있다.
　　3 ⓐ 어떤 소년이 너를 만나기를 원한다.
　　　ⓑ 그는 경기에 이길 것이라고 확신하고 있다.

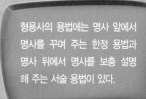

형용사의 용법에는 명사 앞에서 명사를 꾸며 주는 한정 용법과 명사 뒤에서 명사를 보충 설명해 주는 서술 용법이 있다.

1 형용사의 두 가지 역할

형용사는 명사를 꾸며 주는데, 꾸며 주는 위치에 따라 두 가지 용법으로 나뉜다.

(1) **명사를 직접 수식하는 역할**을 「**한정 용법**」이라고 한다. 1 ⓐ에서 형용사 cute은 명사 dog을 앞에서 꾸며 주면서 「개」 중에서도 「귀여운 개」라고 범위를 좁혀 한정시켜 주므로 한정 용법이라고 한다.

> POINT 152
> 한정 용법: 형용사가 명사를 직접 수식

- **I want to meet the beautiful girl.** (나는 그 아름다운 소녀를 만나고 싶다.)
☞ -thing, -body, -where, -one 등을 수식하는 말은 뒤에 온다.
　- **Give me something cold.** (시원한 것 좀 주세요.)

(2) 보어로 쓰여 **명사를 보충 설명해 주는 역할**을 「**서술 용법**」이라고 한다. 1 ⓑ에서 cute은 보어로 쓰여 「개」의 모습을 「귀엽다」라고 보충 설명하고 있다. 즉 주격보어나 목적격보어로 쓰여 주어나 목적어를 간접적으로 수식해 주는 것을 서술 용법이라고 한다.

> POINT 153
> 서술 용법: 형용사가 보어로 쓰여 명사를 간접적으로 수식

- **The book is interesting.** (그 책은 재미있다.)
　　주어　　　주격보어
- **I found the book interesting.** (나는 그 책이 재미있다는 것을 알았다.)
　　　　목적어　　목적격보어

② 한정 용법의 형용사와 서술 용법의 형용사

②ⓐ의 live와 ②ⓑ의 alive는 둘 다 「살아 있는」이란 뜻이지만, live는 한정적으로만 쓰이고 alive는 서술적으로만 쓰인다.

(1) 한정 용법으로만 쓰이는 형용사

elder (손위의)　eldest (가장 손위의)　live (살아 있는)　only (유일한)　main (주된)　chief (주요한)
principal (주요한)　former (전의)　inner (안의)　outer (밖의)　upper (위의)

- **He is my elder brother.** (그는 내 형이다.)
  My brother is elder. (×) (내 형은 손위이다.)
- **She is an only daughter.** (그녀는 외동딸이다.)
  Her daughter is only. (×) (그녀의 딸은 유일하다.)

> **POINT 154**
> 한정 용법으로만 쓰이는 형용사: chief, elder, former, inner, live, main, only, outer, principal, upper

(2) 서술 용법으로만 쓰이는 형용사

afraid (두려워하는)　alike (서로 같은)　alone (혼자인)　asleep (잠자는)　ashamed (부끄러워하는)
awake (잠이 깬)　aware (알고 있는)　ill (아픈)　well (건강한)　unwell (건강하지 않은)　worth (가치 있는)　content (만족하는)

- **The boy is ill.** (그 소년은 아프다.)
  The ill boy was absent. (×) (그 아픈 소년은 결석했다.)
- **The baby is asleep.** (그 아기는 잠자고 있다.)
  The asleep baby is smiling. (×) (잠자는 아기가 미소 짓고 있다.)

> **POINT 155**
> 서술 용법으로만 쓰이는 형용사: afraid, alike, alone, asleep, ashamed, awake, aware(a⁻로 시작하는 형용사), content, ill, well, worth

③ 한정 용법과 서술 용법에 따라 의미가 다른 형용사

일부 형용사는 한정 용법과 서술 용법으로 모두 쓰이지만, 용법에 따라 의미가 다르다. 한정적으로 쓰인 ③ⓐ의 certain은 「어떤」의 뜻이지만, 서술적으로 쓰인 ③ⓑ의 certain은 「확신하는」의 뜻이다.

- **The present king is popular.** (현재의 국왕은 인기가 있다.) — 「현재의」
  She is present at the party. (그녀가 파티에 참석했다.) — 「참석한, 출석한」
- **The late mayor was very rich.** (작고한 그 시장은 매우 부자였다.) — 「죽은, 작고한」
  I'm never late for school. (나는 결코 학교에 지각하지 않는다.) — 「늦은」
- **He wanted the particular book.** (그는 바로 그 책을 원했다.) — 「바로 그, 특정한」
  He is very particular about food. (그는 음식에 대해 매우 까다롭다.) — 「까다로운」

> **POINT 156**
> 한정 용법과 서술 용법에 따라 뜻이 다른 형용사:
> present : 현재의 — 참석한
> late : 죽은 — 늦은
> particular : 특정한 — 까다로운

[1~5] 밑줄 친 형용사가 꾸미는 단어를 찾아서 표시하시오.

1 My father bought a <u>large</u> wooden table.

2 The bread tastes a little <u>strange</u>.

3 Exercise makes your body <u>strong</u>.

4 I was getting <u>hungry</u> after a while.

5 Let's talk somewhere <u>quiet</u>.

[6~7] 두 문장이 같은 뜻이 되도록 빈칸에 알맞은 말을 쓰시오.

6 This doll is pretty.
= This is a _____ _____.

7 I found this book interesting.
= I found that this book _____ _____.

[8~9] 다음 문장의 빈칸에 들어갈 수 있는 형용사를 보기에서 모두 고르시오.

> [보기] afraid, alike, asleep, awake, big, chief, ill, main, only

8 They are _____.

9 It is the _____ problem.

Track 10

⭐ **형용사의 한정 용법과 서술 용법**
- 한정 용법: 명사를 직접 수식하여 명사가 가리키는 대상의 범위를 좁혀 준다.
  I met the famous scientist. (나는 그 유명한 과학자를 만났다.)
- 서술 용법: 보어로 쓰여 주어나 목적어를 보충 설명한다.
  The scientist is famous. (그 과학자는 유명하다.) – 주격보어
  I believe him honest. (나는 그가 정직하다고 믿는다.) – 목적격보어

⭐ **한정적으로만 쓰이는 형용사**   elder, eldest, live, only, main, chief, principal, former, inner, outer, upper

⭐ **서술적으로만 쓰이는 형용사**
afraid, alike, alone, asleep, ashamed, awake, aware, ill, well, unwell, worth, content

⭐ **한정 용법과 서술 용법의 뜻이 다른 형용사**
certain: (한정) 어떤; (서술) 확신하는 present: (한정) 현재의; (서술) 참석한, 출석한
late: (한정) 죽은, 작고한; (서술) 늦은 particular: (한정) 바로 그, 특정한; (서술) 까다로운

UNIT 44 비교급과 최상급의 형태

Track 11

1 ⓐ Our team needs taller players.
  ⓑ He is the tallest in the team.

2 ⓐ Every girl wants to be more beautiful.
  ⓑ I think she is the most beautiful girl.

3 ⓐ I feel better now.
  ⓑ I feel best when I'm helping others.

해석 1 ⓐ 우리 팀은 키가 더 큰 선수들이 필요하다.
     ⓑ 그는 팀에서 가장 키가 크다.
   2 ⓐ 모든 소녀들은 더 아름다워지기를 원한다.
     ⓑ 나는 그녀가 가장 아름다운 소녀라고 생각한다.
   3 ⓐ 나는 이제 기분이 나아졌다.
     ⓑ 나는 남을 돕고 있을 때 기분이 가장 좋다.

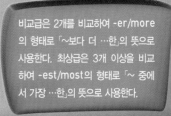

비교급은 2개를 비교하여 -er/more의 형태로 「~보다 더 …한」의 뜻으로 사용한다. 최상급은 3개 이상을 비교하여 -est/most의 형태로 「~ 중에서 가장 …한」의 뜻으로 사용한다.

★ 비교급과 최상급 만드는 법

비교급은 2개를 비교하여 「더 ~한, 더 ~하게」의 뜻을 나타내며, 최상급은 3개 이상을 비교하여 「가장 ~한, 가장 ~하게」의 뜻을 나타낸다. 비교급과 최상급은 규칙 변화와 불규칙 변화가 있는데, 규칙 변화에서 비교급은 -er이나 more를 붙여 만들고, 최상급은 -est나 most를 붙여 만든다. 불규칙 변화는 형용사마다 독특한 형태의 비교급이나 최상급을 갖는다.

1 -er/-est를 붙이는 형용사

(1) 1음절의 형용사

POINT 157
- 형용사의 비교급: 원형+-er 또는 more+원형
- 형용사의 최상급: 원형+-est 또는 most+원형

   <u>원급</u> — <u>비교급</u> — <u>최상급</u>
- tall (키 큰) – taller – tallest

① -e로 끝나는 형용사에는 -r/-st만을 붙여 -er/-est로 끝나게 만든다.
   - large (큰, 많은, 넓은) – larger – largest
   - nice (멋진) – nicer – nicest

② 「단일모음+단일자음」으로 끝나는 형용사는 마지막 자음을 겹쳐 써 주고 -er/-est를 붙인다.
   - big (큰) – bigger – biggest   - fat (살찐) – fatter – fattest

③ long, young, strong에 -er/-est가 붙으면 [ŋ] 발음 다음에 [g]가 추가된다.

- **long** [lɔŋ] (긴) – **longer** [lɔŋgɚ] – **longest** [lɔŋgist]
- **young** [jʌŋ] (젊은) – **younger** [jʌŋgɚ] – **youngest** [jʌŋgist]
- **strong** [strɔŋ] (힘센) – **stronger** [strɔŋgɚ] – **strongest** [strɔŋgist]

※ 음절(音節): 말소리의 단위, 즉 소리의 마디를 말한다. 대부분 단어의 음절 수는 모음의 수와 일치하지만 정확한 음절 구분은 사전에서 확인하는 것이 안전하다. 사전에서 음절 구분은 발음 기호의 하부에 점을 찍어 구분하거나 철자 사이에 가운뎃점을 찍어 구분한다. /ˈbjuː.tɪ.fᵊl/ [Cambridge Dictionaries Online] **beau·ti·ful** [Daum 영어사전 / NAVER 영어사전]

(2) -y, -er, -le, -ly, -ow로 끝나는 일부 2음절 형용사는 -er/-est를 붙여 비교급과 최상급을 만들 수 있다.
- **easy** (쉬운) – **easier** – **easiest**
- **clever** (영리한) – **cleverer** – **cleverest**
- **lovely** (귀여운) – **lovelier** – **loveliest**
- **happy** (행복한) – **happier** – **happiest**
- **simple** (간단한) – **simpler** – **simplest**
- **narrow** (좁은) – **narrower** – **narrowest**

② more/most를 붙이는 형용사

(1) 대부분의 2음절 이상의 형용사는 more/most를 붙여 비교급과 최상급을 만든다.
- **careful** (주의 깊은) – **more careful** – **most careful**

(2) 다음과 같은 일부 2음절의 형용사는 -er/-est와 more/most의 2가지로 비교급과 최상급을 만들 수 있다.

pleasant, clever, common, gentle, handsome, narrow, quiet, shallow, simple, stupid

(3) more/most로만 비교급과 최상급을 만들 수 있는 1음절 형용사

real, like, right, wrong, just

(4) -ed, -ing로 끝나는 형용사는 2음절이더라도 more/most로 비교급과 최상급을 만든다.

bored/boring, pleased/pleasing, amused/amusing, annoyed/annoying

③ 불규칙 변화

- **good/well** (좋은) – **better** – **best**
- **many/much** (많은) – **more** – **most**
- **old** (늙은, 오래된) ┌ **older** – **oldest** (나이)
  └ **elder** – **eldest** (가족 관계)
- **late** (늦은, 최근의) ┌ **later** (시간상으로 나중에) – **latest** (시간상으로 최근의, 최신의)
  └ **latter** (순서상으로 후자의) – **last** (순서상으로 최후의, 맨 마지막의)
- **bad/ill** (나쁜) – **worse** – **worst**
- **little** (적은, 작은) – **less** – **least**
- **far** (거리가 먼) ┌ **farther** – **farthest** (거리)
  └ **further** – **furthest** (정도)

[1~5] 보기에서 알맞은 단어를 활용하여 빈칸에 쓰시오.

1 Russia is _____ than China.

2 Horses are _____ than elephants.

3 Health is more _____ than money.

4 My father is the _____ in my family.

5 Mount Everest is the _____ mountain in the world.

[보기]
high
important
large
small
old

[6~10] 우리말의 뜻에 맞게 빈칸에 알맞은 말을 쓰시오.

6 이 책은 저것보다 쉽다.

This book is _____ than that one.

7 Mike은 Tom보다 힘이 세다.

Mike is _____ _____ Tom.

8 이 카메라는 이 가게에서 제일 비싸다.

This camera is _____ _____ expensive in this shop.

9 나는 세상에서 제일 큰 배를 보고 싶다.

I want to see _____ _____ ship in the world.

10 이것은 내가 지금까지 먹어 본 최고의 음식이다.

This is the _____ meal I've ever had.

Track 12

⭐ -er/-est를 붙여 비교급 / 최상급을 만드는 형용사
- 1음절의 형용사   ■ 2음절의 형용사 중 -y, -er, -le, -ly, -ow 등으로 끝나는 일부 형용사

⭐ more/most를 붙여 비교급 / 최상급을 만드는 형용사
- 대부분의 2음절 이상의 형용사   ■ 일부 1음절 형용사: real, like, right, wrong, just
- -ed/-ing로 끝나는 형용사: bored/boring, pleased/pleasing, amused/amusing, annoyed/annoying

⭐ -er/-est와 more/most가 모두 가능한 형용사
pleasant, clever, common, gentle, handsome, narrow, quiet, shallow, simple, stupid

⭐ 불규칙하게 변화하는 형용사
- good/well – better – best   ■ bad/ill – worse – worst
- many/much – more – most   ■ little – less – least
- old ┌ older – oldest (나이)   ■ far ┌ farther – farthest (거리)
       └ elder – eldest (가족 관계)   └ further – furthest (정도)
- late ┌ later (시간상으로 나중에) – latest (시간상으로 최근의)
        └ latter (순서상으로 후자의) – last (순서상으로 최후의)

UNIT 45 원급과 비교급 비교구문

CD 2
Track 13

① ⓐ Tom is as tall as Tina.
　ⓑ My toes are as cold as ice.
　ⓒ My father is three times as old as I am.

② ⓐ The weather is better than yesterday.
　ⓑ Driving is less tiring than walking.

③ ⓐ I'm getting taller and taller.
　ⓑ The older you get, the taller
　　you get.
　ⓒ He is the older of the two.
　ⓓ He is more wise than clever.

- 원급 비교: as 원급 as …
「…만큼 ~한」
- 비교급 비교: 비교급 than
… 「…보다 더 ~한」

해석 ① ⓐ Tom은 Tina만큼 키가 크다.
　　ⓑ 내 발가락이 얼음처럼 차다.　　ⓒ 아버지는 내 나이의 세 배이다.
② ⓐ (오늘) 날씨가 어제보다 더 좋다.　　ⓑ 운전하는 것이 걷는 것보다 덜 피곤하다.
③ ⓐ 나는 키가 점점 더 커지고 있다.　　ⓑ 너는 나이가 들면 들수록 그만큼 키가 더 커진다.
　　ⓒ 그는 둘 중에서 더 나이가 많다.　　ⓓ 그는 영리하다기보다 현명하다.

① 원급을 이용한 비교 구문: 정도가 같음을 표현할 때

(1) 「…만큼 ~한」이라고 둘의 정도가 같다고 말할 때는 「as+원급+as …」을 쓴다. (동등 비교)
- **A bear can be as fast as a horse.** (곰은 말만큼 빠를 수 있다.)

「…만큼 ~하지 않은」의 의미, 즉 as ~ as의 부정문은 not as ~ as나 not
so ~ as를 쓴다.
- **A horse is not as/so fast as a cheetah.** (말은 치타만큼 빠르지 않다.)

> **POINT 158**
> 원급을 이용한 비교:
> - as 원급 as …: 「…만큼 ~한」
> - as 원급 as …: 매우 ~한
> - 배수 as ~ as …: …보다 몇 배 ~한

(2) 관용적으로 쓰여 「매우 ~한」의 뜻을 나타내는 「as+원급+as」 (앞의 as는 생략
되기도 한다.)
- **(as) busy as a bee** (매우 분주한)　　- **(as) poor as a church mouse** (매우 가난한)
- **(as) free as a bird** (매우 자유로운)　　- **(as) blind as a bat** (눈이 아주 어두운)

(3) 배수(half(반 배), twice(두 배), three times(세 배) 등) as ~ as …: 「…보다 몇 배 ~한」
- **This box is twice as heavy as that one.** (이 상자가 저것보다 두 배 무겁다.)

② 비교급을 이용한 비교 구문: 둘의 정도가 더 높거나 낮음을 표현할 때

(1) 둘을 비교하여 하나의 정도가 더 높음을 표현할 때, 즉 「…보다 ~한」이란 뜻을 나타낼 때는 「비교급 than …」을 쓴다. (우등 비교)
   - **Bikes are cheaper than cars.** (자전거가 자동차보다 더 싸다.)
   - **Cars are more expensive than bikes.** (자동차가 자전거보다 더 비싸다.)

> **POINT 159**
> 비교급을 이용한 비교:
> - 비교급 **than** …: …보다 더 ~한
> - **less** 비교급 **than** …: …보다 덜 ~한

(2) 둘 중 하나의 정도가 더 낮음을 표현할 때, 즉 「…보다 덜 ~한」이란 뜻을 나타낼 때는 「less+형용사+than …」을 쓴다. (열등 비교)
   - **Bikes are less expensive than cars.** (자전거가 자동차보다 덜 비싸다.)

   그러나 「less ~ than …」보다는 「not as/so ~ as …」를 이용한 표현이 더 자주 쓰인다.
   - **Bikes are not as/so expensive as cars.** (자전거는 자동차만큼 비싸지 않다.)

③ 주의해야 할 비교급 비교 구문

(1) 비교급 **and** 비교급: 「점점 더 ~한」
   - **Oil is getting more and more expensive.** (기름이 점점 더 비싸지고 있다.)

> **POINT 160**
> - 비교급 **and** 비교급: 점점 더 ~한
> - the 비교급 ~, the 비교급 …: 더 ~하면 할수록 그만큼 더 …하다
> - the 비교급 of the two: 둘 중에서 더 ~한

(2) the 비교급 ~, the 비교급 …: 「더 ~하면 할수록 그만큼 더 …하다」
   - **The richer he got, the kinder he became.** (그는 부유해질수록 그만큼 더 친절해졌다.)
   - **(= As he got richer, he became kinder.)**

(3) the 비교급 of the two: 「둘 중에서 더 ~한」
   - **The cat is the cuter of the two animals.** (고양이가 그 두 동물 중 더 귀엽다.)

(4) 동일한 사물이나 사람의 성질을 비교하는 경우에는 항상 **more**를 쓴다.
   - **She is more shy than proud.** (그녀는 당당하다기보다는 수줍어하는 편이다.)
   - **(= She is shy rather than proud.)**

☞ 원급 형용사는 **very**의 수식을 받지만 **much**의 수식은 받지 못한다. 반면에 비교급은 **much**의 수식을 받을 수 있지만 **very**의 수식은 받지 못한다.
   - **She is very kind.** (그녀는 매우 친절하다.)
   She is much kind. (×)
   She is much kinder than Tom. (그녀는 Tom보다 훨씬 더 친절하다.)
   She is very kinder than Tom. (×)
   비교급을 수식하는 말로는 **much** 외에도 **far, still, even, a lot, a little** 등이 있다.

[1~4] 주어진 단어를 알맞게 배열하여 우리말을 영어로 옮기시오.

1 그는 나만큼 키가 크다. (am, I, tall, as, as)
He is _____ .

2 그 의자는 그 탁자만큼 크지 않다. (big, not, the, table, is, as, as)
The chair _____ .

3 Jane은 Mary보다 덜 인기 있다. (is, than, Mary, popular, less)
Jane _____ .

4 양보다는 질이 훨씬 더 중요하다. (quantity, more, much, than , important, is)
Quality _____ .

[5~9] 우리말의 뜻과 같도록 빈칸에 알맞은 말을 쓰시오.

5 이 상자가 저 상자보다 세 배 더 무겁다.
This box is _____ _____ as heavy as that one.

6 그 노래는 점점 더 인기를 얻었다.
The song became more _____ _____ popular.

7 나는 나이가 들수록 그 만큼 더 행복해진다.
The _____ I get, the _____ I get.

8 두 빌딩 중에서 어느 것이 더 높은가?
Which is _____ _____ of the two buildings?

9 그는 화가 났다기보다는 슬퍼하고 있다.
He is _____ sad _____ angry.

CD 2
Track 14

핵심 노트

⭐ **원급을 이용한 비교 구문**　정도가 같음을 표현할 때
■ as+ 원급 +as …「…만큼 ~한」　　■ not as/so ~ as …「…만큼 ~하지 않은」
■ (as) cold as ice 「매우 찬」, (as) blind as a bat 「잘 볼 수 없는」　■ 배수 as ~ as …「…보다 몇 배 ~한」

⭐ **비교급을 이용한 비교 구문**　정도가 더 높거나 낮음을 표현할 때
■ 비교급 than …「…보다 더 ~한」　　■ less+ 형용사 +than …「…보다 덜 ~한」
■ 비교급 and 비교급 「점점 더 ~한」　　■ the 비교급 ~, the 비교급 …「더 ~하면 할수록 그만큼 더 …하다」
■ the 비교급 of the two 「둘 중에서 더 ~한」
■ 동일한 사물이나 사람의 성질을 비교하는 경우에는 항상 more를 쓴다.
　She is more shy than proud. (= She is shy rather than proud.)

⭐ 비교급은 very의 수식을 받지 못하고 much, far, still, even, a lot, a little 등의 수식을 받는다.
　She is much kinder than Tom. (그녀는 Tom보다 훨씬 더 친절하다.)

UNIT 46 최상급 비교 구문

1 ⓐ John is the tallest of the boys.
ⓑ He is the least famous of the singers.

2 Seoul is the largest of all the cities in Korea.
= Seoul is larger than any other city in Korea.
= No other city in Korea is larger than Seoul.
= No other city in Korea is as large as Seoul.

해석 1 ⓐ John이 그 소년들 중에서 키가 가장 크다.
　　　ⓑ 그가 그 가수들 중 가장 덜 유명하다.
　　2 서울이 한국의 모든 도시 중에서 가장 크다.
　　　= 서울은 한국의 다른 어떤 도시보다 더 크다.
　　　= 한국의 다른 어떤 도시도 서울보다 더 크지 않다.
　　　= 한국의 다른 어떤 도시도 서울만큼 크지 않다.

최상급을 이용한 비교: the+최
상급+of/in …: 「… 중에서/…
에서 가장 ~한」

1 정도가 가장 높거나 가장 낮음을 표현할 때

(1) 셋 이상을 비교하여 정도가 가장 높음을 표현할 때, 즉 「… 중에서/…에서 가장
~」이라고 말할 때는 「the+최상급+of/in …」을 쓴다.

> **POINT 161**
> the+최상급+of/in …: …
> 중에서/…에서 가장 ~한

a) She is the kindest of the girls. (그녀가 그 소녀들 중에서 가장 친절하다.)
b) Korea is the most dynamic in the world. (한국이 세계에서 가장 역동적이다.)
전치사 of를 쓴 a)에서는 she가 the girls에 포함되며 둘은 동질적인 존재이다. 그러나 전치사 in 다음에
는 장소 또는 비유적으로 장소로 이해할 수 있는 말이 온다.

(2) 「… 중에서/…에서 가장 덜 ~한」이라고 표현할 때는 「the least+형용사+of/in …」을 쓴다.

- Blood type AB is the least common of all blood types. (AB 혈액형이 모든 혈액형 중에서 가장
드물다.)

- Africa is the least developed in the world. (Africa가 세계에서 가장 덜 개발되었다.)

☞ 비교급을 쓸 때는 두 비교 대상이 서로 포함 관계에 있을 수 없다. 그러나 최상급을 사용할 때는 비교 대상이 「…
중에」를 나타내는 것에 포함이 된다.

 A 비교급 than B　　　 A the 최상급 of/in B

A　　B　　　　B　A

a) **Tom is** taller than **the students.** (Tom은 그 학생들보다 키가 더 크다.)

b) **Tom is** the tallest of **the students.** (Tom은 그 학생들 중에서 키가 가장 크다.)

a)에서는 **the students** 중에 **Tom**이 포함될 수 없다. 그러나 b)에서는 **the students** 중에 **Tom**이 포함된다. 이런 이유로 다음은 잘못된 문장이다.

▪**Tom is** taller than **the students in his class.** (×) (Tom은 자기 반 학생들보다 키가 더 크다.)

위 문장에서 **the students in his class**에는 **Tom**도 포함된다. 따라서 위 문장은 **Tom**이 자기 자신보다 더 키가 크다는 것까지 포함하게 되어 논리적으로 맞지 않는다. 옳은 문장은 다음과 같이 되어야 한다.

▪**Tom is** taller than any other **student in his class.** (Tom은 자기 반의 다른 어떤 학생보다 키가 더 크다.)

② 최상급의 의미를 나타내는 여러 방법

the+최상급+of/in … = 비교급 than any other 단수 명사

= **No other** 단수 명사 … is 비교급 than

= **No other** 단수 명사 … is as ~ as

▪**Tom is** the tallest of all the boys in the class. (Tom은 반의 모든 소년들 중에서 키가 가장 크다.)

= **Tom is** taller than any other boy in the class. (Tom은 반의 다른 어떤 소년보다 키가 더 크다.)

= **No other boy in the class is** taller than **Tom.** (반의 다른 어떤 소년도 Tom보다 키가 더 크지 않다.)

= **No other boy in the class is** as tall as **Tom.** (반의 다른 어떤 소년도 Tom만큼 키가 크지 않다.)

> **POINT 162**
> the+최상급+of/in … : …
> 중에서/…에서 가장 ~하다
> = 비교급 than any other
> 단수 명사
> = No other 단수 명사 …
> is 비교급 than
> = No other 단수 명사 …
> is as ~ as

☞ 비교 구문에서 주의할 내용

ⓐ 'A is taller than B'에서 B 다음에 생략된 말

A is taller than B와 같은 비교 구문은 A is taller than B is tall에서 비교급과 같은 형용사 **tall**과 **is**가 생략된 것이다. 그러나 **be**동사는 남아 있는 경우도 많다.

▪**He is** older than **she is.** (그는 그녀보다 나이가 많다.)

ⓑ 'A whale is no more a fish than a horse is.'에서 생략된 말과 의미

than a horse is 다음에 생략된 말은 **a fish**이다.

▪**A whale is** no more a fish than a horse is (a fish).

이 문장의 의미는 「말이 물고기인 정도보다 고래가 물고기인 정도가 조금도 더 크지 않다.」가 된다. 말(horse)이 물고기(fish)가 아닌 것은 당연한 사실이므로 「말이 물고기가 아닌 것과 같이 고래도 물고기가 아니다.」라고 해석하면 자연스럽다.

▪**I am** no more mad than you are.

「네가 미친 정도보다 내가 미친 정도가 조금도 더 크지 않다.」, 「네가 미치지 않은 것처럼 나도 미치지 않았다.」

[1~4] 우리말의 뜻에 맞도록 빈칸에 알맞은 말을 쓰시오.

1 이것이 이 호텔에서 가장 좋은 방이다.

= This is _____ _____ room in this hotel.

2 어제가 연중 가장 더운 날이었다.

= Yesterday was _____ _____ day of the year.

3 이것이 그 집에서 가장 큰 방이다.

= This is _____ _____ room in the house.

4 이것은 이 가게에서 가장 덜 비싼 컴퓨터이다.

= This is _____ _____ _____ computer in this shop.

5 주어진 문장과 뜻이 같도록 빈칸에 알맞은 말을 쓰시오.

The blue whale is the biggest of all the animals in the world.

= The blue whale is _____ than _____ _____ animal in the world.

= No _____ animal in the world is _____ than the blue whale.

= No _____ animal in the world is as _____ _____ the blue whale.

핵심 노트

🎧 CD2 Track 16

👉 **최상급을 이용한 비교 구문** 정도가 가장 높거나 가장 낮음을 표현할 때

ⓐ the+최상급+of/in … 「··· 중에서/···에서 가장 ~한」

She is **the kindest of** the girls. (그녀가 그 소녀들 중에서 가장 친절하다.)

Korea is **the most dynamic in** the world. (한국이 세계에서 가장 역동적이다.)

ⓑ the least+형용사+of/in … 「··· 중에서/···에서 가장 덜 ~한」

Africa is **the least developed in** the world. (Africa가 세계에서 가장 덜 개발되었다.)

👉 **비교 대상의 포함 관계** 비교급을 쓸 때는 두 비교 대상이 서로 포함 관계에 있을 수 없고, 최상급을 사용할 때는 비교 대상의 하나가 「··· 중에」를 나타내는 것에 포함이 된다.

👉 **최상급의 의미를 나타내는 여러 방법**

Tom is **the tallest of** all the students in the class.

= Tom is **taller than any other** student in the class.

= **No other** student in the class is **taller than** Tom.

= **No other** student in the class is **as tall as** Tom.

Chapter 10
Review Exercise

1 다음 형용사의 비교급과 최상급을 쓰시오.

	비교급	최상급
(1) bad		
(2) beautiful		
(3) big		
(4) busy		
(5) cheap		
(6) expensive		
(7) good		
(8) happy		
(9) large		
(10) late		
(11) little		
(12) long		
(13) nice		
(14) strong		
(15) useful		

2 다음 표에서 알맞은 비교 대상과 형용사를 고른 다음, 원급이나 비교급을 이용하여 비교하는 문장을 완성하시오.

비교 대상	형용사
Japan, Baekdusan, the airplane, the blue whale, the Nile River	fast, heavy, high, large, long

(1) The train _____.

(2) China _____.

(3) The elephant _____.

(4) Mount Everest _____.

(5) The Han River _____.

3 다음 문장에서 <u>틀린</u> 곳을 찾아 바르게 고치시오.

(1) Don't touch hot anything.
(2) She lay wake for hours thinking about him.
(3) She is very taller than she was five years ago.
(4) This is most expensive dress in this shop.
(5) The girl spent least money than the boy.
(6) The movie was very interested.
(7) He swims fast than me.
(8) This is one of the highest building in the world.
(9) The fast I type, the many mistakes I make.
(10) Did you hear any farther news?
(11) This house is twice as bigger as my house.

4 빈칸에 알맞은 말을 써서 우리말을 영어로 옮기시오.

(1) 나는 베개를 베자마자 잠이 들었다.

I fell _____ _____ soon _____ my head hit the pillow.

(2) 나는 그에게서 이상한 어떤 것을 알아챘다.

I noticed _____ _____ about him.

(3) 내 발이 몹시 차다.

My feet are _____ _____ _____ ice.

(4) 이곳은 그 영화에서 가장 재미없는 부분이다.

This is the _____ _____ part of the movie.

(5) 내 남동생은 나만큼 키가 크지 않다.

My brother is not as _____ as I _____.

(6) 우리 반에서 Carmelia보다 더 똑똑한 소녀는 없다.

_____ _____ girl in our class is brighter _____ Carmelia.

5 두 문장이 같은 뜻이 되도록 빈칸에 알맞은 말을 쓰시오.

(1) Bikes are less fast than cars.

= Cars are _____ bikes.

(2) I can't see well without my glasses.

= I'm _____ a bat without my glasses.

(3) As the weather gets warmer, I feel better.

= _____ the weather gets, _____ I feel.

(4) Lake Superior is the largest lake in the U.S.

= No other lake in the U.S. is _____ .

(5) He is more realistic than optimistic.

= He is realistic _____ .

(6) The street was less crowded than usual.

= The street was not _____ as usual.

(7) The more often we use public transportation, the cleaner the air will become.

= If we _____ , the air

_____ .

6 보기에서 알맞은 단어를 활용하여 문맥에 맞도록 빈칸에 쓰시오.

[보기] clever, expensive, high, large, old, fast, popular

(1) My _____ brother is a college student.

(2) This shirt is the least _____ in this shop.

(3) Dolphins are _____ than sharks.

(4) Usain Bolt is one of the _____ runners in the world.

(5) The Indian Ocean is not as _____ as the Pacific Ocean.

(6) No other mountain in Korea is _____ than Baekdusan.

(7) Soccer is _____ than any other sport in Korea.

Chapter 11

관계사

관계대명사와 관계부사는 서로 관계가 있는 두 문장을 한 문장으로 연결시켜 줍니다. 관계대명사와 관계부사로 시작하는 절은 명사를 수식해 주며, 이 절 안에서 관계대명사는 대명사와 같은 역할을, 관계부사는 부사와 같은 역할을 합니다. 관계대명사에는 who/whose/whom, which, that, what이 있고, 관계부사에는 where, when, why 등이 있습니다.

Unit 47 _ 주격 관계대명사 _ 184
Unit 48 _ 목적격 관계대명사 _ 187
Unit 49 _ 관계대명사 whose와 what _ 190
Unit 50 _ 관계부사 _ 193
*Review Exercise _ 196

UNIT 47 주격 관계대명사

Track 17

1 I have a foreign friend who lives in England.

2 He sends me e-mails which are written in Korean.

3 ⓐ I send him e-mails that tell him about Korean cultures.
  ⓑ I want to make more friends that live abroad.

해석 1 나는 영국에 살고 있는 외국인 친구가 있다.
　　2 그는 나에게 한국어로 쓰인 이메일을 보낸다.
　　3 ⓐ 나는 그에게 한국 문화에 대해 이야기하는 이메일을 보낸다.
　　　 ⓑ 나는 외국에 사는 친구들을 더 많이 사귀고 싶다.

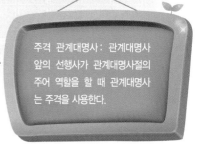

주격 관계대명사 : 관계대명사 앞의 선행사가 관계대명사절의 주어 역할을 할 때 관계대명사는 주격을 사용한다.

⭐ 관계대명사란?

(1) 관계대명사는 관계있는 두 문장을 연결하는 **접속사** 역할과 **대명사** 역할을 동시에 한다.

> **POINT 163**
> 관계대명사의 역할:
> 접속사+대명사

　　a) Let's ask the girl. She is sitting under the tree.

　　b) Let's ask the girl who is sitting under the tree. (나무 밑에 앉아 있는 그 소녀에게 물어보자.)

　　b)의 who는 a)의 두 문장을 한 문장으로 연결시켜 주는 접속사와 같은 역할을 한다. 또한 who는 a)의 she 를 대신하는 대명사와 같은 역할을 한다.

(2) 관계대명사로 시작하는 절은 **명사를 꾸며 준다.** 관계대명사절의 수식을 받는 명사를 **선행사(先行詞)**라고 하는데, 이것은 관계대명사 앞에 오는 말이라는 뜻이다. 위 a)에서 she는 the girl을 가리키고 who는 she를 대신해 주는 말이므로 the girl과 who는 같은 사람을 가리킨다. 즉 **선행사와 관계대명사는 항상 같은 대상을 지칭**한다.

> **POINT 164**
> 관계대명사의 선행사:
> 관계대명사 바로 앞에서 관계 대명사절의 수식을 받는 명사

⭐ 관계대명사절로 바꾸는 방법

　　a) I like the boy. (He) plays soccer very well.

　　b) I like the boy (who) plays soccer very well. (나는 축구를 아주 잘하는 그 소년을 좋아한다.)

(1) a)의 두 문장을 관계대명사를 써서 한 문장으로 바꾸려면 **두 문장에서 같은 것을 지칭하는 명사**를 찾는다. a)에서는 **the boy**와 **he**가 같은 사람을 가리킨다.

(2) 두 문장 중 더 중요한 정보와 덜 중요한 정보를 구별하여 덜 중요한 정보를 나타내는 문장을 관계대명사절로 만든다. b)에서는 '내가 그 소년을 좋아한다'는 것이 더 중요한 정보이고 '그 소년이 축구를 잘한다'는 것은 부차적인 정보이므로 He plays soccer very well을 관계대명사절로 바꾼다.

(3) 관계대명사로 바꿀 문장을 정했으면, (1)에서 찾은 명사나 대명사를 관계대명사로 바꾼 다음 선행사 다음에 써 준다. b)에서 관계대명사 who로 바뀐 he와 같은 것을 지칭하는 선행사는 the boy이므로 the boy 다음에 관계대명사절을 써 준다.

① 선행사가 사람일 때 쓰는 who

a) I have a foreign friend. **She** lives in England.

b) I have a foreign friend **who** lives in England.

> **POINT 165**
> 주격 관계대명사절: 선행사가 관계대명사절에서 **주어 역할**을 하는 경우

(1) 위 문장에서 관계대명사절로 바뀐 것은 주어 **she**이다. 이와 같이 주어를 대신하여 **주어 자리에 쓰이는 관계대명사를 주격관계대명사**라고 한다. 주격관계대명사 다음에 오는 **동사는 선행사와 일치**시켜야 한다. b)에서 선행사 **a foreign friend**가 3인칭 단수이므로 관계대명사절의 동사 **live**도 3인칭 단수로 일치시킨다.

(2) b)에서 관계대명사의 수식을 받는 선행사는 사람이다. 이처럼 **선행사가 사람이면 관계대명사는 who**를 쓴다.

- **She is the girl who lives next door.** (그녀는 옆집에 사는 소녀이다.)

② 선행사가 사물/동물일 때 쓰는 which

선행사가 사람이 아닌 사물/동물이면 관계대명사는 **which**를 쓴다.

- **They are looking for the animals which escaped from the zoo.** (그들은 동물원에서 달아난 동물들을 찾고 있다.)

> **POINT 166**
> 선행사에 따라 사용하는 관계대명사
> - **who**: 선행사가 **사람인** 경우
> - **which**: 선행사가 **사물·동물인** 경우
> - **that**: 선행사가 **사람·사물·동물에 모두 사용**

③ 선행사가 사람/사물/동물일 때 모두 쓸 수 있는 that

(1) 관계대명사 **that**은 선행사가 사람일 때와 사물/동물일 때 모두 쓸 수 있다. 즉 **that**은 who 대신 쓸 수도 있고 which 대신 쓸 수도 있다. ③ⓐ에서는 선행사 e-mails가 사물이므로 which와 that을 모두 쓸 수 있고, ③ⓑ에서는 선행사 friends가 사람이므로 who와 that을 모두 쓸 수 있다.

(2) 선행사가 「**사람+사물/동물**」이거나 **의문사 who**일 때, 선행사가 **형용사의 최상급, all, no, every, any, the only** 등의 수식을 받을 때는 관계대명사는 **that**을 쓴다.

- **The girl and the cat that are playing together are very cute.** (함께 놀고 있는 그 소녀와 고양이는 매우 귀엽다.)
- **Who that has common sense can believe it?** (상식을 가진 누가 그것을 믿을 수 있겠는가?)
- **It is the silliest argument that I've ever heard.** (그것은 내가 지금까지 들어 본 것 중 가장 말도 안 되는 주장이다.)
- **Man is the only animal that can speak.** (인간은 말을 할 수 있는 유일한 동물이다.)

[1~5] 다음 문장에서 관계대명사절과 그것이 꾸며 주는 것을 찾아 밑줄을 긋고, 보기와 같이 화살표로 표시하시오.

> [보기] <u>The machine</u> <u>which didn't work yesterday</u> is now working again.

1 I don't like a story that has a sad ending.

2 Where is the bread which was on the table a while ago?

3 She works for a company which publishes books on education.

4 The man who lives next door is a police officer.

5 The boys and girls who are playing in the park look happy.

[6~9] 다음 문장에서 <u>틀린</u> 곳을 찾아 바르게 고치시오.

6 The guests who was invited came early.

7 Love is the only thing which makes me happy.

8 Being a mother is the most wonderful thing which happen to women.

9 There is no one which can take your place.

CD2
Track 18

⭐ 관계대명사

▪ 관계대명사: 「접속사+대명사」의 역할

▪ 관계대명사로 시작하는 절은 명사를 수식하며, 관계대명사절의 수식을 받는 명사를 **선행사**(先行詞)라고 한다. 선행사와 관계대명사는 항상 같은 대상을 지칭한다.

▪ 주격 관계대명사는 주어 자리에 쓰여 주어 역할을 한다. 주격 관계대명사절의 동사는 선행사와 일치시킨다.

▪ 관계대명사 **who**는 선행사가 사람일 때 쓴다.

▪ 관계대명사 **which**는 선행사가 사물일 때 쓴다.

▪ 관계대명사 **that**은 선행사가 사람과 사물, 동물일 때 모두 쓸 수 있다.

▪ 관계대명사 **that**을 쓰는 경우: 선행사가 「사람+사물/동물」이거나 의문사 **who**일 때, 선행사가 형용사의 최상급, **all, no, any, every, the only** 등의 수식을 받을 때는 관계대명사 **that**을 사용한다.

UNIT 48 목적격 관계대명사

1 ⓐ The woman who(m)/that I met yesterday was very tall.
　ⓑ The car which/that she had was very big.

2 ⓐ I like the boy who(m) Mary is talking with.
　　= I like the boy with whom Mary is talking.
　ⓑ This is the house which he lives in.
　　= This is the house in which he lives.

해석 **1** ⓐ 내가 어제 만난 여자는 키가 매우 컸다.
　　　ⓑ 그 여자가 가진 차는 매우 컸다.
　　2 ⓐ 나는 Mary와 이야기하고 있는 소년을 좋아한다.
　　　ⓑ 이것이 그가 사는 집이다.

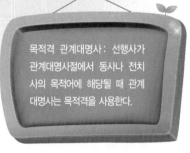

목적격 관계대명사: 선행사가 관계대명사절에서 동사나 전치사의 목적어에 해당될 때 관계대명사는 목적격을 사용한다.

⭐ 목적격 관계대명사

1 동사의 목적어인 관계대명사

(1) 선행사가 **사람**이면 **who(m)**이나 **that** 사용

　a) The woman was very tall. I met her yesterday.

　b) The woman who(m) I met yesterday was very tall.

POINT 167
목적격 관계대명사
- 선행사가 **사람**일 때 **who** 나 **whom**
- 선행사가 **사물·동물**일 때 **which**
- 선행사가 사람·사물·동물에 상관없이 **that**은 모두 사용

　① a)에서 the woman과 her가 같은 대상이므로, 이 둘 중 하나를 관계대명사로 바꾸어 한 문장으로 만든다. 두 문장 중 더 중요한 내용을 담고 있는 것은 '그 여자가 키가 크다'는 것이고, '그 여자를 어제 만났다'는 것은 부차적인 정보이므로 I met her yesterday를 관계대명사절로 바꾼다.

　② her는 동사 meet의 목적어인데, 목적격인 (대)명사를 관계대명사로 바꿀 때는 관계대명사도 목적격을 써야 한다. 선행사가 the woman으로 사람이므로 관계대명사는 who의 목적격인 whom을 쓴다. 그러나 구어체에서는 whom 대신 who를 주로 쓴다.

　③ 관계대명사는 관계대명사절의 앞에 와야 하므로 who(m)을 주어 앞으로 이동시킨 다음 who(m) I met yesterday를 선행사인 the woman 다음에 써 준다.

　④ 목적격 관계대명사 who(m) 대신에 that을 쓸 수 있다.

(2) 선행사가 **사물/동물**이면 **which**나 **that** 사용

　사물이나 동물이 선행사인 경우는 which나 that을 쓴다.

a) The car was very big. She had it.

b) The car which she had was very big.

☞ 주격 관계대명사는 주어 역할을 하고 목적격 관계대명사는 목적어 역할을 하므로 관계대명사 다음에는 주어 또는 목적어 자리가 비어 있어야 한다.

▪The girl who lives next door is a singer. (옆집에 사는 소녀는 가수이다.)

The girl who she lives next door is a singer. (×) — 관계대명사 who가 lives의 주어이므로 주어 she를 다시 쓸 수 없다.

▪This is the book which I bought yesterday. (이것이 내가 어제 산 책이다.)

This is the book which I bought it yesterday. (×) — 관계대명사 which가 bought의 목적어이므로 목적어 it을 반복하여 쓸 수 없다.

② 전치사의 목적어인 관계대명사

a) I like the boy. Mary is talking with him.

I like the boy who(m) Mary is talking with.

b) This is the house. He lives in it.

This is the house which he lives in.

> **POINT 168**
> 전치사 다음에 쓸 수 있는/없는 관계대명사:
> ▪ 전치사+whom/which (O)
> ▪ 전치사+who/that (×)

위 a), b) 문장에서 목적격 관계대명사 who(m)과 which가 전치사 with와 in의 목적어이다. 따라서 전치사는 자신의 목적어인 관계대명사와 함께 앞으로 이동할 수 있다.

a) I like the boy with whom Mary is talking.

b) This is the house in which he lives.

전치사 다음에는 주격 관계대명사인 who를 쓸 수 없고 반드시 목적격인 whom을 써야 한다.

▪I like the boy with who Mary is talking. (×)

또한 전치사 바로 다음에서는 관계대명사 that을 쓸 수 없다.

▪I like the boy with that Mary is talking. (×)

⭐ 목적격 관계대명사의 생략

주격 관계대명사와는 달리 목적격 관계대명사는 생략할 수 있다.

▪The woman (whom) I met yesterday is rich.

▪This is the book (which/that) I bought yesterday.

목적격 관계대명사라도 전치사 다음에서는 생략할 수 없다.

▪I like the boy with whom Tom is talking. — whom 생략 불가능

▪This is the house in which she lives. — which 생략 불가능

> **POINT 169**
> ▪ 목적격 관계대명사는 생략 가능
> ▪ 「전치사+목적격 관계대명사」는 생략 불가능

[1~5] 빈칸에 알맞은 관계대명사를 쓰시오.

1 This is the book. You are looking for it.
→ This is the book _____ you are looking for.

2 The boys were very fast. I played soccer with them.
→ The boys with _____ I played soccer were very fast.

3 Have you found the book? You lost it yesterday.
→ Have you found the book _____ you lost yesterday?

4 The trousers don't fit me well. My mom bought them for me.
→ The trousers _____ my mom bought for me don't fit me well.

5 Which is the book? You were talking about it in the library.
→ Which is the book _____ you were talking about in the library?

[6~8] 우리말과 의미가 같도록 빈칸에 알맞은 말을 쓰시오.

6 내가 작년에 산 라디오가 고장 났다.
The radio _____ I _____ last year broke down.

7 그녀는 그녀와 함께 일하는 사람들을 좋아한다.
She likes the people _____ she works _____.

8 너희 부모님이 주신 돈으로 무엇을 했니?
What did you do with the money _____ your parents
_____ you?

핵심 노트

Track 20

⭐ 목적격 관계대명사

ⓐ 동사의 목적어인 관계대명사
- 「관계대명사+주어+동사」에서는 관계대명사가 목적어이므로 동사 다음에 목적어가 다시 올 수 없다.
- 선행사가 **사람이면** 관계대명사는 **who, whom, that**을 쓸 수 있다.
- 선행사가 **사물/동물이면** 관계대명사는 **which, that**을 쓸 수 있다.

ⓑ 전치사의 목적어인 관계대명사
- 관계대명사만 앞으로 이동하면 「관계대명사+주어+동사 … 전치사」
  관계대명사가 전치사와 함께 이동하면 「전치사+관계대명사+주어+동사 …」
- 「**전치사+관계대명사**」이면 관계대명사는 **whom**과 **which**를 써야 하고, **who**와 **that**을 쓸 수 없다.

ⓒ 주격 관계대명사는 생략할 수 없으나 목적격 관계대명사는 생략할 수 있다. 그러나 「전치사+목적격 관계대명사」이면 생략할 수 없다.

UNIT 49 관계대명사 whose와 what

Track 21

1 ⓐ I saw a girl whose eyes are blue.
　ⓑ She had a cat whose eyes are blue.

2 ⓐ I want to see what is in your hand.
　ⓑ Show me what you have.

3 ⓐ I gave them what I had.
　ⓑ He wondered what I had.

해석 1 ⓐ 나는 눈이 파란 한 소녀를 봤다.
　　　ⓑ 그녀는 눈이 파란 고양이를 가지고 있었다.
　　2 ⓐ 나는 너의 손에 있는 것을 보고 싶다.
　　　ⓑ 네가 가지고 있는 것을 나에게 보여줘.
　　3 ⓐ 나는 내가 가진 것을 그들에게 주었다.
　　　ⓑ 그는 내가 무엇을 가지고 있는지 궁금해 했다.

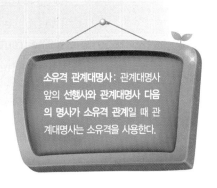

소유격 관계대명사: 관계대명사 앞의 **선행사**와 관계대명사 다음의 **명사**가 소유격 관계일 때 관계대명사는 소유격을 사용한다.

1 소유격 관계대명사 whose

a) I saw a girl. ⟨Her⟩ eyes are blue.

　I saw a girl ⟨whose⟩ eyes are blue.

b) She had a cat. ⟨Its⟩ eyes are blue.

　She had a cat ⟨whose⟩ eyes are blue.

> **POINT 170**
> ▪ 소유격 관계대명사: 선행사의 소유 대상을 설명할 때 사용한다.
> ▪ 「소유격 관계대명사+명사」의 형태로 사용한다.

(1) a)의 첫 문장과 둘째 문장에서 동일한 것을 지칭하는 것을 찾으면 **a girl**과 **her**이다. 따라서 둘째 문장의 **her**를 관계대명사로 바꾸면 관계대명사절이 된다. **her**는 **eyes**를 수식하는 소유격이고, 선행사 **a girl**이 사람이므로 관계대명사는 **who**의 소유격인 **whose**를 쓴다.

(2) b)의 두 문장에서는 **a cat**과 **its**가 같은 것을 지칭한다. 소유격 관계대명사 **whose**는 **who**와 달리 사물이나 동물을 선행사로 가질 수 있다. 따라서 **its**를 **whose**로 바꾸어 관계대명사절로 바꾼다.

> **POINT 171**
> 선행사가 사람, 동물, 사물 어느 것이라도 **소유격 관계대명사는 whose**를 사용한다.

(3) 관계대명사절의 목적어에 소유격이 있는 경우에도 다음과 같이 관계대명사 **whose**를 사용한다.

▪ I met the writer. I like to read ⟨his⟩ novels.

▪ I met the writer ⟨whose⟩ novels I like to read. (나는 내가 읽기 좋아하는 소설의 작가를 만났다.)

관계대명사는 관계대명사절 앞에 와야 하므로 **whose**가 앞으로 이동해야 하고, 소유격은 수식하는 명사와 떨어질 수 없으므로 **whose**가 이동할 때 **novels**도 함께 이동해야 한다.

- I met the writer whose I like to read novels. (×)

② 선행사를 포함하는 관계대명사 what

a) I want to see the thing. It is in your hand.

b) I want to see the thing which is in your hand.

c) I want to see what is in your hand.

> **POINT 172**
> **what**은 선행사를 포함하여 **the thing(s) which**의 의미로 사용한다.

관계대명사절을 이용하여 **a)**를 **b)**와 같이 바꿀 수 있다. 그러나 「선행사+관계대명사」가 **the thing(s) which**이면 **what**을 사용하여 **c)**와 같이 쓴다. 관계대명사 **who, whose, whom, which, that**으로 시작하는 관계대명사절은 명사를 수식하는 형용사절이지만, **what**으로 시작하는 관계대명사절은 명사절이며 「~하는 것」이라고 해석한다. 이것은 **what**이 선행사인 **the thing(s)**을 포함하기 때문이다. 관계대명사 **what**은 주격이나 목적격으로 모두 쓰인다.

- **What is important is not winning but taking part.** (중요한 것은 이기는 것이 아니라 참가하는 것이다.) — 주격 관계대명사

- **I can't believe what you've said.** (나는 네가 말한 것을 믿을 수 없다.) — 목적격 관계대명사

> **POINT 173**
> 관계대명사 **what**은 주격과 목적격으로 쓰인다.

③ 관계대명사 what과 의문사 what의 구별

> **POINT 174**
> 관계대명사 what: ~하는 것
> 의문사 what: 무엇

what이 관계대명사인지 의문사인지 구별하는 방법은 「~하는 것」으로 해석하는 것이 자연스러우면 관계대명사이고, 「무엇이 ~인지, 무엇을 ~하는지」로 해석하는 것이 자연스러우면 의문사이다. ③ⓐ는 '나는 내가 무엇을 가지고 있는지 그들에게 주었다.' 보다 '나는 내가 가진 것을 그들에게 주었다.' 라고 해석하는 것이 더 자연스러우므로 ③ⓐ의 **what**은 관계대명사이다. 반면에 ③ⓑ는 '그는 내가 가지고 있는 것을 궁금해 했다.' 보다 '그는 내가 무엇을 가지고 있는지 궁금해 했다.' 가 더 자연스러우므로 **what**은 의문사이다.

- **I know what you are going to say.**

위 문장은 '나는 네가 무슨 말을 할지 안다.' 로 해석해도 자연스럽고 '나는 네가 말하려는 것을 안다.' 도 자연스럽다. 즉 위 문장의 **what**은 상황에 따라 의문사도 되고 관계대명사도 된다.

☞ 접속사 **that**으로 시작하는 명사절도 「~하는 것」으로 해석되어 관계대명사 **what**절과 비슷해 보여 혼동하는 경우가 있으나, 둘은 완전히 다르다.

a) **I know what he likes.** (나는 그가 좋아하는 것을 안다.) — 관계대명사

b) **I know that he likes soccer.** (나는 그가 축구를 좋아한다는 것을 안다.) — 접속사

관계대명사 **what** 다음에는 주어나 목적어가 빠진 절이 와야 하고, 접속사 **that** 다음에는 주어, 목적어가 모두 있는 완전한 절이 와야 한다.

[1~5] 보기의 문장을 whose 관계대명사절로 바꾸어 문장을 완성하시오.

[보기] ⓐ Her husband is the president of a country.
ⓑ His sister likes the singer.
ⓒ You are learning their language.
ⓓ Its leg was broken.
ⓔ Its peak is the highest in the world.

1 First Lady is a woman _____.
2 Heungbu saved a bird _____.
3 I know a man _____.
4 I want to climb a mountain _____.
5 Try to talk to the people _____.

[6~8] 빈칸에 알맞은 말을 넣어 우리말을 영어로 옮기시오.

6 나는 네가 지난 여름에 한 일을 알고 있다.
I know _____ you _____ last summer.

7 오늘 해야 할 일을 내일까지 미루지 마라.
Don't put off till tomorrow _____ you _____ do today.

8 네 가방에 있는 것을 나에게 보여 줄 수 있니?
Can you show me _____ _____ in your bag?

핵심 노트

🍀 **소유격 관계대명사 whose**
- 선행사의 소유 대상을 설명할 때 사용한다.   ▪ whose 다음에는 「(형용사+)명사」가 온다.
- 사람, 동물, 사물을 모두 선행사로 가질 수 있다.
- whose가 관계대명사절 앞으로 이동할 때 whose 다음의 명사도 함께 이동하여야 한다.

🍀 **선행사를 포함하는 관계대명사 what**   what으로 시작하는 관계대명사절은 명사절로서 「~하는 것」(the thing(s)
which)으로 해석하고, 주격과 목적격으로 모두 쓸 수 있다.

🍀 **관계대명사 what과 의문사 what의 구별**
- 「~하는 것」의 뜻이면 관계대명사 what이고, 「무엇이 ~인지, 무엇을 ~하는지」의 뜻이면 의문사 what이다.

🍀 **접속사 that과 관계대명사 what의 구별**
- 접속사 that 다음에는 주어, 목적어가 모두 있는 완전한 절이 온다.
- 관계대명사 what 다음에는 주어나 목적어가 빠진 절이 온다.

UNIT 50 관계부사

Track 23

[1] I know the time **when** he had the accident.

[2] I know the place **where** he had the accident.

[3] I know the reason **why** he had the accident.

[4] I know **how** we can avoid an accident.
= I know **the way** we can avoid an accident.

해석 [1] 나는 그가 사고를 당한 시간을 안다.
[2] 나는 그가 사고를 당한 장소를 안다.
[3] 나는 그가 사고를 당한 이유를 안다.
[4] 나는 우리가 사고를 피할 수 있는 방법을 안다.

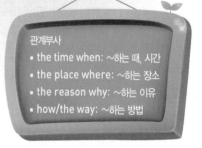

관계부사
- the time when: ~하는 때, 시간
- the place where: ~하는 장소
- the reason why: ~하는 이유
- how/the way: ~하는 방법

⭐ 관계부사란?

(1) **관계부사**는 관계있는 두 문장을 연결하여 **접속사 역할과 부사 역할을 동시에** 한다.

- I know the time. He had the accident then(= at the time).

  I know the time when he had the accident.

POINT 175
관계부사:
「접속사+부사」의 역할

(2) 관계부사절은 관계부사로 시작하며 관계대명사절처럼 선행사를 수식한다.

(3) 관계부사는 「전치사+which」로 바꾸어 쓸 수 있다.

- I know the time at which he had the accident.

POINT 176
관계부사 = 「전치사+관계대명사」로 바꿀 수 있다.

⭐ 관계부사의 용법

[1] **when**: 선행사가 time, day, week, year 등 시간을 나타낼 때 쓴다.

- I still remember the day. We met then(= on the day) for the first time.
  → I still remember the day when we met for the first time. (나는 아직도 우리가 처음으로 만난 날을 기억하고 있다.)

  (= I still remember the day on which we met for the first time.)

② **where** : 선행사가 place, house, room 등 장소를 나타낼 때 쓴다.
- That is the hospital. I was born there(= at the hospital).
  → That is the hospital where I was born. (저곳이 내가 태어난 병원이다.)
    (= That is the hospital at which I was born.)

③ **why** : 선행사가 reason과 같이 이유를 나타낼 때 쓴다.
- I know the reason. She got angry for the reason.
  → I know the reason why she got angry. (나는 그녀가 화낸 이유를 알고 있다.)
    (= I know the reason for which she got angry.)

④ **how** : 선행사가 way와 같이 방법을 나타낼 때 쓴다. the way how로는 쓰지 못하고, how나 the way 중 하나는 생략해야 한다.
- Tell me the way. You fixed it in the way.
  → Tell me how you fixed it. (네가 그것을 고친 방법을 나에게 말해 줘.)
    (= Tell me the way you fixed it.)
    (= Tell me the way in which you fixed it.)

> **POINT 177**
> 관계부사
> - (the time) **when**
> - (the place) **where**
> - (the reason) **why**
> - **how / the way**

☞ **관계대명사와 관계부사의 제한적 용법과 계속적 용법**

(1) **제한적 용법**: 제한적 용법의 관계사절은 선행사가 무엇을 지칭하는지 밝혀 주는 기능을 한다.
- The car which I bought yesterday is cheap. (내가 어제 산 차는 싸다.)
- The room where I study is quiet. (내가 공부하는 방은 조용하다.)

(2) **계속적 용법**: 선행사가 무엇을 지칭하는지 알려진 상황에서는 계속적 용법의 관계사절을 쓴다. 계속적 용법의 관계사절은 선행사에 대해 **추가적인 설명**을 해 주며 **관계대명사/관계부사 앞에 쉼표**가 온다. 또한 계속적 용법의 관계사는 생략할 수 없다.
- I met Mr. Brown, who is cheerful. (나는 Brown 씨를 만났는데, 그는 쾌활한 사람이다.)
- I visited Rome, where I met Mary. (나는 Rome을 방문했는데, 그곳에서 Mary를 만났다.)

(3) 관계대명사 that과 what, 관계부사 why와 how는 계속적 용법으로 쓰지 못한다.

☞ **관계사+-ever** : 복합 관계사(관계사+-ever)는 선행사를 포함하며 any(어떤 ~이든지)의 의미를 가진다. 「관계대명사+-ever」는 **명사절**이나 **부사절**로 쓰이고, 「관계부사+-ever」는 **부사절**로만 쓰인다.

> **POINT 178**
> 복합 관계사(관계사+-ever):
> 어떤 ~이든지

- I met whoever came. (나는 온 사람은 누구든지 만났다.) ― **명사절**
- Take whatever you want. (네가 원하는 것은 무엇이든지 가져가라.) ― **명사절**
- Who(m)ever you may meet, be kind. (누구를 만나든 친절해라.) ― **부사절**
- Wherever you are, keep in touch. (네가 어디에 있든 연락해라.) ― **부사절**
- However tired I am, I'll go there. (아무리 피곤하더라도 거기에 가겠다.) ― **부사절**

[1~5] 다음 문장에서 관계부사를 찾아 '전치사+관계대명사' 의 형태로 바꿔 쓰시오.

1 Do you know the year when the Korean War broke out?

2 This is the place where I lost my cellphone.

3 I don't remember the day when I sent the e-mail.

4 This is the house where I lived when I was young.

5 That's the reason why he fell in love with her.

[6~9] 보기에서 알맞은 단어를 골라 문장을 완성하시오.

[보기] however, whatever, whenever, wherever, whoever

6 You are responsible for _____ you do.

7 _____ reads this book will learn a lot about English.

8 We can go _____ you like.

9 I am happy _____ I buy new books.

Track 24

⭐ 관계부사절   관계부사는 **접속사 역할과 부사 역할을 동시**에 하며, 관계대명사절과 마찬가지로 선행사를 수식한다.
  ▪ 관계부사는 「전치사+**which**」로 바꾸어 쓸 수 있다. (I know the time when/at which he had the accident.)
⭐ 관계부사의 용법   ▪ the time when   ▪ the place where   ▪ the reason why   ▪ how/the way
⭐ 관계사의 제한적 용법과 계속적 용법
  ▪ 제한적 용법의 관계사절은 선행사가 무엇을 지칭하는지 밝혀 주는 기능을 한다. 계속적 용법의 관계사절은 선행사가 무엇을 지칭하는지 알려진 상황에서 추가적인 설명을 해 주며 관계사 앞에 쉼표가 온다. 계속적 용법의 관계사는 생략할 수 없다.
  The car (which) **I bought yesterday is cheap.** (내가 어제 산 차는 싸다.) – 제한적 용법
  I met Mr. Brown, whom I respect. (나는 Brown 씨를 만났는데, 나는 그를 존경한다.) – 계속적 용법
  ▪ 관계대명사 **that**과 **what**, 관계부사 **why**와 **how**는 계속적 용법으로 쓰지 못한다.
⭐ 복합 관계대명사와 복합 관계부사
  ▪ 관계사에 -ever가 붙은 복합 관계대명사와 복합 관계부사는 any(어떤 ~이든지)의 의미를 가진다.
  ▪ 「관계대명사+-ever」는 명사절이나 부사절에 쓰이고, 「관계부사+-ever」는 부사절에 쓰인다.

Chapter 11 Review Exercise

1 빈칸에 알맞은 관계사를 넣어 문장을 완성하시오.

(1) India is a country _____ history is very old.

(2) What's the name of the man _____ you called this morning?

(3) This book, _____ I borrowed from the library, is very interesting.

(4) Do you know _____ she solved this math problem?

(5) _____ they really needed was time and energy.

(6) I have never seen a boy _____ runs faster than Tommy.

(7) They didn't know _____ he could make it disappear.

(8) I still remember the day _____ I first saw her.

(9) They went to the park _____ they could run and play.

(10) My friend _____ lives in Australia sent me an e-mail.

2 우리말의 뜻에 맞게 빈칸에 알맞은 말을 쓰시오.

(1) 강을 헤엄쳐 건넌 그 남자는 내 삼촌이다.

The man _____ swam across the river is my uncle.

(2) 그는 내가 사는 집을 지었다.

He built the house _____ I live.

(3) 나는 Harry가 사랑에 빠진 소녀를 만나고 싶다.

I'd like to meet the girl _____ Harry fell in love with.

(4) 많은 친구가 있는 그 소녀는 매우 친절하다.

The girl _____ has many friends is very kind.

(5) 이것은 긍정적인 생각의 가치를 보여 주는 책이다.

This is a book _____ shows the value of positive thinking.

(6) 자신의 모국어가 영어가 아닌 모든 학생은 그 시험을 봐야 한다.

All students _____ first language is not English must take the test.

3 다음 두 문장을 관계대명사절을 사용하여 한 문장으로 바꾸어 쓰시오.

(1) I know a girl. She cooks well.

_____

(2) That's the girl. Her name is Mary.

_____

(3) Look at the cat. Its tail is black.

_____

(4) This is the book. I have been looking for it.

_____

(5) The camera is easy to use. I bought it last year.

_____

(6) I'm looking for the things. I can sell them in the garage sale.

_____

(7) This is the house. He lives in the house.

_____

4 다음 두 문장을 관계부사절을 사용하여 한 문장으로 바꾸어 쓰시오.

(1) He didn't remember the time. He arrived home at that time.

_____

(2) I don't know the reason. He is angry for the reason.

_____

(3) I miss the day. I sang and danced all night on the day.

_____

(4) The hospital is very large. She was born at the hospital.

_____

(5) This is the place. I met her for the first time here.

_____

5 다음 문장에서 <u>틀린</u> 곳을 찾아 바르게 고쳐 쓰시오.

(1) I lost the book which I borrowed it from Mary.

_____

(2) This is the most beautiful building what I have ever seen.

_____

(3) I'm looking for a doll whose face move like a real baby.

_____

(4) This is the place in where they first met.

_____

(5) I want to know the way how he made this machine.

_____

6 두 부분을 알맞게 연결하여 문장을 완성하시오.

(1) You should talk to Mr. Lee,   ⓐ sold to them was in good condition.

(2) The man who is   ⓑ I bought this beautiful dress.

(3) The house which was   ⓒ dog destroyed this flower garden.

(4) That's the shop where   ⓓ who is responsible for the matter.

(5) That's the man whose   ⓔ standing on the corner works at the shop.

7 우리말에 맞도록 주어진 단어를 바르게 나열하여 문장을 완성하시오.

(1) 내가 공부하는 그 방은 조용하다. (study, where, is, quiet, I)
The room _____.

(2) 그들은 50문항인 시험을 보았다. (which, has, the test, fifty, questions)
They took _____.

(3) 나는 시험을 보는 날은 긴장된다. (nervous, a test, take, when, I, on a day)
I get _____.

(4) 그 이론을 믿지 않는 사람은 그와 동의하지 않는다. (believe, who, the theory, don't)
People _____ don't agree with him.

(5) 방사능을 발견한 Marie Curie는 노벨상을 받았다. (radioactivity, received, who, discovered)
Marie Curie _____ the Nobel Prize.

Chapter 12

가정법

'가정(假定)'이란 말은 '사실이 아닌 것을 사실인 것처럼 임시로 인정하는 것'입니다. 따라서 「가정법」이란 「현실에서는 사실이 아닌 일을 사실인 것처럼 임시로 인정하여 표현하는 방법」입니다. 가정법에서는 동사를 특별한 형태로 쓰는데, 현재 사실이 아닌 일을 인정하여 말할 때는 if로 시작하는 조건절에 과거형(가정법 과거)을 쓰고, 과거에 일어나지 않은 일을 일어난 것처럼 인정하여 말할 때는 조건절에 과거완료형(가정법 과거완료)을 씁니다.

Unit 51 _ 가정법 과거/가정법 과거완료/가정법 미래 _ 200

Unit 52 _ I wish 가정법 / as if 가정법 _ 203

Unit 53 _ 주의해야 할 가정법 구문 _ 206

*Review Exercise _ 209

UNIT 51 가정법 과거/가정법 과거완료/ 가정법 미래

Track 25

① If I were you, I would tell the truth.

② If I had missed the last train, I could not have come home.

③ ⓐ If it should rain tomorrow, the game would be canceled.
 ⓑ If the sun were to rise in the west, I would not change my mind.

해석 ① 만약 내가 너라면, 나는 진실을 말할 것이다.
 ② 만약 내가 막차를 못 탔다면, 나는 집에 오지 못했을 것이다.
 ③ ⓐ (그럴 리가 없지만) 만일 내일 비가 온다면, 그 경기는 취소될 것이다.
 ⓑ 만약 해가 서쪽에서 뜬다고 해도 나는 마음을 바꾸지 않을 것이다.

가정법은 사실이 아닌 것을 사실인 것처럼 임시로 인정하여 표현하는 방법이다.

⭐ 가정법의 용법

가정법이란 사실이 아닌 것을 사실인 것처럼 임시로 인정하여 표현하는 방법이다. 가정법 문장은 보통 if로 시작하여 「만약 …이라면」이라고 가정을 표현하는 조건절과 「~일 것이다」라고 말하는 주절로 구성된다. 그러나 if로 시작하는 조건절이 있다고 해서 모두 가정법 문장은 아니다. 다음 문장은 현실에서 얼마든지 일어날 수 있는 원인과 결과를 말한 것이다. 따라서 이 문장은 사실을 있는 그대로 표현한 **직설법(直說法)** 문장이며, 동사도 특별한 형태를 쓰지 않고 인칭과 시제에 맞는 형태로 쓴 것이다.

- **If Mary studies hard, she will get good grades.** (만약 Mary가 열심히 공부하면 그녀는 좋은 성적을 받을 것이다.)

① 가정법 과거

(1) 가정법 과거는 **현재 사실을 반대로 가정**하여 말할 때 쓴다.

조건절 (…한다면)	주절 (~할 텐데, ~할 수 있을 텐데)
If 주어+**동사의 과거형** …	주어+**조동사의 과거형**(would/could/might/should)+**동사원형** …

- **If I knew her address, I could tell you.** (만약 내가 그녀의 주소를 안다면 너에게 말해 줄 수 있을 텐데.)
 (= As I don't know her address, I cannot tell you.)

실제로는 「그 여자의 주소를 알지 못하기 때문에 말해 줄 수 없다」는 뜻이다.

(2) 가정법 과거의 조건절에서 be동사는 인칭에 관계없이 **were**를 쓴다.

- **If he were rich, he could buy the car.** (만약 그가 부자라면, 그 차를 살 수 있을 텐데.)

(= As he is not rich, he can't buy the car.)

> **POINT 179**
> 가정법 과거: 현재 사실에 반대되는 가정을 할 때 사용한다.

② 가정법 과거완료

조건절 (~하였다면)	주절 (~했을 텐데, ~할 수 있었을 텐데)
If 주어+**had**+과거분사 …	주어+조동사의 과거형+**have**+과거분사 …

(1) 가정법 과거완료는 과거의 일을 반대로 가정하여 말할 때 쓴다.

- **If I had studied hard, I would have passed the exam.** (만약 내가 열심히 공부했다면, 나는 그 시험에 합격했을 텐데.)

(= As I didn't study hard, I couldn't pass the exam.)

실제로는 「열심히 공부하지 않았기 때문에 시험에 떨어졌다」는 뜻이다.

> **POINT 180**
> 가정법 과거완료: 과거 사실에 반대되는 가정을 할 때 사용한다.

(2) 과거의 사실로 인해 현재 일어나고 있는 일을 반대로 가정하여 말할 때는 **if**절은 가정법 과거완료형인 「**had**+과거분사」를, 주절은 가정법 과거형인 「조동사의 과거형+동사원형」을 쓴다. (혼합 가정법)

- **If you had not taken my advice, you might not be alive now.** (만약 네가 나의 충고를 받아들이지 않았다면, 너는 지금 살아 있지 않을지도 모르는데.)

(= As you took my advice, you are alive now.)

> **POINT 181**
> **If**절+가정법 과거완료형(had+과거분사), 주절+가정법 과거형(조동사의 과거형+동사원형):
> 과거의 일로 인해 현재에 영향을 받고 있는 일을 반대로 가정할 때 (혼합 가정법)

③ 가정법 미래

(1) 가정법 미래는 **일어나지 않으리라고 생각하는 일을 일어날 것으로 가정**하여 말할 때 쓰며 2가지 형식이 있다.

조건절 (~한다면)	주절 (~할 텐데)
If 주어+**should**+동사원형 …	주어+조동사의 과거형/현재형+동사원형 …
If 주어+**were to**+동사원형 …	주어+조동사의 과거형/현재형+동사원형 …

> **POINT 182**
> 가정법 미래: 미래에 일어날 가능성이 없는 일을 가정하여 말할 때 사용한다.

(2) 조건절에서 **should**를 쓰는 형식보다 **were to**를 쓰는 형식이 의미가 더 강하다. 즉 **were to**를 쓰는 경우는 **미래에 일어나는 것이 거의 불가능**하다고 생각하는 경우에 쓴다.

a) **If you should fall ill, I will take care of you.** (만약 네가 병에 걸리면 내가 돌봐 줄게.)

b) **If I were to be young again, I would work harder.** (만약 내가 다시 젊어진다면, 나는 더 열심히 일할 것이다.)

a)는 「네가 병에 걸리는 일은 없겠지만 만약 병에 걸린다면」의 의미를 나타내고, b)는 「불가능한 일이지만 내가 다시 젊어진다면」의 의미이다.

(3) 가정법 미래의 주절 조동사는 현재형과 과거형이 가능하지만 과거형을 쓰면 가능성이 더 희박함을 나타낸다.

[1~5] 괄호 안에 주어진 것 중에서 알맞은 것을 고르시오.

1 If I (studied, had studied) hard, I would have passed the exam.

2 If I (met, had met) her, I would have given her this letter.

3 If I (had, had had) enough money, I would buy the computer.

4 What would you do if you (were to win, had won) the lottery?

5 If you (shall come, should come) to the party tonight, I would introduce Tim.

[6~10] 우리말과 의미가 같도록 빈칸에 알맞은 말을 쓰시오.

6 만약 그가 파티에 오지 않았다면, 그들은 화가 났을 거야.
If he _____ come to the party, they _____ _____ been angry.

7 만약 카메라가 있었다면, 네 모습을 찍었을 거야.
If I had _____ a camera, I would _____ _____ a picture of you.

8 만약 내가 답을 안다면, 너에게 말해줄 텐데.
If I _____ the answer, I _____ _____ you.

9 만약 내가 그것을 더 일찍 알았다면, 나는 그 실수를 하지 않았을 거야.
If I _____ _____ it earlier, I _____ have made the mistake.

10 만약 내가 다시 초등학생이 된다면, 나는 더 열심히 공부할 거야.
If I were _____ _____ an elementary school
student again, I _____ study harder.

 핵심 노트

CD 2
Track 26

⭐ **가정법 과거** **If**+주어+동사의 과거형 ···, 주어+조동사의 과거형+동사원형 ···
ⓐ 가정법 과거는 현재 사실을 반대로 가정하여 말할 때 쓴다.
ⓑ 가정법 과거의 조건절에서 be동사는 인칭에 관계없이 **were**를 쓴다.

⭐ **가정법 과거완료** **If**+주어+**had**+과거분사 ···, 주어+조동사의 과거형+**have**+과거분사 ···
ⓐ 가정법 과거완료는 과거의 일을 반대로 가정하여 말할 때 쓴다.
ⓑ 과거의 사실로 인해 현재 일어나는 일을 반대로 가정하여 말할 때 if절은 가정법 과거완료형(**had**+과거분사)을, 주절은
가정법 과거형(조동사의 과거형+동사원형)을 쓴다.

⭐ **가정법 미래** 가정법 미래는 일어나지 않으리라고 생각하는 일을 **일어날 것**으로 상상하여 말할 때 쓴다.
ⓐ ···한 일이 일어나지는 않겠지만 혹시 일어난다면
If+주어+**should**+동사원형 ···, 주어+조동사의 과거형/현재형+동사원형 ···
ⓑ ···한 일이 일어나는 것은 불가능하지만 만약 일어난다면
If+주어+**were to**+동사원형 ···, 주어+조동사의 과거형/현재형+동사원형 ···

UNIT 52 I wish 가정법/as if 가정법

Track 27

1 ⓐ I wish I were a bird.
   ⓑ I wish I had worked harder.

2 ⓐ He talks as if he were an astronaut.
   ⓑ You talk as if you had seen a ghost.

해석 1 ⓐ 내가 새라면 좋을 텐데.
     ⓑ 내가 더 열심히 일했더라면 좋았을 텐데.
   2 ⓐ 그는 마치 자기가 우주 비행사인 듯이 이야기한다.
     ⓑ 너는 마치 유령을 보았던 것처럼 이야기한다.

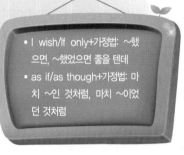

• I wish/If only+가정법: ~했으면, ~했었으면 좋을 텐데
• as if/as though+가정법: 마치 ~인 것처럼, 마치 ~이었던 것처럼

1 이루어질 수 없는 소망을 표현하는 I wish와 If only

「현실적으로 이루어 질 수 없는 소망」을 표현하는 경우에는 「I wish+가정법」 또는 「If only+가정법」을 쓴다.

(1) 현재에 대한 소망: I wish+주어+과거형/could 동사원형 …

ⓐ 「현재 ~했으면」이라고 말하려면 I wish 뒤에 과거형을 쓴다.

　a) I wish I had a yacht. (요트가 있으면 좋을 텐데.)

　　= If only I had a yacht.

　　(= I'm sorry that I don't have a yacht.)

> **POINT 183**
> I wish 가정법 과거: 「지금 ~했으면 좋으련만 (그렇게 할 수 없어서 유감이다)」
> = If only 가정법 과거

　b) I wish I could speak French. (불어를 말할 수 있으면 좋으련만.)

　　= If only I could speak French.

　a)는 '현재 요트를 가지고 있지 않고 돈이 없어서 살 수도 없는 상황'에서 「요트가 있다면 좋으련만」이라고 이룰 수 없는 소망을 말하는 표현이다.

ⓑ I wish와 If only 다음에도 be동사는 인칭에 관계없이 **were**를 쓴다.

　▪ I wish the story were true. (그 이야기가 사실이면 좋으련만.)

　　= If only the story were true. (= I'm sorry that the story is not true.)

　☞ 실현 가능성이 있는 소망은 I hope을 쓴다.

　▪ I hope you feel better tomorrow. (나는 네가 내일 나아지길 바란다.)

(2) 과거에 대한 소망: I wish+주어+had+과거분사 …

　과거의 일에 대해 「과거에 ~했었으면」이라고 말하고 싶은 경우에는 I wish 뒤에 과거완료형이나 「**could have**+과거분사」를 쓴다.

• I wish you hadn't said that. (네가 그 말을 하지 않았더라면 좋았을 텐데.)
 = If only you hadn't said that.
 (= I'm sorry that you said that.)
• I wish you could have come. (네가 올 수 있었으면 좋았으련만.)
 = If only you could have come.
 (= I'm sorry that you couldn't come.)

POINT 184
I wish 가정법 과거완료:
「과거에 ~했었으면 좋으련만
(그렇게 하지 않았기 때문에
유감이다)」
= If only 가정법 과거완료

② as if+가정법 : 「마치 ~인 것처럼」

실제로는 그렇지 않은 상황에서 「마치 ~인 것처럼」이라고 말할 때 as if나 as
though 다음에 가정법을 쓴다.

POINT 185
as if 주어+과거형: 「마치 ~
인 것처럼」,
as if 주어+had+과거분사:
「마치 ~이었던 것처럼」

(1) as if+주어+과거형: 마치 ~인 것처럼

• He treats me as if I were a child. (그는 나를 마치 어린애인 것처럼 취급
한다.) — '내가 실제로는 어린애가 아닌데 어린애 취급을 받는 상황'일 때 사용

☞ as if 다음의 내용이 사실일 수도 있을 때는 가정법을 쓰지 않는다.
a) He looks as if he is rich. (그는 부자인 것처럼 보인다.)
b) He behaves as if he owns the house. (그는 마치 그가 그 집을 소유한 것처럼 행동한다.)
a)에서 '실제로 그가 부자일 가능성'이 있고, b)에서 '그가 그 집의 주인일 가능성'이 있으면 이와 같이 직설법
을 쓴다. 그러나 '그가 부자가 아니고', '그가 집 주인이 아닌 것'이 확실한 경우에는 a)에는 were rich를,
b)에는 owned를 써서 가정법으로 표현한다.

(2) as if+주어+had+과거분사: 마치 ~이었던 것처럼

• He talks as if he had read the book. (그는 마치 그 책을 읽은 듯이 말한다.)
이 문장은 '그가 실제로는 그 책을 읽지 않았다'는 것을 전제로 한다.

☞ 다음 문장의 의미 차이에 주의해야 한다.

• I wished I were rich. (나는 부자였으면 하고 바랐다.) — wish의 때와 같은 과거에 부자이기를 바람.
 I wished I had been rich. (나는 부자였으면 하고 바랐다.) — wish의 때인 과거 이전에 부자였기를
 바람.
• He talked as if he were rich. (그는 부자인 것처럼 말했다.) — 말하는 당시에 부자인 것처럼 말함.
 He talked as if he had been rich. (그는 부자였었던 것처럼 말했다.) — 말하는 과거 이전에 부자였던
 것처럼 말함.

wish 다음에 가정법 과거를 쓰는지, 가정법 과거완료를 쓰는지는 wish 앞의 주절 동사가 현재냐 과거이냐
는 상관없다. 소망의 내용이 wish와 같은 때면 가정법 과거, 소망의 내용이 wish보다 먼저의 일이면 가정법
과거완료를 쓴다. 마찬가지로 as if 앞의 동사가 나타내는 때와 as if 다음의 내용이 나타내는 때가 같으면 가
정법 과거, as if 앞의 동사가 나타내는 때보다 as if 다음의 내용이 먼저이면 가정법 과거완료를 쓴다.

[1~5] 다음 직설법 문장을 가정법 문장으로 바꿔 쓸 때, 빈칸에 알맞은 말을 쓰시오.

1 I'm sorry that he can't go with us.

= I _____ he _____ go with us.

2 I'm sorry that I don't know her address.

= If _____ I _____ her address.

3 I'm sorry that I have to work this weekend.

= I _____ I _____ have to work this weekend.

4 I'm sorry that I didn't read the book.

= If _____ I _____ read the book.

5 I regretted that I hadn't brought my umbrella with me.

= I _____ I _____ brought my umbrella with me.

[6~10] 우리말과 뜻이 같도록 빈칸에 알맞은 말을 쓰시오.

6 그녀는 자신이 발레리나이기를 바랐다.

She _____ she _____ a ballerina.

7 그는 잠을 푹 잘 수 있으면 하고 바란다.

He wishes he _____ _____ soundly.

8 내가 당신의 아들인 것처럼 대하지 마시오.

_____ treat me as if I _____ your own son.

9 그들은 그 소년에 대해 그가 마치 노인인 것처럼 말한다.

They _____ about the boy as if he _____ an old man.

10 그녀는 마치 귀신이라도 보았던 것처럼 주위를 돌아보았다.

She _____ around as if she _____ seen a ghost.

Track 28

⭐ **I wish+가정법/If only+가정법**　현실적으로 이루어질 수 없는 소망을 표현

ⓐ 현재에 대한 소망 (현재 ~했으면): **I wish/If only**+주어+과거형/**could** 동사원형 ⋯

　I wish와 If only 다음에 가정법 과거가 오면 be동사는 인칭에 관계없이 **were**를 쓴다.

ⓑ 과거에 대한 소망 (과거에 ~했었으면): **I wish**+주어+**had**+과거분사/**I wish**+주어+**could have**+과거분사 ⋯

⭐ **as if+가정법/as though+가정법**　실제로는 그렇지 않으나 「마치 ~인 것처럼」

ⓐ as if+주어+과거형: 마치 ~인 것처럼

ⓑ as if+주어+**had**+과거분사: 마치 ~이었던 것처럼

Track 29

1 ⓐ Without air, no living thing could exist.
  ⓑ But for your help, I could not have succeeded.

2 ⓐ If it were not for music, our life would be as dry as a desert.
  ⓑ If it had not been for the accident, we could have finished the work earlier.

3 ⓐ It's time you went to bed.
  ⓑ I would rather you did not come tomorrow.

4 ⓐ Were I rich, I would go abroad.
  ⓑ Had you taken a taxi, you would not have been late.

해석 1 ⓐ 공기가 없다면 어떤 생물도 존재할 수 없을 것이다.
       ⓑ 너의 도움이 없었다면 나는 성공할 수 없었을 것이다.
    2 ⓐ 만약 음악이 없다면 우리 인생은 사막처럼 메마를 것이다.
       ⓑ 그 사고가 없었더라면 우리는 그 일을 더 일찍 마칠 수 있었을 것이다.
    3 ⓐ 너는 이제 잘 시간이다.
       ⓑ 나는 네가 내일 오지 않으면 싶다.
    4 ⓐ 만약 내가 부자라면 외국에 갈 것이다.
       ⓑ 만약 네가 택시를 탔다면, 너는 늦지 않았을 것이다.

- Without/But for ~+가정법 과거: ~이 없다면(= If it were not for ~)
- Without/But for ~+가정법 과거완료: ~이 없었다면(= If it had not been for ~)

1 without과 but for

without과 but for는 「만약 ~이 없으면」, 「만약 ~이 없었다면」이라는 의미를 나타내며 가정법의 if절을 대신하여 쓸 수 있다.

(1) Without/But for ~, 주어+가정법 과거: ~이 없다면
현재 있는 것을 「만약 없다면」이라고 가정하여 말하는 표현이다.

- Without your help, I couldn't do the work. (너의 도움이 없으면 나는 그 일을 할 수 없을 것이다.)
 = But for your help, I couldn't do the work.
 = If it were not for your help, I couldn't do the work.

> **POINT 186**
> - without/but for ~+가정법 과거: ~이 없다면
> - without/but for ~+가정법 과거완료: ~이 없었다면

(2) Without/But for ∼, 주어+가정법 과거완료: ∼이 없었다면

과거에 실제로 있었던 것을 「만약 없었다면」이라고 가정하여 말할 때 쓴다.

- **Without your advice, we couldn't have enjoyed our holidays.** (너의 충고가 없었다면, 우리는 휴가를 즐길 수 없었을 것이다.)

  = But for your advice, we couldn't have enjoyed our holidays.

  = If it had not been for your advice, we couldn't have enjoyed our holidays.

☞ without /but for의 반대 의미인 「∼이 있다면, ∼이 있었다면」은 with로 표현할 수 있다.

- **With your help, we could help far more children.** (여러분의 도움이 있다면 우리는 훨씬 더 많은 아이들을 도울 수 있을 것이다.)

  = If you helped us, we could help far more children.

- **With more time, we could have done better.** (시간이 더 있었더라면 우리는 더 잘할 수 있었을 텐데.)

  = If we had had more time, we could have done better.

② If it were not for ∼/If it had not been for ∼

- If it were not for ∼: ∼이 없다면 (= Without, But for)
- If it had not been for ∼: ∼이 없었다면 (= Without, But for)

> **POINT 187**
> - If it were not for ∼: ∼이 없다면(= Without/ But for ∼)
> - If it had not been for ∼: ∼이 없었다면 (= Without/But for ∼)

③ It's time+가정법/would rather+가정법

(1) It's time+주어+과거형: ∼할 시간이다

- **It's time he learned to look after himself.** (이제 그는 자신을 스스로 돌보는 것을 배울 때이다.)

  (= It's time for him to learn to look after himself.)

> **POINT 188**
> **It's time**+주어+과거형: ∼할 시간이다

(2) would rather+주어+과거형: ∼하는 것이 좋겠다

- **I would rather she sat next to me.** (나는 그녀가 내 옆자리에 앉았으면 좋겠다.)

④ if의 생략과 도치

be동사나 조동사 had, should가 있는 조건절에서 if가 생략되고, 주어와 동사가 도치될 수 있다.

- **If it were not for water, nothing could live.** (물이 없으면 아무것도 살 수 없을 것이다.)

  = Were it not for water, nothing could live.

- **If it had not been for his help, we would not have finished the work.** (그의 도움이 없었다면, 우리는 그 일을 끝마치지 못했을 것이다.)

  = Had it not been for his help, we would not have finished the work.

> **POINT 189**
> 가정법의 조건절에서 if는 생략 가능: 조동사+주어 ∼(주어와 조동사의 위치가 바뀐다.)

[1~5] 두 문장의 뜻이 같도록 가정법 문장을 완성하시오.

1 Without electricity, our civilized life would be impossible.

= If _____, our civilized life would be impossible.

2 With wings, I could fly to you.

= If _____, I could fly to you.

3 As I am not a bird, I cannot fly to you.

= If _____, I could fly to you.

4 With a computer, we could have done it much faster.

= If _____, we could have done it much faster.

5 Without your warning, I would have crashed the car.

= If _____, I would have crashed the car.

[6~10] 주어진 말을 알맞은 형태로 바꾸어 빈칸에 쓰시오.

6 It is time we _____ wasting our time. (stop)

7 If it _____ not for water, nothing could live. (be)

8 I would rather she _____ with us. (be)

9 With more money, I _____ buy a better cellphone. (can)

10 _____ I _____ what he was doing, I wouldn't have called him.
(have, know)

Track **30**

⭐ Without/But for ~, 주어+**가정법 과거**   ~이 없다면

Without/But for ~, 주어+**가정법 과거완료**   ~이 없었다면

▪without과 but for의 반대 의미인 「~이 있다면, ~이 있었다면」은 with를 써서 표현할 수 있다.

With **more** time, we could have done better. (시간이 더 있었다면 우리는 더 잘할 수 있었을 텐데.)

⭐ If it were not for ~   ~이 없다면 (= Without, But for)

If it had not been for ~   ~이 없었다면 (= Without, But for)

⭐ It's time+가정법/would rather+가정법

▪It's time+주어+과거형: ~할 시간이다   ▪would rather+주어+과거형: ~하는 것이 좋겠다

⭐ if의 생략과 도치   be동사나 조동사 had, should가 있는 조건절에서는 if가 생략되면 주어와 동사가 도치된다.

If you had helped me, I could have finished it. = Had you helped me, I could have finished it.

Chapter 12
Review Exercise

1 우리말과 의미가 같도록 빈칸에 알맞은 말을 쓰시오.

(1) 만약 내가 돈이 있다면, 너에게 얼마는 빌려줄 텐데.

If I _____ money, I _____ lend you some.

(2) 만약 내가 다시 태어난다면, 나는 선생님이 될 것이다.

If I were _____ _____ born again, I would _____ a teacher.

(3) 만약 네가 더 열심히 공부했다면, 너는 시험에 합격할 수 있었을 거야.

If you _____ studied harder, you could _____ _____ the test.

(4) 만약 내가 아프지 않다면, 학교에 갈 수 있을 텐데.

If I _____ not sick, I could _____ to school.

(5) 만약 그녀가 왔었더라면, 그 파티는 더욱 재미있었을 텐데.

If she _____ _____, the party would have _____ more enjoyable.

(6) 만약 내가 그것을 알았더라면, 내가 너에게 말해 주었을 텐데.

If I _____ known it, I would _____ _____ you.

(7) 만약 그가 뉴스를 듣는다면, 기뻐할 텐데.

If he _____ hear the news, he _____ _____ glad.

(8) 만약 해가 서쪽에서 뜬다면 나는 내 마음을 바꿀 것이다.

If the sun _____ to rise in the west, I would _____ my mind.

(9) 만약 그가 조금 더 빨리 달렸더라면, 그 경기에서 이겼을 텐데.

If he _____ run a little faster, he might _____ _____ the race.

2 다음 두 문장의 뜻이 같도록 빈칸에 알맞은 말을 쓰시오.

(1) I'm sorry that I am not a scientist.

= I wish I _____.

(2) I wish I had told her my feelings.

= I'm sorry I _____.

(3) I wished I had passed the test.

= I was sorry I _____.

(4) I regretted that I hadn't learned physics.

= I wished I _____.

3 우리말의 뜻에 맞도록 주어진 단어를 알맞게 나열하여 문장을 완성하시오.

(1) 그는 선생님인 것처럼 행동한다. (a teacher, he, were)
He behaves as if _____.

(2) 그녀는 그 책을 읽었던 것처럼 말한다. (had, read, she, the book)
She talks as if _____.

(3) 내일 비가 온다면, 그들은 소풍을 가지 않을 것이다. (wouldn't, on, go, they, a picnic)
Should it rain tomorrow, _____.

(4) 돈이 없으면, 우리는 아무것도 살 수 없다. (anything, buy, could, we, not)
Without money, _____.

(5) 말이 있었다면, 그들은 사냥을 더 잘할 수 있었을 것이다. (could, they, hunted, have, better)
With horses, _____.

4 보기에서 알맞은 것을 골라 if가 생략된 도치 구문으로 바꾸어 빈칸에 쓰시오.

> [보기] ⓐ If I had invented the machine
> ⓑ If I were an astronaut
> ⓒ If it were not for bees and butterflies
> ⓓ If my late grandfather were to be alive
> ⓔ If it had not been for his help

(1) _____, I would fly into space.
(2) _____, I could have made lots of money.
(3) _____, he would be 100 years old this year.
(4) _____, plants would not bear fruits at all.
(5) _____, we would not have survived.

5 다음 문장에서 <u>틀린</u> 곳을 찾아서 바르게 고쳐 쓰시오.

(1) I wish my dog is as big as yours.
(2) If I had wings, I can fly to you.
(3) I wish my grandmother is still alive.
(4) If you have breakfast this morning, you wouldn't be hungry now.
(5) I would rather we go shopping this weekend.

Chapter 13

전치사

전치사(前置詞)란 '앞에 놓이는 말'이란 뜻으로, 명사나 대명사 앞에 놓여 다른 명사나 대명사와의 관계를 나타내는 품사입니다. 전치사가 나타내는 관계로는 장소, 방향, 시간, 방법, 이유 등 다양합니다. 전치사 다음에 오는 명사나 대명사를 전치사의 목적어라고 합니다. 「전치사+목적어」는 the book on the desk(책상 위에 있는 책)에서와 같이 명사를 수식하기도 하고 swim in the river(강에서 수영하다)에서와 같이 동사를 수식하기도 합니다.

Unit 54 _ 장소/방향의 전치사 _ 212

Unit 55 _ 시간의 전치사 _ 215

Unit 56 _ 기타 중요 전치사 _ 218

*Review Exercise _ 221

UNIT 54 장소/방향의 전치사

Track 31

1. ⓐ I stayed at a hotel in New York.
   ⓑ The hotel was on a busy street.

2. ⓐ The lamp hung over the table.
   ⓑ The box is under the table.

3. ⓐ Tom went into the room.
   ⓑ Tom came out of the room after a while.

해석 1 ⓐ 나는 New York에 있는 한 호텔에 머물렀다.
     ⓑ 그 호텔은 혼잡한 거리에 있었다.
   2 ⓐ 전등이 테이블 위에 매달려 있었다.
     ⓑ 테이블 아래에 상자가 있다.
   3 ⓐ Tom은 방 안으로 들어갔다.
     ⓑ 잠시 후에 Tom은 방 밖으로 나왔다.

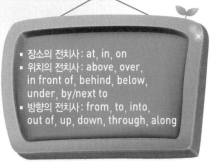

- 장소의 전치사: at, in, on
- 위치의 전치사: above, over, in front of, behind, below, under, by/next to
- 방향의 전치사: from, to, into, out of, up, down, through, along

1 기본적인 장소의 전치사 at, on, in

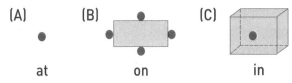

(A) at (B) on (C) in

(1) 전치사 **at** 다음에 오는 장소의 기본 개념은 점이다. 따라서 점으로 여겨지는 장소, 즉 **좁은 장소**가 온다. 1ⓐ의 a hotel 앞에 at이 쓰인 것은 New York 이라는 도시 전체에서 보면 hotel은 점과 같이 좁은 장소이기 때문이다.

(2) 전치사 **on** 다음에는 **선이나 면**으로 여겨질 수 있는 장소가 온다. 1ⓑ의 street은 선으로 개념화할 수 있는 장소이다. 반면에 다음 a), b), c)의 wall, desk, ceiling은 면으로 여겨지는 장소로서 **접촉면**을 나타낸다.

a) There is a picture on the wall. (벽에 그림이 걸려 있다.)
b) Put the book on the desk. (그 책을 책상 위에 놓아라.)
c) There are flies on the ceiling. (천장에 파리들이 붙어 있다.)

> **POINT 190**
> 장소를 나타내는 전치사
> - at+좁은 장소(점)
> - in+넓은 장소
> - on+접촉면

a)~c)에서 보듯이 접촉면이 향하는 방향이 위, 옆, 아래의 어느 것이든 **on**을 쓸 수 있다.

(3) 전치사 **in**은 「~ 안에」의 뜻이며, **in** 다음에는 면적이나 부피를 가지는 장소가 온다. 따라서 **in** 다음에는 흔히 **New York**처럼 **넓은 장소**가 온다.

☞ 넓은 장소 앞에서 항상 **in**이 쓰이고, 좁은 장소 앞에서 항상 **at**이 쓰이는 것은 아니다.

a) He lives in a small village. (그는 작은 마을에 산다.)

b) The plane was refueled at New York during its flight around the world. (그 비행기는 세계 일주 비행 중에 New York에서 급유를 받았다.)

a)에서 **a small village**가 좁은 장소임에도 **in**을 쓴 것은 사람이 사는 곳은 일정한 면적과 공간을 가지는 곳이기 때문이다. 반면에 b)에서 **New York**이란 대도시 앞에 **at**을 쓴 것은 세계 일주 비행이란 관점에서 보면 **New York**도 점과 같이 좁은 장소이기 때문이다.

> **POINT 191**
> **상대적 위치**를 나타내는 전치사:
> - **above**: ~ 위에
> - **over**: ~ 바로 위에
> - **in front of**: ~ 앞에
> - **behind**: ~ 뒤에
> - **below**: ~ 아래에
> - **under**: ~ 바로 밑에
> - **by/next to**: ~ 옆에

② 상대적 위치를 나타내는 전치사

③ 이동의 방향과 관련된 전치사

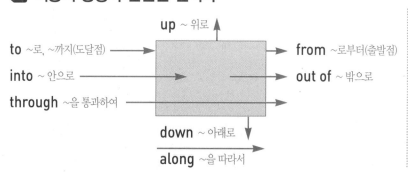

> **POINT 192**
> **방향**을 나타내는 전치사
> - **from**: ~로부터(출발점)
>   **to**: ~로, ~까지(도달점)
> - **into**: ~ 안으로
>   **out of**: ~ 밖으로
> - **up**: ~ 위로
>   **down**: ~ 아래로
> - **through**: ~을 통과하여
> - **along**: ~을 따라서

[1~5] 그림을 보고, 빈칸에 알맞은 전치사를 보기에서 골라 쓰시오.

[보기] at, in, on, over, under

1 There are clouds _____ the sky.

2 The airplane is flying _____ the mountains.

3 The airplane is flying _____ the clouds.

4 There is snow _____ the mountains.

5 There are trees _____ the feet of the mountains.

[6~10] 우리말과 뜻이 같도록 빈칸에 알맞은 전치사를 쓰시오.

6 그들은 그 숲으로 갈 준비를 했다.
They prepared for going _____ the forest.

7 다음날 그들은 숲 속으로 들어갔다.
The next day, they went _____ the forest.

8 숲 속에서 그들은 개울을 따라 걸었다.
In the forest, they walked _____ the streams.

9 3일 후에 그들은 숲 밖으로 나왔다.
After three days, they came _____ _____ the forest.

10 그들은 3일 만에 숲을 통과하여 걸었다.
They walked _____ the forest in three days.

핵심 노트

Track 32

⭐ **기본적인 장소의 전치사 at, on, in**
- 전치사 **at**은 점으로 여겨지는 장소, 즉 **좁은 장소** 앞에 쓴다.
- 전치사 **on** 다음에는 **선이나 면**으로 여겨질 수 있는 장소가 오며, **on**은 접촉을 나타내며 **접촉면**의 방향은 위, 옆, 아래 어디이든지 상관없다.
- 전치사 **in**은 「~ 안에」의 뜻이며, in 다음에는 **면적이나 부피를 가지는 장소**가 온다. 따라서 in 다음에는 보통 New York처럼 **넓은 장소**가 온다.

⭐ **상대적인 위치를 나타내는 전치사**　▪above: ~ 위에　▪over: ~ (바로) 위에　▪below: ~ 아래에
　▪under: ~ (바로) 밑에　▪in front of: ~ 앞에　▪behind: ~ 뒤에　▪by/next to: ~ 옆에

⭐ **이동의 방향과 관련된 전치사**　▪from: ~로부터 (출발점)　▪to: ~로, ~까지 (도달점)　▪into: ~ 안으로
　▪out of: ~ 밖으로　▪up: ~ 위로　▪down: ~ 아래로　▪through: ~을 통과하여　▪along: ~을 따라서

UNIT 55 시간의 전치사

1. She was born at 3 a.m. on January 1st in 2000.

2. ⓐ He traveled Jejudo during the vacation.
   ⓑ He stayed in Jejudo for a month.

3. ⓐ I have stayed here since last Sunday.
   ⓑ I can stay here until next Saturday.
   ⓒ I have to leave here by next Sunday.

해석 ① 그녀는 2000년 1월 1일 오전 3시에 태어났다.
② ⓐ 그는 방학 동안 제주도를 여행했다.
   ⓑ 그는 한 달 동안 제주도에 머물렀다.
③ ⓐ 나는 지난 일요일부터 여기에 머무르고 있다.
   ⓑ 나는 여기에 다음 토요일까지 머무를 수 있다.
   ⓒ 나는 다음 일요일까지 여기를 떠나야 한다.

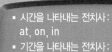

- 시간을 나타내는 전치사:
  at, on, in
- 기간을 나타내는 전치사:
  during, for
- 시작/종결을 나타내는 전치사:
  since, by, till/until

1 기본적인 시간의 전치사 at, on, in

(1) **at**: 시계가 가리키는 시각, 시점

전치사 **at**은 장소를 나타낼 때 점을 나타내듯이, 시간을 나타낼 때도 점으로 나타낼 수 있는 시간, 즉 시각이나 시점을 나타낸다.

- **at dawn**(새벽에), **at noon**(정오에), **at night**(밤에), **at midnight**(자정에)
- ☞ 휴가 기간에도 **at**을 쓴다.
- **at Christmas**(크리스마스 휴가 기간에), **at Easter**(부활절 휴가 기간에)

(2) **on**: 요일, 날짜, 휴일, 특정한 날

- **on Sunday**(일요일에), **on Christmas**(크리스마스 날에), **on my birthday**(내 생일에)
- ☞ 특정한 날의 아침, 오후, 저녁에도 **on**을 쓴다.
- **on Saturday morning**(토요일 아침에), **on Easter evening**(부활절 저녁에)

(3) **in**: 월, 계절, 연도, 세기 등의 긴 시간

- **They will get married in June.** (그들은 6월에 결혼할 것이다.)
- **The flowers come out in spring.** (꽃들은 봄에 핀다.)
- ☞ 짧은 시간이지만 「아침에, 오전에」, 「오후에」, 「저녁에」에는 **in**을 써서 **in the morning, in the afternoon, in the evening**과 같이 말한다.

> **POINT 193**
> 시간을 나타내는 전치사
> - **at**: 시각, 시점
> - **on**: 날짜, 요일, 특정한 날
> - **in**: 월, 계절, 연도

- Let's play basketball in the afternoon. (오후에 농구하자.)

② 「~ 동안」의 기간을 나타내는 for와 during

(1) for: 「시간의 길이」를 말할 때

전치사 **for**는 「시간의 길이」를 말할 때, 즉 **How long** ~?에 대한 대답에 해당하는 말에 쓴다. 따라서 **for** 다음에는 정확한 기간을 말하는 **two hours, three days, a month** 등이 온다.

(2) during: 일이 언제 일어났는지 말할 때

전치사 **during**은 어떤 일이 언제 일어났는지 말할 때, 즉 **When** ~?에 대한 대답에 해당하는 경우에 쓴다. 따라서 **during** 다음에는 시간의 길이를 나타내는 말이 오기도 하지만 기간과 관련된 명사, 즉 **vacation, winter, visit** 등과 같은 말이 온다.

- I stayed there for two weeks. (나는 거기에 2주 동안 머물렀다.)
  — How long did you stay there?의 대답에 해당
- I stayed there during the vacation. (나는 방학 동안 거기에 머물렀다.)
  — When did you stay there?의 대답에 해당
- Wages have fallen by 20% during the past two months. (임금이 지난 2달 동안 20% 떨어졌다.)

> **POINT 194**
> 기간을 나타내는 전치사
> - **for**: 정확한 기간(숫자 포함)
> - **during**: 막연한 기간

③ 시작점을 나타내는 since와 종결점을 나타내는 by, till

(1) since: ~ 이래로, ~부터

since는 언제부터 어떤 일이 시작되었는지 말할 때 쓰며 흔히 완료형과 쓰인다.
- She has worked at a bank since 2005. (그녀는 2005년부터 은행에서 일하고 있다.)

(2) by: ~까지 (행위의 **완료 시점**) / **till, until**: ~까지 (상태의 **지속 시점**)

전치사 **by**는 어떤 행위가 완료되는 시점을 나타낸다. 반면에 **till**과 **until**은 상태가 어느 시점까지 계속되는지를 나타낸다.
- I must finish the work by 5:30. (나는 그 일을 5시 반까지 끝내야 한다.)
- Can you wait here until 5:30? (여기서 5시 반까지 기다려 줄 수 있니?)

> **POINT 195**
> 시작/종결을 나타내는 전치사
> - **since**: ~ 이래로, ~부터
> - **by**: ~까지 (행위의 완료 시점)
> - **till/until**: ~까지 (상태의 지속 시점)

☞ 부정문에서 till/until의 사용에 주의해야 한다.
  a) He came back by Monday. (그는 월요일까지는 돌아왔다.)
  b) He didn't come back until Monday. (그는 월요일까지 돌아오지 않았다.)
  위 a)는 돌아오는 행위가 「종료되었음」을 뜻하므로 by를 썼다. 반면에 b)에서는 그가 돌아오지 않 없는 상태가 월요일까지 「계속되었음」을 나타내기 때문에 until을 썼다.

☞ 전치사 in도 완료를 나타낼 때 쓰일 수 있다. 이때 in은 「~ 걸려서, ~이 지나서」의 뜻이다.
  - He solved the problem in two hours. (그는 두 시간 걸려서 그 문제를 풀었다.)
  - They will be back in a few months. (그들은 몇 달 지나면 돌아올 것이다.)

[1~5] 빈칸에 알맞은 전치사를 쓰시오.

1 Albert Einstein was born _____ March 14, 1879.

2 He worked at the Swiss Patent Office _____ five years.

3 He received the Nobel Prize _____ 1921.

4 He lived in the U.S. _____ World War II.

5 He died _____ the age of 76.

[6~10] 우리말과 뜻이 같도록 빈칸에 알맞은 전치사를 쓰시오.

6 나는 2년 동안 그를 알고 지내 왔다.
He worked at the Swiss Patent Office five years.
I have known him _____ two years.

7 그는 아침에 일곱 시에 일어났다.
He got up _____ seven o'clock _____ the morning.

8 그녀는 6시까지는 돌아오겠다고 약속했다.
She promised to be back _____ six o'clock.

9 그들은 5년 전부터 여기에 살고 있다.
They have lived here _____ five years ago.

10 그녀는 토요일까지 나에게 전화하지 않았다.
She didn't call me _____ Saturday.

Track 34

🔹 기본적인 시간의 전치사 at, on, in
- **at**: 시계가 가리키는 시각, 시점, 휴가 기간　　・**on**: 날짜, 특정한 날의 아침 / 오후 / 저녁
- **in**: 월, 계절, 연도, 세기 등의 긴 시간; in the morning/afternoon/evening

🔹 기간을 나타내는 for, during
- **for**: How long ~?의 대답에 사용하며, for 다음에는 hour, week 등 **시간의 길이**를 나타내는 말이 온다.
- **during**: When ~?의 대답에 사용하는 경우, 즉 일이 언제 일어났는지 말할 때 쓴다. during 다음에는 흔히 **기간과** 관계있는 명사(vacation, winter 등)가 온다.

🔹 since, by, till
- **since**: ~ 이래로, ~부터 (시작점)　　　　・**by**: ~까지 (행위의 **완료 시점**)
- **till/until**: ~까지 (상태의 **지속 시점**)　　・완료를 나타내는 **in**: ~ 걸려서, ~이 지나서

UNIT 56 기타 중요 전치사

CD 02
Track 35

① I went out for dinner on my birthday.

② I had dinner with my family at a fancy restaurant.

③ I was given a present by my father.

④ I hugged him in delight.

⑤ He smiled at me.

중요 전치사의 기본 의미
- for: ~을 위하여
- with: ~와 함께
- by: ~에 의해서
- in: ~한 상태로
- at: ~을 목표로, ~을 향하여

해석 ① 나는 내 생일에 저녁을 먹기 위해 외출했다.
② 나는 멋진 식당에서 가족과 함께 저녁을 먹었다.
③ 아빠가 나에게 선물을 주셨다.
④ 나는 기뻐서 그를 포옹했다.
⑤ 그는 나에게 미소를 지었다.

① for

(1) He worked for his country. (그는 나라를 위해 일했다.) — 이익: ~을 위하여

(2) We need a knife for cutting sausage. (우리는 소시지를 자르는 데 쓸 칼이 필요하다.) — 목적·용도: ~을 위하여, ~에 사용할

(3) We could hardly see anything for a thick mist. (우리는 짙은 안개 때문에 거의 아무것도 볼 수 없었다.) — 이유·원인: ~ 때문에

(4) Are you for or against the plan? (너는 그 계획에 찬성하느냐 혹은 반대하느냐?) — 찬성·지지: ~에 찬성하는

(5) He bought the book for ten dollars. (그는 그 책을 10달러를 주고 샀다.) — 교환: ~와 교환하여

(6) She left for Seoul yesterday. (그는 어제 서울로 떠났다.) — 방향·목적지: ~을 향하여

> **POINT 196**
> 전치사 **for**의 의미:
> - 이익: ~을 위하여
> - 목적·용도: ~을 위하여, ~에 사용할
> - 이유·원인: ~ 때문에
> - 찬성·지지: ~에 찬성하는
> - 교환: ~와 교환하여
> - 방향·목적지: ~을 향하여

② with

(1) I walked with my friend. (나는 친구와 함께 걸었다.) — 수반·동반: ~와 함께

(2) Look at that girl with blue eyes. (저 푸른 눈의 소녀를 보아라.) — 소유: ~을 가진

(3) We cut the meat with the knife. (우리는 칼로 고기를 썰었다.) — 도구·수단: ~을 사용하여, ~으로

(4) **I spent a week in bed with flu.** (나는 독감 때문에 일주일간 앓아 누워 있었다.) — 이유·원인: ~으로 인해, ~ 때문에

(5) **He grew wise with age.** (그는 나이가 듦에 따라 현명해졌다.) — 동시·같은 정도: ~와 동시에, ~함에 따라

POINT 197
전치사 **with**의 의미:
- 수반·동반: ~와 함께
- 소유: ~을 가진
- 도구·수단: ~을 사용하여
- 이유·원인: ~으로 인해
- 동시·같은 정도: ~와 동시에, ~함에 따라

③ by

(1) **The telephone was invented by Bell.** (전화는 Bell에 의해 발명되었다.) — 행위자: ~에 의해서

(2) **Man does not live by bread alone.** (인간은 빵만으로는 살 수 없다.) — 수단·방법: ~으로

(3) **She was sitting by the window.** (그녀는 창문 옆에 앉아 있었다.) — 상대적 위치: ~의 (바로) 옆에

(4) **We missed the train by five minutes.** (우리는 5분 차이로 열차를 놓쳤다.) — 정도의 차이: ~ 만큼, ~ 차이로

(5) **They are paid by the week.** (그들은 주 단위로 급료를 받는다.) — 단위: ~을 단위로, ~을 기준으로

POINT 198
전치사 **by**의 의미:
- 행위자: ~에 의해서
- 수단·방법: ~으로
- 상대적 위치: ~의 (바로) 옆에
- 정도의 차이: ~ 만큼, ~ 차이로
- 단위: ~을 단위로, ~을 기준으로

④ in

(1) **We are always in good health.** (우리는 항상 건강하다.) — 상태: ~한 상태로, ~하여

(2) **My brothers are in business.** (나의 형제들은 사업을 하고 있다.) — 종사·직업: ~하여, ~에 종사하여

(3) **He is dressed in black.** (그는 검은 옷을 입고 있다.) — 착용: ~을 입고

(4) **Write your answer in ink, not in pencil.** (연필이 아니라 잉크로 답을 쓰시오.) — 재료·도구: ~로, ~로 만든

(5) **He is lacking in courage.** (그는 용기가 부족하다.) — 성질·능력: ~점에서는, ~이/가

POINT 199
전치사 **in**의 의미:
- 상태: ~한 상태로, ~하여
- 종사·직업: ~하여, ~에 종사하여
- 착용: ~을 입고
- 재료·도구: ~로, ~로 만든
- 성질·능력: ~점에서는, ~이/가

⑤ at

(1) **Much advertising is aimed at children.** (많은 광고가 아이들을 겨냥하고 있다.) — 목표: ~을 목표로, ~을 향하여

(2) **He is at work in the office.** (그는 사무실에서 일하고 있다.) — 상태·종사: ~을 하고 있는, ~ 중에

(3) **She bought the doll at ten dollars.** (그녀는 10달러의 가격에 그 인형을 샀다.) — 가격·비율·정도: ~의 가격/비율/정도에

(4) **I was angry at his rude behavior.** (나는 그의 무례한 행동에 화가 났다.) — 감정의 원인: ~을 보고/듣고/알고/생각하고

POINT 200
전치사 **at**의 의미:
- 목표: ~을 목표로, ~을 향하여
- 상태·종사: ~을 하고 있는, ~ 중에
- 가격·비율·정도: ~의 가격/비율/정도에
- 감정의 원인: ~을 보고/듣고/알고/생각하고

[1~5] 빈칸에 알맞은 전치사를 보기에서 골라 쓰시오.

[보기] for, with, by, in, at

1 You shouldn't write a person's name _____ red.

2 I have to finish my homework _____ tomorrow.

3 Smoking is not good _____ your health.

4 I have a black cat _____ a white tail.

5 He is a genius _____ math.

[6~10] 우리말과 뜻이 같도록 빈칸에 알맞은 전치사를 쓰시오.

6 너는 사랑에 빠져 본 적이 있니?
   Have you ever been _____ love?

7 그들의 급료는 12%만큼 인상되었다.
   Their wages were increased _____ 12 percent.

8 그는 사람들과 어울리는 데에 아주 능숙하다.
   He is very good _____ getting on with people.

9 나는 여러 가지 이유 때문에 고기를 먹지 않는다.
   I don't eat meat _____ various reasons.

10 풀로 두 조각을 하나로 붙여라.
   Fix the two pieces together _____ glue.

CD2
Track 36

핵심 노트

⭐ 전치사 for의 의미　　■ 이익: ~을 위하여　　■ 목적·용도: ~을 위하여, ~에 사용할
■ 이유·원인: ~ 때문에　　■ 찬성·지지: ~에 찬성하는　　■ 교환: ~와 교환하여　　■ 방향·목적지: ~을 향하여
⭐ 전치사 with의 의미　　■ 수반·동반: ~와 함께　　■ 소유: ~을 가진　　■ 도구·수단: ~을 사용하여
■ 이유·원인: ~으로 인해, ~ 때문에　　■ 동시·같은 정도: ~와 동시에, ~함에 따라
⭐ 전치사 by의 용법　　■ 행위자: ~에 의해서　　■ 수단·방법: ~으로
■ 상대적 위치: ~의 (바로) 옆에　　■ 정도의 차이: ~ 만큼, ~ 차이로　　■ 단위: ~을 단위로, ~을 기준으로
⭐ 전치사 in의 의미　　■ 상태: ~한 상태로, ~하여　　■ 종사·직업: ~하여, ~에 종사하여
■ 착용: ~을 입고　　■ 재료·도구: ~로, ~로 만든　　■ 성질·능력: ~점에서는, ~이/가
⭐ 전치사 at의 의미　　■ 목표: ~을 목표로, ~을 향하여
■ 상태·종사: ~하고 있는, ~ 중에　　■ 가격·비율·정도: ~의 가격/비율/정도에　　■ 감정의 원인: ~을 보고/듣고

Chapter 13
Review Exercise

1 다음 글에서 전치사를 모두 찾아 동그라미로 표시하시오.

I'm Dongsu and I live (in) Seoul. Last summer I took a train from Seoul to Busan. From the station, I went to Haeundae by bus. We stopped at a small gift shop for souvenirs. The driver parked the bus behind the shop and no one could find the driver. We waited for him for one hour. The driver was walking through the park next to the shop. So we were very angry with him.

2 위 1번 글에서 전치사를 포함한 전치사구를 밑줄로 표시하시오.

3 괄호 안에서 알맞은 것을 고르시오.

(1) I borrowed this book (on, for, at) the library.

(2) They have played basketball (for, during, since) five hours.

(3) I like to go swimming (at, in, for) summer.

(4) He waited for her (to, by, until) midnight.

(5) We have been friends (in, at, since) childhood.

(6) He put the painting (on, at, in) the wall.

(7) You should come back (to, by, until) nine o'clock.

(8) The birds flew (on, over, under) the sea.

4 보기에서 알맞은 것을 골라 문장을 완성하시오.

[보기]
ⓐ on October 12, 1492   ⓑ during the Joseon Dynasty
ⓒ until he found the answers   ⓓ at the age of 56 in Washington, D.C.
ⓔ for three years from 1950 until 1953

(1) Hangeul was created under King Sejong _____.

(2) Thomas Edison never gave up _____.

(3) Columbus discovered America _____.

(4) The Korean War lasted _____.

(5) Abraham Lincoln died _____.

5 주어진 전치사를 알맞은 곳에 써 넣어 문장을 완성하시오.

(1) When I was Chicago, I stayed Congress Plaza. (in, at)

(2) I want to spend this summer vacation Florida. (in)

(3) The book is the desk my room. (on, in)

(4) I met her the corner of the street. (at)

(5) I put my bag the corner of the room. (in)

6 빈칸에 알맞은 전치사를 쓰시오.

(1) He has lived in New York _____ three years.

(2) The children trembled _____ fear during the storm.

(3) I paid ten thousand won _____ the book.

(4) I solved the problem _____ asking my teacher.

(5) Tonga is an island country _____ the South Pacific.

7 다음 문장에서 <u>틀린</u> 부분을 찾아서 바르게 고치시오.

(1) Michael gets up at seven at the morning.

(2) He washes his face and hands in soap and water.

(3) He takes bread on breakfast.

(4) He leaves home to school at eight.

(5) He goes to school with bus.

8 우리말의 뜻에 맞도록 주어진 단어를 바르게 나열하여 문장을 완성하시오.

(1) 나는 커피 점에서 그녀를 기다리고 있었다. (her, for, the cafe, at)

I was waiting _____.

(2) Jane은 작은 마을에서 그녀의 부모님과 함께 산다. (her, a small town, parents, in)

Jane lives with _____.

(3) 그들은 작년부터 서울에서 살았다. (Seoul, last, since, in, year)

They have lived _____.

(4) 너는 밤늦게까지 텔레비전을 봐서는 안 된다. (late, TV, night, watch, until, at)

You should not _____.

(5) 그들은 거실에서 주방으로 의자를 옮겼다. (the living room, the kitchen, from, to)

They moved the chairs _____.

영문법 Point 200가지

Chapter 1 ~ 13에서 학습한 영문법의 중요 Point 200가지를 정리하였습니다. 다시 한번 자신의 암기 상태를 확인하고, 기억하지 못하는 것은 해당 Unit을 찾아 다시 확인하여 확실히 기억해 둡시다.

Chapter 01 문장의 구성

UNIT 1 _ 품사의 종류(명사/동사) p.10

Point 1   가산명사: 셀 수 있는 명사로 단수형과 복수형이 있다.
Point 2   불가산명사: 셀 수 없는 명사로 a와 an과 함께 쓸 수 없고, -s를 붙일 수 없다.
Point 3   조동사: 동사 앞에서 동사를 도와주는 역할을 한다.

UNIT 2 _ 품사의 종류(형용사/관사/부사) p.13

Point 4   형용사: 사물의 생김새나 성질을 나타내는 말로서, 명사를 꾸며 주거나 be동사(~이다)와 합쳐져 「~하다」로 해석된다.
Point 5   부정관사 a, an은 명사 앞에 쓰여 「여럿 중 하나」를 가리키고, 정관사 the는 명사 앞에서 「특정한 그 ~」을 가리킨다.
Point 6   부사: 동사, 형용사, 다른 부사 등을 꾸며 주는 역할을 한다.

UNIT 3 _ 품사의 종류(전치사/접속사) p.16

Point 7   전치사: 명사 앞에서 장소, 시간, 수단 등을 나타낸다.
Point 8   등위접속사: 말과 말을 동등하게 연결해 주는 역할을 한다. (and, or, but, so 등)
Point 9   종속접속사: 주절과 종속절을 연결해 주는 역할을 한다.

UNIT 4 _ 구의 종류 p.19

Point 10   명사구: 명사가 중심 단어인 구로 (관사+부사+형용사+)명사(+전치사구)로 구성
Point 11   동사구: 동사가 중심 단어인 구로 동사 (+명사+부사+전치사구)로 구성
Point 12   형용사구: 형용사가 중심 단어인 구로 (부사+)형용사(+전치사구)로 구성
Point 13   부사구: 부사가 중심 단어인 구로 (부사+)부사로 구성
Point 14   전치사구: 전치사가 중심 단어인 구로 전치사+명사/대명사로 구성

UNIT 5 _ 문장과 절의 구성 요소 p.22

Point 15   주어: 문장에서 '~은, ~는, ~이, ~가'에 해당하는 말
Point 16   술어: 문장에서 주어의 행동이나 상태를 설명해 주는 말
Point 17   목적어: 문장에서 동사가 나타내는 행동이나 상태의 대상이 되는 말
Point 18   보어: 주어나 목적어를 보충 설명해 주는 역할을 하는 말
Point 19   수식어: 다른 말을 꾸며 주는 역할을 하는 말

UNIT 6 _ 인칭대명사와 be동사의 변화 p.25

Point 20   1인칭대명사: I, we
                 2인칭대명사: you
                 3인칭대명사: he, she, it, they
Point 21   인칭대명사와 be동사: I am ~
                                    We are ~
                                    You are ~
                                    He/She/It is ~
                                    They are ~

Chapter 02 문장의 종류

UNIT 7 _ 부정문 p.32

Point 22   be동사의 부정문: am → am not
                                    are → are not
                                    is → is not
Point 23   be동사+not의 줄임말: are not → aren't
                                                is not → isn't
Point 24   조동사의 부정문: 조동사(can, must, will 등)+not
               ■ 「조동사+not」의 줄임말: cannot → can't, will not → won't, must not
                  → mustn't
Point 25   일반동사의 부정문: 주어가 1인칭, 2인칭이거나 3인칭 복수일 때 do not+동사원형
               ▶ 동사원형은 끝에 -s가 붙지 않은 동사
Point 26   일반동사의 부정문: 주어가 3인칭 단수일 때 does not+동사원형

UNIT 8 _ 의문문 p.35

Point 27 be동사/조동사의 의문문 : be동사가 문장 앞으로 이동
I am → Am I ~?
주어 are ~. → Are 주어 ~?
주어 is ~. → Is 주어 ~?
주어+조동사 → 조동사+주어 ~?

Point 28 일반동사의 의문문 : 주어가 1인칭, 2인칭이거나 3인칭 복수일 때 문장 앞에 **Do**를 붙인다.
Do+주어+동사원형 ~?

Point 29 일반동사의 의문문 : 주어가 3인칭 단수일 때 문장 앞에 **Does**를 붙이고, 동사의 -(e)s를 삭제하고 동사원형을 쓴다.
Does+주어+동사원형 ~?

Point 30 의문문에 대한 대답 :
Yes, 주어+be동사/조동사/do동사.
No, 주어+be동사/조동사/do+not. 또는 주어+be동사/조동사/do동사와 not의 줄임말. (am not은 제외)
▶ 주어는 반드시 인칭대명사

UNIT 9 _ 의문사가 있는 의문문 p.38

Point 31 의문사 who, when, where, what, why, how는 구체적 정보를 묻는 의문문에 쓰인다.

Point 32 의문사가 주어일 때의 의문문 : 의문사+동사 ~?

Point 33 의문사가 주어가 아닐 때의 의문문 : 의문사+동사+주어 ~?

Point 34 의문사가 있는 의문문에 대한 대답 : 의문사가 원래 있던 자리에 정보를 넣어 대답하거나, 간단히 정보만을 대답한다.

Point 35 which는 what과 달리 선택할 수 있는 범위가 정해져 있을 때 사용한다.

UNIT 10 _ 부가의문문 p.41

Point 36   긍정문의 부가의문문 : 앞 문장이 긍정문이면 부정의 부가의문문을 써 준다.
            「동사+not」은 축약형을 쓴다.
            부가의문문의 주어는 대명사로 쓴다.
Point 37   부정문의 부가의문문 : 앞 문장이 부정문이면 긍정의 부가의문문을 써 준다.
Point 38   조동사가 있는 문장의 의문문과 부가의문문 : 조동사 다음에는 동사원형을 쓰고, 의문
            문과 부가의문문을 만들 때는 그 조동사를 쓴다.
Point 39   부가의문문에 대한 대답 : 일반의문문과 같이 긍정일 경우는 Yes, 부정일 경우는 No
            를 쓴다.

UNIT 11 _ 명령문/감탄문 p.44

Point 40   명령문은 주어를 생략하고 동사원형으로 시작한다.
Point 41   「~하지 마라」는 Don't로 시작한다.
Point 42   명령문에 please를 덧붙이면 공손한 표현이 된다.
Point 43   What으로 시작하는 감탄문은 명사가 필요하다.
Point 44   How로 시작하는 감탄문은 형용사 또는 부사가 how 뒤에 온다.

Chapter 03 동사의 시제

UNIT 12 _ 현재 시제 p.50

Point 45   주어가 3인칭 단수일 때 일반동사의 현재형은 「동사원형+ -(e)s」이다.
Point 46   현재 시제를 쓰는 경우 :
            ■ 불변의 진리, 습관, 속담 등
            ■ 지금 순간적으로 일어나는 일
            ■ 말을 함으로써 행위를 하게 될 때
            ■ 시간표 등 정해진 미래의 일
            ■ 시간, 조건의 부사절에서

UNIT 13 _ 과거 시제 p.53

Point 47 규칙적으로 변하는 동사의 과거형 만드는 법:
- -d 또는 -ed를 붙인다.
- y를 i로 바꾸고 -ed를 붙인다.

Point 48 -(e)d 발음:
- 모음과 [d]를 제외한 유성자음 다음에서는 [d]
- [d]와 [t] 다음에서는 [id]
- [t]를 제외한 무성자음 다음에서는 [t]

Point 49 과거형을 쓰는 경우:
- 과거에 종료된 동작
- 과거의 습관

Point 50
- 과거 시제의 부정문: did+not+동사원형
- 과거 시제의 의문문: Did+주어+동사원형 ~?

UNIT 14 _ 미래 시제 p.56

Point 51 will의 축약형(줄임말):
- I will → I'll
- will not → won't

Point 52 단순 미래: 시간이 흐름에 따라 자연히 발생하는 미래의 일을 표현

Point 53 의지 미래:
- 주어의 의도, 의지, 약속을 표현 (I will ~)
- 요청, 부탁, 제안 등을 표현할 때 (Will you ~?)
- 상대방의 의지를 물을 때 (Shall I/We ~?)
- 말하는 사람의 의지를 표현 (He/You/They shall ~)

UNIT 15 _ 진행 시제 p.59

Point 54
- 현재진행형: am/are/is+-ing(현재 일정 시간 동안 계속되고 있는 일)

Point 55
- 과거진행형: was/were+-ing(과거에 일정 시간 동안 계속된 일)

Point 56
- 미래진행형: will be+-ing(미래에 일정 시간 동안 계속될 일)

Point 57 진행형으로 쓸 수 없는 동사
- 소유, 닮음: have, resemble
- 감정: love, hate, want
- 감각: see, hear, smell, taste
  ▶ have가 '먹다'와 '(시간을) 보내다'의 뜻일 때는 진행형으로 쓸 수 있다.

UNIT 16 _ 현재완료 시제 p.62

Point 58
- 현재완료 : have/has+과거분사
- 부정문 : have/has not+과거분사
- 의문문 : Have/Has+주어+과거분사 ~?

Point 59
현재완료의 의미
- 완료 : 막 ~끝냈다(just, already, yet 등과 함께)
- 경험 : ~한 적이 있다(ever, never, before, once 등과 함께)
- 계속 : 계속 ~하고 있다(since, for, how long 등과 함께)
- 결과 : ~해 버렸다

UNIT 17 _ 주의해야 할 현재완료 용법 / 과거완료 시제 p.65

Point 60
- have/has gone to+장소 : ~으로 가 버렸다(그래서 지금 여기 없다)

Point 61
현재완료는 특정한 과거의 시간을 나타내는 표현과 함께 쓸 수 없다.

Point 62
현재완료+since : 현재완료+since+과거형 「…한 이래로 ~해 왔다」

Point 63
과거완료 : had+과거분사
과거의 어떤 시점보다 그 이전에 일어난 일을 말할 때 쓴다.

Chapter 04 조동사

UNIT 18 _ will / be going to p.72

Point 64
will의 쓰임 :
- 미래 추측
- 의지 표현(작정, 예정)
- 제안 및 권유

Point 65
조동사 will의 의문문 :
will을 주어 앞으로 이동하여 의문문을 만든다.

Point 66
조동사 will의 부정문 :
will 다음에 not을 써서 부정문을 만든다. will not = won't

Point 67
will은 습성, 경향, 현재의 습관 등을 나타낸다.

Point 68
be going to는 미리 의도하거나 계획된 일을 나타내고, 가까운 미래를 예측할 때 쓴다.

UNIT 19 _ can / may p.75

Point 69   can=be able to
            cannot=am/is/are not able to
Point 70   (허락을 물을 때) May I ~? = Can I ~?

UNIT 20 _ must / have to / should p.78

Point 71   **must not** : ~해서는 안 된다 (금지)
            don't have to : ~하지 않아도 된다 (불필요)
Point 72   **have to** :
            ▪ 주어가 3인칭 단수일 때 **has to**
            ▪ 과거형은 **had to**
            ▪ 부정형은 **don't/doesn' t have to** (~하지 않아도 된다, ~할 필요가 없다)

Chapter 05 문장의 5형식과 수동태

UNIT 21 _ 자동사와 타동사 p.84

Point 73   ▪ 자동사 : 목적어가 필요하지 않은 동사
            ▪ 타동사 : 목적어가 필요한 동사
Point 74   주격보어 : 주어를 설명 (주어=주격보어)
Point 75   목적격보어 : 목적어를 설명 (목적어=목적격보어)

UNIT 22 _ 1형식 문장과 3형식 문장 p.87

Point 76   1형식 문장: 주어+동사 (+수식어)
Point 77   3형식 문장: 주어+동사+목적어 (+수식어)

UNIT 23 _ 4형식 문장 p.90

Point 78   4형식 문장: 주어+동사+간접목적어+직접목적어(+수식어)
Point 79   4형식 문장을 3형식 문장으로 바꿀 때 간접목적어 앞에 오는 전치사:
                 ▪ **to**를 쓰는 동사: **bring, give, lend, pass, read, send, show, teach, tell, write** 등
                 ▪ **for**를 쓰는 동사: **buy, build, choose, find, get, make, sing** 등
                 ▪ **of**를 쓰는 동사: **ask**

UNIT 24 _ 2형식 문장과 5형식 문장 p.93

Point 80   2형식 문장: 주어+동사+주격보어(+수식어)
Point 81   2형식 문장의 불완전자동사:
                 ▪ 감각 관련 동사: **look, taste, sound, feel, smell, seem**+보어(형용사)
                 ▪ 변화/상태의 지속 동사: **become, get, remain, keep**+보어(형용사)
Point 82   5형식 문장: 주어+동사+목적어+목적격보어(+수식어)

UNIT 25 _ 능동태와 수동태 p.96

Point 83   수동태: 주어가 동작을 당하는 것
Point 84   능동태 → 수동태:
                 ① 목적어 → 주어
                 ② 동사 → **be**+과거분사
                 ③ 주어 → **by**+목적격
Point 85   수동태에서 **by people/someone**은 생략 가능
Point 86   수동태의 부정문: 주어+**be not**+과거분사+**by**~
Point 87   주체가 화제이면 능동태가, 대상이 화제이면 수동태가 자연스럽다.

UNIT 26 _ 주의해야 할 수동태 p.99

Point 88   4형식 문장(주어+동사+간·목+직·목)의 수동태:
            간·목 → 주어
Point 89   4형식 → 3형식 문장:
            주어+동사+직·목+to/for/of+간·목
            (to : give, teach, write 등
            for : buy, cook, make 등
            of : ask 등) 〈UNIT 23 참고〉
            3형식 문장의 수동태:
            직·목 → 주어
Point 90   「자동사+전치사」의 수동태: be+과거분사+전치사+by
Point 91   수동태로 쓰지 않는 동사:
            소유, 상태 등을 나타내는 동사 have, fit, lack, resemble, become 등

Chapter 06 부정사

UNIT 27 _ to부정사의 명사적 용법 p.106

Point 92   to부정사는 「to+동사원형」의 형태로 쓴다.
Point 93   to부정사를 대신하는 it :
            ■ 주어가 to부정사일 때 to부정사 대신에 it을 쓴다.
            ■ 「동사+to부정사(=목적어)+목적격보어」일 때 to부정사 대신에 it을 쓴다.

UNIT 28 _ to부정사의 형용사적 용법 p.109

Point 94   to부정사의 형용사적 용법 : to부정사가 명사 뒤에서 그 명사를 꾸며 주는 역할
Point 95   -thing, -one, -body, -where와 같은 대명사나 부사는 수식어구인 「형용사+to부
            정사」가 뒤에 온다.

UNIT 29 _ to부정사의 부사적 용법 p.112

Point 96   **to**부정사의 부사적 용법 : ~하기 위하여(행위의 목적)
Point 97   **to**부정사의 부사적 용법 : ~해서, ~하고서(감정의 원인)
Point 98   **to**부정사의 부사적 용법 : ~해서 그 결과로 …하게 되다(행위의 결과)
Point 99   독립부정사 :
- **to begin with** : 우선
- **to be sure** : 확실히
- **to be short** : 간단히 말해서
- **needless to say** : 말할 필요도 없이
- **to make matters worse** : 설상가상으로

UNIT 30 _ 원형부정사 p.115

Point 100   지각동사(**see, watch, hear, feel**)+목적어+원형부정사
Point 101   사역동사(**make, let, have**)+목적어+원형부정사

UNIT 31 _ 주의해야 할 to부정사 용법 p.118

Point 102   동사의 목적어로 쓰인 **to**부정사가 아니면 **to**부정사의 의미상 주어는 「**for**+명사 /**for**+대명사의 목적격」으로 나타낸다.
Point 103   **clever, kind, silly** 등 행동의 특성을 나타내는 형용사 다음에 **to**부정사가 오면 의미상의 주어는 「**of**+명사/**of**+대명사의 목적격」으로 나타낸다.
Point 104   **to**부정사의 부정 : **not/never**+**to**부정사
Point 105   **too**+형용사/부사+**to**부정사 : 너무 ~하여 …할 수 없는
Point 106   완료부정사(**to have**+과거분사) : 주절의 동사보다 먼저 일어난 일을 나타낼 때 쓴다.

Chapter 07 동명사

UNIT 32 _ 동명사의 용법 p.124

Point 107   동명사 주어는 단수 취급
Point 108   동명사의 의미상 주어는 동명사 앞에 소유격 또는 목적격을 써서 나타낸다.
Point 109   동명사의 부정형 : not/never+동명사

UNIT 33 _ 동명사와 to부정사 p.127

Point 110   동명사만을 목적어로 갖는 동사 : enjoy, finish, keep, mind, avoid, suggest, consider, give up 등
Point 111   to부정사만을 목적어로 갖는 동사 : want, decide, plan, promise, wish, expect, hope, agree 등
Point 112   ■ remember/forget+-ing : ~했던 것을 기억하다/잊다
             ■ remember/forget+to부정사 : ~할 것을 기억하다/잊다
Point 113   ■ try+-ing : (시험 삼아/실제로) ~을 해 보다
             ■ try+to부정사 : ~하려고 노력하다
Point 114   ■ stop+-ing : ~하는 것을 멈추다, 그만두다
             ■ stop+to부정사 : ~하기 위해 멈추다
Point 115   완료동명사(having+과거분사): 주절의 동사보다 먼저 일어난 일을 나타낼 때 쓴다.

UNIT 34 _ 중요 동명사 구문 p.130

Point 116   ■ 전치사+동명사 (O)
             ■ 전치사+to부정사 (X)
Point 117   ■ be used to+(동)명사 : ~에 익숙하다
             ■ used to+동사원형 : ~하곤 했다 (과거의 습관)
Point 118   ■ How/What about -ing? : ~하는 것이 어때?
             ■ go -ing : ~하러 가다
             ■ keep/prevent/stop ··· from -ing : ···가 ~하지 못하게 하다
             ■ on -ing : ~하자마자
Point 119   ■ cannot help -ing : ~하지 않을 수 없다
             ■ feel like -ing : ~하고 싶다
             ■ There is no -ing : ~하는 것은 불가능하다
             ■ be worth -ing : ~할 가치가 있다
             ■ It is no use/good -ing : ~해야 소용없다

Chapter 08 접속사

UNIT 35 _ 등위접속사 p.136

Point 120 등위접속사: and, or, but, for, so는 단어와 단어, 구와 구, 절과 절을 대등한 자격으로 연결한다.

Point 121 등위접속사 and :
- 셋 이상을 연결해 줄 때는 마지막 말 앞에 and를 쓴다.
- and로 연결된 말이 하나의 사물이나 개념을 나타내면 단수로 취급한다.

Point 122 명령문, and … :「~해라. 그러면 …할 것이다.」

Point 123 등위접속사 or : ■「~ 또는 …」
- 「즉, 바꾸어 말하면」
- 셋 이상을 연결할 때는 마지막 말 앞에 or를 쓴다.

Point 124 명령문, or :「~해라. 그렇지 않으면 …할 것이다.」

Point 125 ■ 등위접속사 but : 대조를 나타낸다.
- 전치사 but :「~을 제외하고」
- 부사 but :「단지」

Point 126 등위접속사 for :「왜냐하면 ~이기 때문이다」
- 문장의 맨 앞에 쓰지 않는다.

Point 127 등위접속사 so :「그러므로, 그런 이유로」

UNIT 36 _ 상관접속사 p.139

Point 128 상관접속사: 서로 떨어져 있는 두 개 이상의 단어가 서로 관련되어 하나의 접속사 역할을 하는 말

Point 129 등위접속사 and, or, but과 상관접속사는 문법적으로 같은 종류의 것을 연결한다.

Point 130 both A and B :「A와 B 둘 다」

Point 131 not only A but (also) B :「A 뿐만 아니라 B도 역시」

Point 132 not A, but B :「A가 아니라 B」

Point 133 either A or B : ■「A이거나 B 둘 중 하나」
- 부정문에서 either는「둘 다 ~ 아니다, ~도 역시 아니다」

Point 134 neither A nor B : ■「A도 아니고 B도 아니다」
- 「either A or B」의 부정형

Point 135 다음 상관접속사가 주어일 때 동사는 B에 일치시킨다.
- not only A but also B
- not A but B
- either A or B
- neither A nor B

UNIT 37 _ 부사절을 이끄는 종속접속사 p.142

Point 136   종속접속사: 주절과 종속절을 연결해 주는 접속사
                → 주절+종속접속사+종속절 → 종속접속사+종속절+주절
Point 137   ■ 목적의 so that ~ : ~하기 위해
                ■ 결과의 so that
                ① so that : 그래서 ~하다
                ② so+형용사(부사)+that/such+명사(구)+that : 매우 …해서 ~하다
Point 138   no matter+의문사: ~하던지 간에(= 의문사+-ever)
                ■ no matter what/who/where/when/how= whatever/whoever/
                wherever/whenever/however

UNIT 38 _ 명사절을 이끄는 종속접속사 p.145

Point 139   명사절: 주어, 목적어, 보어 역할 또는 명사 다음에서 명사를 설명해 주는 동격절 역할
                을 한다.
Point 140   명사절을 이끄는 종속접속사:
                ■ that : ~것(은/을)
                ■ if, whether : ~인지 아닌지(는/를)
Point 141   if/whether(~인지 아닌지):
                ■ whether가 이끄는 명사절은 주어, 목적어, 보어 역할 가능. 뒤에 or not이 올 수
                있다.
                ■ if가 이끄는 명사절은 목적어 역할만 가능. 뒤에 or not이 올 수 없다.

Chapter 09 분사와 분사구문

UNIT 39 _ 현재분사와 과거분사 p.152

Point 142
- 현재분사는 진행과 능동의 의미를 갖는다.
- 과거분사는 수동 또는 완료의 의미를 갖는다.

UNIT 40 _ 분사구문 만드는 법 p.155

Point 143 분사구문 만드는 법:
① 부사절과 주절의 주어가 같을 때
　　– 부사절의 접속사와 주어를 생략한다.
　　– 부사절의 동사를 현재분사로 바꾼다.
② 부사절과 주절의 주어가 다를 때
　　– 주어는 그대로 둔다
　　– 동사를 현재분사로 바꾼다.

Point 144 분사의 부정형: not/never + 분사구문

Point 145 완료 분사구문(having + 과거분사): 부사절이 주절보다 먼저 일어난 일을 표현할 때
사용한다.

UNIT 41 _ 수동 분사구문과 with+명사구+분사 p.158

Point 146 수동 분사구문: 주어와 분사구문의 동사의 관계가 「수동」이면 과거분사를 쓴다.
「(Being)+과거분사」에서 일반적으로 being은 생략된다.

Point 147 수동 분사구문의 형태:
- 주절과 시제가 같을 때: (Being) + 과거분사
- 주절보다 먼저 일어난 일일 때: (Having been) + 과거분사
　→ 수동 분사구문은 Being과 Having been이 생략되고 과거분사로 시작된다.

Point 148 부대 상황의 분사구문: with + 명사 + 동명사: ~한 상태로 (능동적)
명사와 -ing는 주어와 술어 관계

Point 149 부대 상황의 분사구문: with + 명사 + 과거분사: ~된 채로 (수동적)
명사와 -ed는 주어와 술어 관계

UNIT 42 _ 분사구문의 의미 p.161

Point 150   과거분사: (감정을) 느끼는
                 현재분사: (감정을) 느끼게 만드는
Point 151   there+be동사(~이 있다)의 분사구문: There being ~, ...(there를 생략할 수
                 없다.)

Chapter 10 형용사와 비교 구문

UNIT 43 _ 한정 용법과 서술 용법 p.168

Point 152   한정 용법: 형용사가 명사를 직접 수식
Point 153   서술 용법: 형용사가 보어로 쓰여 명사를 간적접으로 수식
Point 154   한정 용법으로만 쓰이는 형용사: **chief, elder, former, inner, live, main,
                 only, outer, principal, upper**
Point 155   서술 용법으로만 쓰이는 형용사: **afraid, alike, alone, asleep, ashamed,
                 awake, aware**(a-로 시작하는 형용사), **content, ill, well, worth**
Point 156   한정 용법과 서술 용법에 따라 뜻이 다른 형용사:
                 present : 현재의 — 참석한
                 late : 죽은 — 늦은
                 particular : 특정한 — 까다로운

UNIT 44 _ 비교급과 최상급의 형태 p.171

Point 157   ■ 형용사의 비교급: 원형+**-er** 또는 **more**+원형
                 ■ 형용사의 최상급: 원형+**-est** 또는 **most**+원형

UNIT 45 _ 원급과 비교급 비교 구문 p.174

Point 158   원급을 이용한 비교:
- as 원급 as … : …만큼 ~한
- as 원급 as … : 매우 ~한
- 배수 as ~ as … : …보다 몇 배 ~한

Point 159   비교급을 이용한 비교:
- 비교급 than … : …보다 더 ~한
- less 비교급 than … : …보다 덜 ~한

Point 160
- 비교급 and 비교급 : 점점 더 ~한
- the 비교급 ~, the 비교급 … : 더 ~하면 할수록 그만큼 더 …하다
- the 비교급 of the two : 둘 중에서 더 ~한

UNIT 46 _ 최상급 비교 구문 p.177

Point 161   the＋최상급＋of/in … : … 중에서/…에서 가장 ~한
Point 162   the＋최상급＋of/in … : … 중에서/…에서 가장 ~하다
          = 비교급 than any other 단수 명사
          = No other 단수 명사 … is 비교급 than
          = No other 단수 명사 … is as ~ as

Chapter 11 관계사

UNIT 47 _ 주격 관계대명사 p.184

Point 163   관계대명사의 역할 : 접속사＋대명사
Point 164   관계대명사의 선행사 : 관계대명사 바로 앞에서 관계대명사절의 수식을 받는 명사
Point 165   주격 관계대명사절 : 선행사가 관계대명사절에서 주어 역할을 하는 경우
Point 166   선행사에 따라 사용하는 관계대명사
- who : 선행사가 사람인 경우
- which : 선행사가 사물·동물인 경우
- that : 선행사가 사람·사물·동물에 모두 사용

UNIT 48 _ 목적격 관계대명사 p.187

Point 167 목적격 관계대명사
- 선행사가 사람일 때 who나 whom
- 선행사가 사물 · 동물일 때 which
- 선행사가 사람 · 사물 · 동물에 상관없이 that은 모두 사용

Point 168 전치사 다음에 쓸 수 있는/없는 관계대명사:
- 전치사+whom/which (O)
- 전치사+who/that (X)

Point 169 - 목적격 관계대명사는 생략 가능
- 「전치사+목적격 관계대명사」는 생략 불가능

UNIT 49 _ 관계대명사 whose와 what p.190

Point 170 - 소유격 관계대명사: 선행사의 소유 대상을 설명할 때 사용한다.
- 「소유격 관계대명사+명사」의 형태로 사용한다.

Point 171 선행사가 사람, 동물, 사물 어느 것이라도 소유격 관계대명사는 whose를 사용한다.

Point 172 what은 선행사를 포함하여 the thing(s) which의 의미로 사용한다.

Point 173 관계대명사 what은 주격과 목적격으로 쓰인다.

Point 174 관계대명사 what : ~하는 것
의문사 what : 무엇

UNIT 50 _ 관계부사 p.193

Point 175 관계부사: 「접속사+부사」의 역할

Point 176 관계부사=「전치사+관계대명사」로 바꿀 수 있다.

Point 177 관계부사
- (the time) when
- (the place) where
- (the reason) why
- how / the way

Point 178 복합 관계사(관계사+-ever): 어떤 ~이든지

Chapter 12 가정법

UNIT 51 _ 가정법 과거 / 가정법 과거완료 / 가정법 미래 p.200

Point 179   가정법 과거: 현재 사실에 반대되는 가정을 할 때 사용한다.
Point 180   가정법 과거완료: 과거 사실에 반대되는 가정을 할 때 사용한다.
Point 181   If절+가정법 과거완료형(had+과거분사), 주절+가정법 과거형(조동사의 과거형+동사원형): 과거의 일로 인해 현재에 영향을 받고 있는 일을 반대로 가정할 때 (혼합 가정법)
Point 182   가정법 미래: 미래에 일어날 가능성이 없는 일을 가정하여 말할 때 사용한다.

UNIT 52 _ I wish 가정법 / as if 가정법 p.203

Point 183   I wish 가정법 과거:「지금 ~했으면 좋으련만 (그렇게 할 수 없어서 유감이다)」
             = If only 가정법 과거
Point 184   I wish 가정법 과거완료:「과거에 ~했었으면 좋으련만 (그렇게 하지 않았기 때문에 유감이다)」
             = If only 가정법 과거완료
Point 185   as if 주어+과거형:「마치 ~인 것처럼」
             as if 주어+had+과거분사:「마치 ~이었던 것처럼」

UNIT 53 _ 주의해야 할 가정법 구문 p.206

Point 186   ▪ without/but for ~+가정법 과거: ~이 없다면
             ▪ without/but for ~+가정법 과거완료: ~이 없었다면
Point 187   ▪ If it were not for ~: ~이 없다면(= Without/But for ~)
             ▪ If it had not been for ~: ~이 없었다면(= Without/But for ~)
Point 188   It's time+주어+과거형: ~할 시간이다
Point 189   가정법의 조건절에서 if는 생략 가능: 조동사+주어 ~(주어와 조동사의 위치가 바뀐다.)

Chapter 13 전치사

UNIT 54 _ 장소/방향의 전치사 p.212

Point 190　　장소를 나타내는 전치사
- **at** + 좁은 장소(점)
- **in** + 넓은 장소
- **on** + 접촉면

Point 191　　상대적 위치를 나타내는 전치사 :
- **above** : ~ 위에
- **over** : ~ 바로 위에
- **in front of** : ~ 앞에
- **behind** : ~ 뒤에
- **below** : ~ 아래에
- **under** : ~ 바로 밑에
- **by/next to** : ~ 옆에

Point 192　　방향을 나타내는 전치사
- **from** : ~로부터(출발점)
- **into** : ~ 안으로
- **up** : ~ 위로
- **through** : ~을 통과하여
- **along** : ~을 따라서

　　　　to : ~로, ~까지(도달점)
　　　　out of : ~ 밖으로
　　　　down : ~ 아래로

UNIT 55 _ 시간의 전치사 p.215

Point 193　　시간을 나타내는 전치사
- **at** : 시각, 시점
- **on** : 날짜, 요일, 특정한 날
- **in** : 월, 계절, 연도

Point 194　　기간을 나타내는 전치사
- **for** : 정확한 기간 (숫자 포함)
- **during** : 막연한 기간

Point 195　　시작/종결을 나타내는 전치사
- **since** : ~ 이래로, ~부터
- **by** : ~까지 (행위의 완료 시점)
- **till/until** : ~까지 (상태의 지속 시점)

UNIT 56 _ 기타 중요 전치사 p.218

Point 196　전치사 **for**의 의미:

- 이익: ~을 위하여
- 목적 · 용도: ~을 위하여, ~에 사용할
- 이유 · 원인: ~ 때문에
- 찬성 · 지지: ~에 찬성하는
- 교환: ~와 교환하여
- 방향 · 목적지: ~을 향하여

Point 197　전치사 **with**의 의미:

- 수반 · 동반: ~와 함께
- 소유: ~을 가진
- 도구 · 수단: ~을 사용하여
- 이유 · 원인: ~으로 인해
- 동시 · 같은 정도: ~와 동시에, ~함에 따라

Point 198　전치사 **by**의 의미:

- 행위자: ~에 의해서
- 수단 · 방법: ~으로
- 상대적 위치: ~의 (바로) 옆에
- 정도의 차이: ~ 만큼, ~ 차이로
- 단위: ~을 단위로, ~을 기준으로

Point 199　전치사 **in**의 의미:

- 상태: ~한 상태로, ~하여
- 종사 · 직업: ~하여, ~에 종사하여
- 착용: ~을 입고
- 재료 · 도구: ~로, ~로 만든
- 성질 · 능력: ~점에서는, ~이/가

Point 200　전치사 **at**의 의미:

- 목표: ~을 목표로, ~을 향하여
- 상태 · 종사: ~을 하고 있는, ~ 중에
- 가격 · 비율 · 정도: ~의 가격/비율/정도에
- 감정의 원인: ~을 보고/듣고/알고/생각하고

불규칙 동사 변화형 150개

「동사원형 – 과거형 – 과거분사형」이 불규칙하게 변화하는 주요 동사들을 모아 정리하였습니다. CD의 원어민 발음을 듣고 따라 말하면서 모두 정확히 암기하여 정확히 사용할 수 있도록 합시다.

Track 37

		동사	의미	과거형	과거분사형
☐	1	arise	발생하다, 일어나다	arose	arisen
☐	2	awake	눈뜨다	awoke	awoke/awoken
☐	3	be	–이다	was/were	been
☐	4	bear	(아이를) 낳다	bore	born
☐	5	beat	–을 치다	beat	beaten
☐	6	become	–이 되다	became	become
☐	7	begin	시작하다	began	begun
☐	8	bend	구부리다	bent	bent
☐	9	bet	(돈을) 걸다	bet/betted	bet/betted
☐	10	bind	묶다	bound	bound
☐	11	bite	물다	bit	bitten
☐	12	bleed	출혈하다	bled	bled
☐	13	blow	(바람이) 불다	blew	blown
☐	14	break	부수다	broke	broken
☐	15	breed	(동물이) 새끼를 낳다	bred	bred
☐	16	bring	가져오다	brought	brought
☐	17	build	건축하다	built	built
☐	18	burn	태우다	burnt	burnt
☐	19	burst	터지다	burst	burst
☐	20	buy	사다	bought	bought
☐	21	cast	던지다	cast	cast
☐	22	catch	잡다	caught	caught
☐	23	choose	선택하다	chose	chosen
☐	24	cling	달라붙다	clung	clung
☐	25	come	오다	came	come

		동사	의미	과거형	과거분사형
☐	26	cost	(비용이) 들다	cost	cost
☐	27	creep	기다, 살살 걷다	crept	crept
☐	28	cut	자르다	cut	cut
☐	29	deal	다루다	dealt	dealt
☐	30	dig	(땅을) 파다	dug	dug
☐	31	dive	잠수하다	dived/dove	dived
☐	32	do	하다	did	done
☐	33	draw	당기다, 그리다	drew	drawn
☐	34	dream	꿈꾸다	dreamt/dreamed	dreamt/dreamed
☐	35	drink	마시다	drank	drunk
☐	36	drive	운전하다	drove	driven
☐	37	dwell	거주하다	dwelt/dwelled	dwelt/dwelled
☐	38	eat	먹다	ate	eaten
☐	39	fall	떨어지다	fell	fallen
☐	40	feed	(동물 등에) 먹이를 주다	fed	fed
☐	41	feel	느끼다	felt	felt
☐	42	fight	싸우다	fought	fought
☐	43	find	발견하다	found	found
☐	44	flee	달아나다	fled	fled
☐	45	fly	날다	flew	flown
☐	46	forbid	금하다	forbade	forbidden
☐	47	forget	잊다	forgot	forgotten
☐	48	forgive	용서하다	forgave	forgiven
☐	49	forsake	저버리다	forsook	forsaken
☐	50	freeze	얼다	froze	frozen

Track 39

		동사	의미	과거형	과거분사형
☐	51	get	얻다	got	got/gotten
☐	52	give	주다	gave	given
☐	53	go	가다	went	gone
☐	54	grind	갈다, 빻다	ground	ground
☐	55	grow	성장하다	grew	grown
☐	56	hang	(물건을) 걸다	hung	hung
☐	57	have	가지다	had	had
☐	58	hear	듣다	heard	heard
☐	59	hide	숨기다	hid	hidden
☐	60	hit	때리다	hit	hit
☐	61	hold	(손에) 들다, 쥐다	held	held
☐	62	hurt	상처 내다	hurt	hurt
☐	63	keep	유지하다	kept	kept
☐	64	kneel	무릎 꿇다	knelt/kneeled	knelt/kneeled
☐	65	knit	뜨다, 뜨개질을 하다	knit/knitted	knit/knitted
☐	66	know	알다	knew	known
☐	67	lay	~을 놓다	laid	laid
☐	68	lead [li:d]	인도하다	led[led]	led[led]
☐	69	lean	기대다	leant/leaned	leant/leaned
☐	70	leap	(껑충) 뛰다	leapt/leaped	leapt/leaped
☐	71	learn	배우다	learnt/learned	learnt/learned
☐	72	leave	떠나다	left	left
☐	73	lend	빌리다	lent	lent
☐	74	let	시키다	let	let
☐	75	lie	눕다	lay	lain

Track 40

		동사	의미	과거형	과거분사형
☐	76	light	(불을) 붙이다	lit/lighted	lit/lighted
☐	77	lose [luːz]	잃다	lost [lɔst]	lost [lɔst]
☐	78	make	만들다	made	made
☐	79	mean [miːn]	의미하다	meant [ment]	meant [ment]
☐	80	meet	만나다	met	met
☐	81	mow	(풀 등을) 베다	mowed	mown/mowed
☐	82	pay	지급하다	paid	paid
☐	83	prove	입증하다	proved	proved/proven
☐	84	put	놓다	put	put
☐	85	quit	그만두다	quit/quitted	quit/quitted
☐	86	read [riːd]	읽다	read [red]	read [red]
☐	87	rid	없애다	rid/ridded	rid/ridded
☐	88	ride	(탈것을) 타다	rode	ridden
☐	89	ring	(종 등이) 울리다	rang	rung
☐	90	rise	일어나다, 상승하다	rose	risen
☐	91	run	달리다	ran	run
☐	92	saw	톱질하다	sawed	sawn/sawed
☐	93	say [seɪ]	말하다	said [sed]	said [sed]
☐	94	see	보다	saw	seen
☐	95	seek	찾다	sought	sought
☐	96	sell	(물건을) 팔다	sold	sold
☐	97	send	보내다	sent	sent
☐	98	set	(물건을) 놓다	set	set
☐	99	sew	바느질하다	sewed	sewn/sewed
☐	100	shake	흔들다	shook	shaken

		동사	의미	과거형	과거분사형
☐	101	shed	(눈물 등을) 흘리다	shed	shed
☐	102	shine	빛나다	shone	shone
☐	103	shoot	(총 등을) 쏘다	shot	shot
☐	104	show	보여주다	showed	shown/showed
☐	105	shrink	(천 등이) 줄어들다	shrank/shrunk	shrunk
☐	106	shut	(문 등을) 닫다	shut	shut
☐	107	sing	노래하다	sang	sung
☐	108	sink	가라앉다	sank	sunk
☐	109	sit	앉다	sat	sat
☐	110	sleep	잠자다	slept	slept
☐	111	slide	미끄러지다	slid	slid
☐	112	smell	냄새 맡다	smelt/smelled	smelt/smelled
☐	113	sow	(씨를) 뿌리다	sowed	sown/sowed
☐	114	speak	말하다	spoke	spoken
☐	115	spell	철자를 말하다	spelt/spelled	spelt/spelled
☐	116	spend	쓰다, 소비하다	spent	spent
☐	117	spill	엎지르다	spilt/spilled	spilt/spilled
☐	118	spin	(실을) 잣다	spun/span	spun
☐	119	spit	(침을) 뱉다	spat	spat
☐	120	split	쪼개다	split	split
☐	121	spoil	망치다	spoilt/spoiled	spoilt/spoiled
☐	122	spread	펼치다	spread	spread
☐	123	spring	뛰어오르다	sprang/sprung	sprung
☐	124	stand	서다	stood	stood
☐	125	steal	훔치다	stole	stolen

		동사	의미	과거형	과거분사형
☐	126	stick	(풀 등으로) 붙이다	stuck	stuck
☐	127	stink	악취를 풍기다	stank/stunk	stunk
☐	128	stride	큰 걸음으로 걷다	strode	stridden
☐	129	strike	때리다, 충돌하다	struck	struck
☐	130	string	실에 꿰다	strung	strung
☐	131	strive	노력하다	strove/strived	striven/strived
☐	132	swear	맹세하다	swore	sworn
☐	133	sweep	청소하다	swept	swept
☐	134	swell	부풀다	swelled	swollen/swelled
☐	135	swim	수영하다	swam	swum
☐	136	swing	흔들다	swung	swung
☐	137	take	(손 등으로) 잡다	took	taken
☐	138	teach	가르치다	taught	taught
☐	139	tear [tɛər]	찢다	tore	torn
☐	140	tell	말하다	told	told
☐	141	think	생각하다	thought	thought
☐	142	throw	던지다	threw	thrown
☐	143	understand	이해하다	understood	understood
☐	144	wake	잠이 깨다	woke/waked	woken/waked
☐	145	wear	입고 있다	wore	worn
☐	146	weave	(천을) 짜다	wove	woven
☐	147	weep	눈물을 흘리다	wept	wept
☐	148	win	이기다	won	won
☐	149	wind [waɪnd]	감다, 꾸불거리다	wound [waund]	wound [waund]
☐	150	write	쓰다	wrote	written

처음부터
시작하는
영문법

YES WE CAN
GRAMMAR!

펴낸곳 (주)교학사 **펴낸이** 양철우

주소 서울특별시 마포구 공덕동 105-67(본사), 서울특별시 금천구 가산동 319-7(공장)

전화 02-7075-352(편집), 02-7075-155(영업)

등록 1962. 6. 26.(18-7)

홈페이지 www.kyohak.co.kr

ISBN 978-89-09-15393-5

정가 11,000원

처음부터 시작하는

시작하는

영문법

인하대학교 영문과 교수
이병춘 엮음

정답 및 해설

YES WE CAN GRAMMAR!

교육의 길잡이·학생의 동반자
(주)교학사

YES WE CAN
GRAMMAR!

Chapter 01 문장의 구성

UNIT 01 품사의 종류(명사/동사)
Checkup Test p.12

1. dog   2. girls   3. rice   4. walk   5. play   6. love   7. 사과들/명사   8. 마시다/동사   9. 해야 한다/조동사   10. 음악/명사

1. 나는 개 한 마리를 가지고 있다.
   ☞ dog은 명사이고, have는 동사이다.
2. 나는 그 소녀들을 좋아한다.
   ☞ girls는 명사이고, like은 동사이다.
3. 우리는 밥을 먹는다.
   ☞ rice는 명사이고, eat은 동사이다.
4. 나는 학교에 걸어간다.
   ☞ walk은 동사이고, school은 명사이다.
5. 나는 야구를 한다.
   ☞ play는 동사이고, baseball은 명사이다.
6. 우리는 Mary를 사랑한다.
   ☞ love는 동사이고, Mary는 명사이다.
7. 우리는 사과를 좋아한다.
   ☞ apples(사과들)는 명사이고, like은 동사이다.
8. 우리는 우유를 마신다.
   ☞ drink(마시다)는 동사이고, milk는 명사이다.
9. 나는 엄마를 도와야 한다.
   ☞ must(~해야 한다)는 조동사로서 동사 help와 함께 '도와야 한다'는 뜻이고, Mom은 명사이다.
10. 나는 그 음악을 좋아한다.
    ☞ music(음악)은 명사이고, like은 동사이다.

UNIT 02 품사의 종류(형용사/관사/부사)
Checkup Test p.15

1. beautiful   2. pretty   3. interesting
4. new   5. violin → the violin   6. a → the
7. a → an   8. Sugars → Sugar   9. 빨리/부사   10. 정말로/부사   11. 매우, 대단히/부사
12. 종종, 흔히/부사

1. 너는 매우 예쁘다.
   ☞ very(매우)는 부사이고, beautiful(예쁜, 아름다운)은 형용사이다.
2. 나는 예쁜 인형을 하나 갖고 있다.
   ☞ pretty(예쁜)는 형용사이고, doll(인형)은 명사이다.
3. 그 책은 아주 재미있다.
   ☞ very(아주)는 부사이고, interesting(재미있는, 흥미로운)은 형용사이다.
4. 나는 새 컴퓨터 하나가 필요하다.
   ☞ new(새로운)는 형용사로서 명사 computer를 꾸며 준다.
5. 나는 바이올린을 연주할 수 있다.
   ☞ violin은 명사이므로 앞에 관사가 와야 하며, 보통 '악기를 연주하다'는 'play the+악기'라고 쓴다. play the piano(피아노를 연주하다)
6. 새들이 하늘에 날아간다.
   ☞ '하늘'과 같이 세상에 하나밖에 없는 것을 의미하는 명사 앞에는 관사 the를 쓴다.
7. 나는 한 시간 동안 기타 수업을 받는다.
   ☞ hour의 h는 묵음이고 모음 발음으로 시작하므로 앞에 a가 아닌 an을 써야 한다.
8. 설탕은 달다.
   ☞ sugar(설탕)는 셀 수 없는 명사이므로 -s를 붙여 복수형을 만들 수 없다.
9. 그들은 빨리 달린다.
   ☞ fast: 부사, run: 동사
10. 나는 정말 바쁘다.
    ☞ really: 부사, am: 동사, busy: 형용사
11. 그것은 아주 아름다운 꽃이다.
    ☞ very: 부사, is: 동사, a: 관사, beautiful: 형용사, flower: 명사
12. 우리는 농구를 매우 자주 한다.
    ☞ often: 부사, play: 동사, basketball: 명사, very: 부사

UNIT 03 품사의 종류(전치사/접속사)
Checkup Test p.18

1. P   2. C   3. C   4. When: C, to: P   5. under/전치사   6. when/접속사   7. in/전치사   8. because/접속사

1. 나는 일찍 잠자리에 든다.
☞ to: 전치사, go: 동사, bed: 명사, early: 부사
2. 우리는 책상에 앉아 읽고 쓴다.
☞ and: 접속사, read: 동사, write: 동사, at: 전치사, the: 관사, desk: 명사
3. 우리는 식사하기 전에 손을 씻는다.
☞ before: 접속사, wash: 동사, hands: 명사, eat: 동사
4. 우리가 아플 때, 우리는 병원에 간다.
ill 아픈, 병든 hospital 병원
☞ When: 접속사, are: 동사, ill: 형용사, go: 동사, to:전치사, the: 관사, hospital: 명사
5. under ~의 아래에, ~의 바로 밑에
☞ under: 전치사, The: 관사, cat: 명사, is: 동사, the: 관사, tree: 명사
6. when ~하는 때, ~인 때
☞ when: 접속사, went: 동사, there: 부사, was: 동사, a: 관사, child: 명사
7. ☞ in: 전치사, take: 동사, a: 관사, walk: 명사, the: 관사, park: 명사, morning: 명사
8. absent 결석한 ill 아픈
☞ because: 접속사, is: 동사, absent: 형용사, today: 부사, ill: 형용사

UNIT 04 구의 종류
Checkup Test p.21

1. 매우 친절한/형용사구   2. 예쁜 인형들/명사구
3. London에/전치사구   4. 아주 열심히/부사구
5. 컴퓨터 게임을 좋아한다/동사구   6. a very big city/명사구   7. in a library/전치사구
8. present at the meeting/형용사구
9. live in the country/동사구
10. really well/부사구

1. Mary는 매우 친절하다.

☞ 부사 very가 형용사 kind를 꾸며 준다.
2. 나는 예쁜 인형들을 가지고 있다.
☞ 형용사 pretty가 명사 dolls를 꾸며 준다.
3. 그녀는 London에 산다.
☞ in London은 장소를 나타내는 전치사구로 동사 lives를 꾸며 준다.
4. 그들은 아주 열심히 공부한다.
☞ 부사구 very hard는 동사 study를 꾸며 준다.
5. 우리는 컴퓨터 게임을 좋아한다.
☞ like computer games는 동사 like이 중심 단어인 동사구이다.
6. ☞ a very big city는 '관사+부사+형용사+명사'로 구성된 명사구이다.
7. library 도서관
☞ in a library는 장소를 나타내는 전치사구(장소의 전치사+관사+명사)이다.
8. present(사람이) 있는, 참석한, 출석한 meeting 모임, 회합, 회의
☞ present at the meeting은 형용사 present와 전치사구 at the meeting으로 구성된 형용사구이다.
9. country 시골
☞ live in the country는 동사 live와 전치사구 in the country로 이루어진 동사구이다.
10. ☞ really well은 부사 really가 부사 well을 수식하는 부사구이며 중심 단어는 well이다.

UNIT 05 문장과 절의 구성 요소
Checkup Test p.24

1. My sister/주어, very pretty/주격보어
2. The boys/주어, always work hard/술어
3. books/목적어, in the library/수식어
4. the game/목적어, very exciting/목적격보어
5. the girl/목적어, a genius/목적격보어
6. a writer(주격보어)   7. tired (목적격보어)
8. a genius (목적격보어)   9. young(주격보어)
10. clever(목적격보어)

1. 나의 여동생은 아주 예쁘다.
☞ My sister is very pretty.
　　　주어　　동사　　주격보어
2. 그 소년들은 항상 열심히 일한다.

☞ **The boys always work hard.**
　　주어　　　　　　　술어

3. 그들은 도서관에서 책을 읽는다/읽었다.

☞ **They read books in the library.**
　　주어　동사　목적어　　수식어

4. 사람들은 그 경기가 아주 재미있다는 것을 안다.

☞ **People find the game very exciting.**
　　주어　동사　목적어　　목적격보어

5. 우리는 그 소녀를 천재라고 부른다. genius 천재
call A B A를 B라고 부르다

☞ **We call the girl a genius.**
　　주어　동사　목적어　목적격보어

6. 그는 작가이다. writer 작가

☞ a writer는 주어(He)를 설명해 주는 주격보어이다.

7. 운동은 우리들을 피곤하게 한다. tired 피곤한

☞ tired는 목적어(us)를 설명해 주는 목적격보어이다.

8. 그들은 그 소년을 천재라고 부른다. genius 천재

☞ a genius는 목적어(the boy)를 설명해 주는 목적격보어이다.

9. 그녀는 어려 보인다.

☞ young은 주어(She)를 설명해 주는 주격보어이다.

10. 우리는 그녀가 영리하다고 생각한다.

☞ clever는 목적어(her)를 설명해 주는 목적격보어이다.

UNIT 06 인칭대명사와 be동사의 변화
Checkup Test p.27

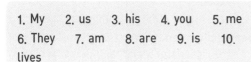

1. My　2. us　3. his　4. you　5. me
6. They　7. am　8. are　9. is　10. lives

1. 나의 이름은 Cathy이다.

☞ 명사 name을 꾸며 주는 I의 소유격인 my가 필요하다.

2. Mary가 우리들을 도와줄 것이다.

☞ 동사 help의 목적어가 필요하므로 we의 목적격인 us가 필요하다.

3. 그 책은 그의 것이다.

☞ be동사 is의 보어인 명사가 필요하므로 he의 소유대명사인 his가 필요하다.

4. 나는 너를 사랑한다.

☞ 동사 love의 목적어가 필요하므로 you의 목적격인 you가 필요하다.

5. 그 노래는 나에게 아름답게 들린다. sound ~하게 들리다

☞ 전치사 to의 목적어가 필요하므로 I의 목적격인 me가 필요하다.

6. 그들은 맛있는 케이크를 만들 수 있다.

☞ 주어 자리에 와야 하므로 주격인 they를 써야 한다.

7. 나는 야구 선수이다.

☞ I am

8. 너는 나의 가장 좋은 친구이다.

☞ You are

9. 그녀는 나의 영어 선생님이다.

☞ She is

10. 그는 서울에 산다.

☞ 주어가 3인칭 단수인 He이고 현재 시제이므로 동사원형에 -s를 붙인다.

Review Exercise pp.28~30

1. (1) U (2) C (3) U (4) U (5) C　2. ②　3. ①
4. ②　5. ②　6. ③　7. (1) on (2) under
(3) When (4) and
8. (1) nice car → a nice car (2) a milk → milk
(3) a world → the world (4) a old book → an old book
9. (1) I like English.
(2) The house has a beautiful garden.
(3) The handsome boy is my friend.
(4) The doll is pretty.
10. (1) her (2) ours (3) They (4) him
11. (1) am tall and fat/am (2) very fast/fast
(3) a very interesting story/story
(4) in the morning/in
12. (1) old (2) a beautiful garden
(3) computer games (4) expensive

1. (1) 시간 (2) 책 (3) 버터 (4) 물 (5) 학생
☞ time, butter, water는 모두 셀 수 없는 불가산명사이고, book, student는 셀 수 있는 가산명사이다.

2. ① 나는 빵을 좋아한다.

② 그는 책을 읽는다.

③ 그녀는 내 여동생이다.

④ 그것은 나의 컴퓨터이다.

⑤ 그녀는 많은 친구들이 있다.

☞ ① bread는 셀 수 없는 명사이므로 앞에 관사 a를 붙일 수 없다. ③ 주어가 she일 때 be동사는 is가 와야 한다. ④ I의 소유격은 my이다. ⑤ 주어 she는 3인칭 단수이므로 have를 has로 바꿔야 한다.

3. 나는 방과 후에 농구를 한다/도서관에 간다/운동을 한다/피아노 레슨을 받는다. tired 피곤한, 지친 do one's exercises 운동을 하다

☞ 문장에는 주어와 동사가 있어야 하는데 ①에는 동사가 없으므로 빈칸에 들어갈 수 없다.

4. ① 그 소년들은 키가 크다.

② 그 새는 노래를 잘한다.

③ 그 오래된 책은 내 것이다.

④ 그녀는 귀여운 강아지를 갖고 있다. cute 귀여운 puppy 강아지

⑤ 그는 중국인 학생이다.

☞ tall, old, cute, Chinese는 형용사이고, ②의 well은 부사이다.

5. ① 나는 매우 배고프다.

② 매우 고맙습니다.

③ 그녀는 항상 아주 바쁘다.

④ 수학은 내게 아주 어렵다.

⑤ 아주 잘생긴 그 소년은 내 친구이다.

☞ hungry, busy, difficult, handsome은 형용사이고, ②의 much는 부사이다.

6. ① 우리는 그 개를 Happy라고 부른다.

② 운동은 너를 튼튼하게 만들어 줄 것이다.

③ 나는 엄마에게 꽃을 드릴 것이다.

④ 그 스웨터가 너를 따뜻하게 해 줄 것이다.

⑤ 너는 나를 아주 행복하게 만든다.

keep+목적어+형용사: ~를 …하게 유지시키다

☞ ①, ②, ④, ⑤의 밑줄 친 단어들은 목적격보어 역할을 하고, ③의 밑줄 친 단어는 목적어 역할을 한다.

7. go out 외출하다

☞ (1) '~위에'를 뜻하는 전치사는 on이다. (2) '~아래'를 뜻하는 전치사는 under이다. (3) '~할 때'를 뜻하는 접속사는 When이고, Because는 '왜냐하면 ~이기 때문이다'의 뜻이다. (4) '~과, 그리고'를 뜻하는 접속사는 and이고, but은 '그러나'의 뜻이다.

8. famous 유명한 around the world 세계적으로

☞ (1) 명사 car는 셀 수 있는 명사의 단수형이므로 앞에 관사가 와야 한다. (2) milk(우유)는 셀 수 없는 명사이므로 관사 a를 붙일 수 없다. (3) '세계적으로'는 around the world이다. world는 유일한 것이므로 관사 the를 붙인다. (4) old는 모음 발음으로 시작되므로 관사 an이 와야 한다.

9. ☞ (1) 주어(I)/동사(like)/목적어(English) (2) 주어(the house)/동사(has)/목적어(a beautiful garden) (3) 주어(the handsome boy)/동사(is)/보어(my friend) (4) 주어(the doll)/동사(is)/보어(pretty)

10. (1) 나는 그녀의 그림들을 좋아한다.

(2) 그 컴퓨터들은 우리 것이다.

(3) 그들은 함께 점심을 먹었다.

(4) 그녀는 그에게 선물을 주었다.

☞ (1) she의 소유격은 her (2) we의 소유대명사는 ours (3) 주어 자리에는 주격 they (4) 전치사의 목적어를 써야 하므로 he의 목적격은 him

11. (1) 나는 키가 크고 뚱뚱하다.

(2) 너는 아주 빨리 달린다.

(3) 그것은 아주 재미있는 이야기이다.

(4) 나는 아침에 일찍 일어난다.

☞ (1) 동사구의 중심 단어는 동사 (2) 부사구 very fast에서 very가 fast를 수식하므로 중심 단어는 부사 fast (3) 명사구의 중심 단어는 명사 (4) 전치사구의 중심 단어는 전치사

12. (1) 그는 오래된 물건들을 좋아한다.

(2) 그것은 아름다운 정원이다.

(3) 그녀는 컴퓨터 게임을 한다.

(4) 나는 이 스커트가 비싸다는 것을 알았다. expensive (가격이) 비싼

☞ (1) 형용사 old가 명사 things를 수식 (2) a beautiful garden이 주어 It을 설명하는 주격보어 (3) '그녀가 컴퓨터 게임을 한다'에서 '~을/~를'에 해당하는 computer games가 목적어 (4) 목적어 this skirt를 설명하는 expensive가 목적격보어

Chapter 02 문장의 종류

UNIT 07 부정문
Checkup Test p.34

1. am, not   2. is, not   3. is, not   4. do, not, like   5. does, not, study   6. does, not, sing   7. aren't   8. isn't   9. doesn't, run   10. don't, watch

1. 나는 부자이다. **rich** 부유한
   ☞ be동사가 있는 문장의 부정문은 be동사 뒤에 not을 붙인다. am → am not
2. 그는 친절하다. **kind** 친절한
   ☞ is → is not
3. 그 강아지는 귀엽다. **cute** 귀여운 **puppy** 강아지
   ☞ is → is not
4. 나는 오렌지를 좋아한다.
   ☞ 일반동사가 쓰인 긍정문을 부정문으로 바꿀 때는 do not이나 does not을 일반동사 앞에 붙인다. like → do not like
5. 그녀는 열심히 공부한다.
   ☞ studies → does not study
6. 그 새는 노래를 잘한다. **well** 잘
   ☞ sings → does not sing
7. 너는 키가 크다. → 너는 키가 크지 않다.
   ☞ are → are not(= aren't)
8. 그녀는 아름답다. → 그녀는 아름답지 않다. **beautiful** 아름다운
   ☞ is → is not(= isn't)
9. 그는 빠르게 달린다. → 그는 빠르게 달리지 않는다.
   ☞ runs → does not run(= doesn't run)
10. 그들은 TV를 본다. → 그들은 TV를 보지 않는다. **watch** 보다
    ☞ watch → do not watch(= don't watch)

UNIT 08 의문문
Checkup Test p.37

1. Is, he   2. Are, Tom, and, Jerry   3. Do, you, like   4. Does, she, have   5. Doesn't, Mary, like   6. I, am   7. they, aren't   8. we, do   9. he, doesn't, goes

1. 그는 영화감독이다. → 그가 영화감독이니? **movie** 영화 **director** 감독, 지도자
   ☞ He is ~의 의문문은 Is he ~?으로 쓴다.
2. Tom과 Jerry는 좋은 친구들이다. → Tom과 Jerry는 좋은 친구들이니? **friend** 친구
   ☞ Tom and Jerry are ~의 의문문은 Are Tom and Jerry ~?으로 쓴다.
3. 너는 기타 연주하는 것을 좋아한다. → 너는 기타 연주하는 것을 좋아하니? **guitar** 기타
   ☞ You like ~의 의문문은 Do you like ~?으로 쓴다.
4. 그녀는 많은 책을 가지고 있다. → 그녀는 많은 책을 가지고 있니? **a lot of** 많은
   ☞ She has ~의 의문문은 Does she have ~?으로 쓴다. 이와 같이 일반동사의 의문문에서 주어가 3인칭 단수이고 현재 시제일 때 조동사 do가 아니라 does를 써서 의문문을 만든다.
5. Mary는 야구를 좋아하지 않는다.
   ☞ 부정 의문문은 「be동사 / 조동사+not」을 줄임말로 바꿔 주어 앞으로 이동하여 만든다.
6. 너 배고프니? → 응, 그래. **hungry** 배고픈
   ☞ you로 물어봤으므로 대답은 I를 사용하고, Yes라고 긍정했으므로 I am이라고 쓰면 된다.
7. Kevin과 Linda가 도서관에 있지 않지? → 그래, 도서관에 있지 않아. 그들은 체육관에 있어. **library** 도서관 **gym** 체육관
   ☞ 주어가 Kevin and Linda이므로 대답에서는 대명사 they를 쓰고, No라고 부정했으므로 they aren't로 쓰면 된다.
8. 수진이와 너는 영어를 좋아하니? → 응, 그래.
   ☞ 주어가 Sujin and you이므로 대답은 we로 하고, 긍정이므로 we do라고 쓰면 된다.
9. 그가 자전거를 타고 학교에 가니? → 아니, 그렇지 않아. 그는 걸어서 학교에 가. **by bike** 자전거를 타고

on foot 걸어서

☞ 주어 he가 3인칭 단수이므로 he doesn't로 대답하고, 동사 go의 3인칭 단수 현재형인 goes를 써서 He goes ~라고 쓰면 된다.

UNIT 09 의문사가 있는 의문문
Checkup Test p.40

1. When   2. How   3. Who   4. Which
5. Why   6. Whose   7. What   8. Where
9. What sports do you like?   10. Where do they come from?   11. Whose book is this?
12. When do you go to bed?

1. 너의 생일이 언제니? – 4월 1일이야. April 4월
   ☞ '언제'를 뜻하는 의문사는 when이다.
2. Brazil 날씨가 어때? – 더워. whether 날씨
   ☞ 날씨를 물을 때는 How is the weather? 또는 What is the weather like?으로 쓴다.
3. 저 외국인은 누구니? – 나의 영어 선생님, Smith 씨야.
   ☞ '누구'를 뜻하는 의문사는 who이다.
4. 너 콜라와 주스 중 어떤 것을 원하니? – 나는 주스를 원해.
   ☞ 정해진 것 가운데서 '어느 것'라고 할 때는 의문사 which를 쓴다.
5. 너 왜 이렇게 서두르니? – 나는 학교에 늦었어. in a hurry 급히, 서둘러 be late for ~ ~에 늦다
   ☞ 이유를 물을 때는 의문사 why를 쓴다.
6. 이것은 누구의 휴대 전화이니? –민호 거야. cellphone 휴대 전화
   ☞ '누구의'를 뜻하는 의문사는 whose이다.
7. 너의 아버지 직업은 무엇이니? – 그는 조종사야. pilot 조종사, 파일럿
   ☞ 직업에 대해 물을 때에는 'What do you do?'라고 한다.
8. 그녀는 어디에 사니? – 그녀는 우리 옆집에 살아. next door to ~ ~의 옆집에
   ☞ 장소를 물을 때는 의문사 where를 쓴다.
9. ☞ 의문사 표현(What sports)+조동사(do)+주어(you)+동사(like) 순으로 배열
10. come from ~ ~ 출신이다.
    ☞ 의문사(Where)+조동사(do)+주어(they)+동사

(come)+전치사(from) 순으로 배열
11. ☞ 의문사 표현(Whose book)+동사(is)+주어(this) 순으로 배열
12. go to bed 잠자리에 들다
    ☞ 의문사(When)+조동사(do)+주어(you)+동사(go)+전치사구(to bed) 순으로 배열

UNIT 10 부가의문문
Checkup Test p.43

1. don't, you   2. isn't, it   3. are, they
4. isn't, there   5. won't, it   6. Yes, he is. / No, he isn't.   7. Yes, I can. / No, I can't.
8. Yes, she does. / No, she doesn't

1. 너는 토끼를 좋아해, 그렇지 않니?
   ☞ like이 일반동사이고 긍정문이므로 부가의문문은 부정 의문문인 don't you로 쓴다.
2. 그 로봇은 영리해, 그렇지 않니? smart 영리한
   ☞ is가 be동사이고 긍정문이므로 부가의문문은 부정 의문문을 쓰고, 주어가 the robot이므로 대명사 it을 써서 isn't it으로 쓴다.
3. 그들은 너의 사촌들이 아니야, 그렇지? cousin 사촌
   ☞ 부정문의 부가의문문은 긍정 의문문을 써야 하므로 are they가 된다.
4. 언덕 위에 교회가 있어, 그렇지 않니? church 교회 hill 언덕
   ☞ 「There is ~」의 부가의문문: There is ~, isn't there? / There is not ~, is there?
5. 내일 비가 올 거야, 그렇지 않니? tomorrow 내일
   ☞ 조동사가 있을 때는 그 조동사를 그대로 써서 부가의문문을 만든다. 따라서 will not을 줄여 won't it이라고 쓰면 된다.
6. 그는 수학을 잘해, 그렇지 않니? be good at ~ ~에 능숙하다 math 수학(= mathematics)
   ☞ 부가의문문에 답할 때는 부가의문문이 긍정이든 부정이든 상관없이 대답하는 내용이 긍정일 경우에는 'Yes, 주어+동사'로, 대답하는 내용이 부정일 경우에는 'No, 주어+동사'로 답한다.
7. 너는 높이 뛸 수 없어, 그렇지?
   ☞ 긍정의 대답: Yes, 주어+can./부정의 대답: No, 주어+can't.

8. 너의 언니는 컴퓨터 게임을 좋아하지 않아, 그렇지?
    ➡ 긍정의 대답: Yes, 주어+do/does.
    부정의 대답: No, 주어+don't/doesn't.
    주어(she)가 3인칭 단수이므로 do 대신 does를 쓴다.

UNIT 11 명령문/감탄문
Checkup Test p.46

1. Be   2. Clean   3. Don't   4. What   5. How   6. What   7. What beautiful flowers they are!   8. How tall she is!   9. Please help me.[Help me, please.]   10. Don't be late.

1. 도서관에서 조용히 해라. quiet 조용한, 고요한
   library 도서관
   ➡ 명령문은 항상 동사원형으로 시작하므로 be동사의 원형인 Be를 쓴다.
2. 너의 방을 청소해.
   ➡ 명령문은 항상 동사원형으로 시작하므로 Clean이 맞다.
3. 너무 많이 먹지 마라.
   ➡ '~하지 마라'는 부정의 명령문은 Don't로 시작한다.
4. 너무 어려운 질문이구나! difficult 곤란한, 어려운 question 질문, 문제
   ➡ what 감탄문의 순서: What+관사(a)+형용사(difficult)+명사(question)+주어(it)+동사(is)!
5. 너는 정말 부지런하구나! diligent 근면한, 부지런한
   ➡ how 감탄문의 순서: How+형용사(diligent)+주어(you)+동사(are)!
6. 그들은 멋진 신발을 가졌구나!
   ➡ What+형용사(nice)+명사(shoes)+주어(they)+동사(have)!
7. ➡ what으로 시작하는 감탄문에서는 what 뒤에 「a/an+형용사+단수명사」 혹은 「형용사+복수명사」가 오고 그 뒤에 '주어+동사'가 온다.
8. ➡ how로 시작하는 감탄문에서는 how 뒤에 형용사나 부사가 오고, 그 뒤에 '주어+동사'가 온다.
9. ➡ '~해 주세요'와 같이 공손하게 말하려면 명령문의 앞이나 뒤에 please를 쓴다. 뒤에 쓸 때에는 쉼표를 찍는다.
10. ➡ '~하지 마라'는 명령문은 「Don't+동사원형」으로 쓴다.

Review Exercise pp.47~48

1. (1) Who (2) Where (3) How   2. ④
3. (1) it (2) she (3) doesn't (4) Which, or
4. ③   5. (1) Be (2) Don't (3) What (4) How
6. (1) have (2) isn't (3) or (4) there
7. (1) Don't open the window.
   (2) Does she dance very well?
8. (1) They are not[aren't] movie stars.
   (2) He does not[doesn't] play badminton every week.
   (3) Wha a cute dog this is!

1. (1) A: 그는 누구니? B: 그는 영국에서 온 Mike이야.
   England 영국
   (2) A: 너는 어디에 사니? B: 서울에 살아.
   (3) A: 그녀는 몇 살이니? B: 그녀는 13살이야.
   ➡ (1) '누구'를 뜻하는 의문사는 who (2) '어디'를 뜻하는 의문사는 where (3) 나이를 물을 때는 'How old ~?'이라고 한다.
2. A: 너는 학교에 언제 가니?
   ➡ 시간을 물어봤으므로 시간에 대한 정보가 대답에 포함된 것이 정답이다.
3. (1) 이것은 멋진 그림이야, 그렇지 않니?
   (2) Jane은 커피를 좋아하지 않아, 그렇지?
   (3) 그는 좋은 친구들을 가졌어, 그렇지 않니?
   (4) 너는 여름과 겨울 중에서 어느 것을 더 좋아하니?
   ➡ (1) this나 that은 부가의문문에서 it으로 바뀐다. (2) 주어가 Jane이므로 대명사 she를 써 준다. (3) 동사가 일반동사(has)이고, 주어가 3인칭 단수(He)이므로 doesn't he가 된다. (4) 선택을 물을 때는 의문사 which를 쓰고, 둘 중의 하나이므로 or를 쓴다.
4. • 이 컴퓨터는 비싸지 않아, 그렇지?
   • 너는 많은 옷을 가졌어, 그렇지 않니?
   ➡ • is it → 첫 번째 문장은 부정문이므로 긍정의 부가의문문을 써야 하고 주어가 this computer이므로 대명사 it을 쓴다.
   • don't you → 두 번째 문장은 긍정문이므로 부정의 부가의문문을 써야 하고 주어는 그대로 you를 쓰면 된다.
5. (1) 다른 이들에게 친절해라.
   (2) 패스트푸드를 너무 많이 먹지 마라.

(3) 그것은 정말 높은 건물이구나!

(4) 그 남자는 정말 친절하구나!

🖘 (1) 명령문은 동사원형으로 시작하는데, 형용사 kind가 있으므로 be가 알맞다. (2) '~하지 마라'는 앞에 Don't를 쓴다. (3) 뒤의 어순이 「관사+형용사+명사+주어+동사」이므로 what을 쓴다. (4) 뒤의 어순이 「형용사+주어+동사」이므로 how를 쓴다.

6. (1) David은 모자를 가지고 있니?

(2) 겨울은 너무 추워, 그렇지 않니?

(3) 너는 사과와 오렌지 중에서 어느 것을 더 좋아하니?

(4) 공원에 나무가 많아, 그렇지 않니?

🖘 (1) 앞에 조동사 does가 왔으므로 has는 동사원형이 되어야 한다. (2) 앞의 문장이 긍정이므로 부정의 부가의문문인 isn't it이 되어야 한다. (3) 선택

을 나타내므로 and가 아닌 or가 알맞다. (4) There are ~의 부가의문문은 「aren't there?」가 되어야 한다.

7. 🖘 (1) '~하지 마라'의 Don't가 맨 앞에 오고 동사 (open)+관사(the)+명사(window) 순서가 된다. (2) 의문문이므로 Does가 맨 앞에 오고 주어(she)+동사 (dance)+부사(very well) 순서가 된다.

8. (1) 그들은 영화배우들이다.

(2) 그는 매주 배드민턴을 한다.

(3) 이것은 매우 귀여운 개이다.

🖘 (1) are는 be동사이므로 부정문은 are 뒤에 not을 붙인다. (2) plays가 일반동사이고 3인칭 단수를 나타내는 -s가 있으므로 does 뒤에 not을 붙인다. (3) What+a/an+형용사+명사+주어+동사!

Chapter 03 동사의 시제

UNIT 12 현재 시제
Checkup Test p.52

1. goes 2. works 3. has 4. think
5. studies 6. crys → cries
7. has → have 8. washs → washes
9. cookes → cooks 10. arrive → arrives

1. 🖘 He가 3인칭 단수이므로 go 뒤에 es를 붙인다.
2. 🖘 Jane이 3인칭 단수이므로 work 뒤에 s를 붙인다.
3. 🖘 Sue가 3인칭 단수이므로 have를 has로 고친다.
4. 🖘 I는 1인칭 단수이므로 think를 그대로 쓴다.
5. 🖘 My brother가 3인칭 단수이므로 study의 y를 i로 바꾸고 -es를 붙인다.
6. 아기가 운다.

🖘 cry는 [자음+y]로 끝나므로 y를 i로 바꾸고 -es를 붙인다.
7. 나에게는 두 명의 형이 있다. brother 형제

🖘 I는 1인칭 단수이므로 have를 쓴다.
8. Mike은 식사를 하기 전에 손을 씻는다. meal 식사

🖘 wash는 []로 끝나므로 3인칭 단수 현재형은 -es를

붙인다.
9. 나의 어머니는 파스타를 요리한다.

🖘 cook은 [k]로 끝나므로 -s를 붙인다.
10. 기차는 2분 후에 도착한다. in two minutes 2분 지나서

🖘 주어 the train이 3인칭 단수이므로 arrive뒤에 -s를 붙인다.

UNIT 13 과거 시제
Checkup Test p.55

1. wanted 2. stopped 3. tried 4. caught
5. came 6. played 7. bought 8. made
9. began 10. studied
11. He didn't meet his teacher on the street./ Did he meet his teacher on the street?
12. Tom didn't talk about his class./Did Tom talk about his class?

1. want 원하다

want–wanted–wanted

2. **stop** 멈추다

 '단모음+단자음'으로 끝나는 동사는 자음을 겹쳐 쓰고 -ed를 붙인다.
stop–stopped–stopped

3. **try** 시도하다, 노력하다

 '자음+y'로 끝나는 동사는 y를 i로 바꾸고 -ed를 붙인다. try–tried–tried

4. **catch** 잡다

 동사 catch는 불규칙 변화형이다. catch– caught–caught

5. **come** 오다

 동사 come은 불규칙 변화형이다. come– came–come

6. **play** 놀다

 '자음+y'가 아닌 '모음+y'로 끝나므로 -ed를 붙인다. play–played–played

7. 나는 어제 이 옷을 샀다.

 buy–bought–bought

8. 그녀는 로봇을 만들었다.

 make–made–made

9. 나는 운동을 시작했다.

 begin–began–begun

10. 너는 영어를 열심히 공부했다.

 '자음+y'로 끝나는 동사는 y를 i로 바꾸고 -ed를 붙인다. study–studied–studied

11. 그는 거리에서 그의 선생님을 만났다.

 과거 시제의 문장을 부정문으로 만들 때는 「did not/didn't+동사원형」으로 쓰고, 과거 시제의 문장을 의문문으로 만들 때는 「Did+주어+동사원형 ~?」으로 쓴다.

12. Tom은 그의 반에 대해 이야기했다.

 일반동사의 과거형이 있는 문장의 부정문과 의문문은 did를 써서 만들고, 이때 did 다음에는 동사원형이 온다.

UNIT 14 미래 시제
Checkup Test p.58

1. I'll/나는 피자를 먹을 것이다. 2. won't/우리는 그것을 다시 하지 않을 것이다. 3. She'll/그녀는 다음 달이면 중학생이 될 것이다. 4. Will you open the window? 5. Shall I go with you? 6. Shall we go for a swim tomorrow?

7. They will not/won't go to the zoo tomorrow.
8. She will not/won't be in the park.

1. I will의 줄임말은 I'll로 쓴다.
2. will not의 줄임말은 won't로 쓴다.
3. She will의 줄임말은 She'll로 쓴다.
4. 상대방에게 요청을 표현할 때 Will you ~?로 쓴다.
5. 'I'가 어떤 일을 하기를 상대방이 원하는지 물을 때 「Shall I ~?」로 표현한다.
6. 상대방과 함께 어떤 일을 하자고 제안할 때는 「Shall we ~?」로 쓴다.
7. 그들은 내일 동물원에 갈 것이다. zoo 동물원

 미래 시제의 문장을 부정문으로 바꿀 때는 will not/won't+동사원형을 쓴다.

8. 그녀는 공원에 있을 것이다.

 will be의 부정형은 will not be 또는 won't be 이다.

UNIT 15 진행 시제
Checkup Test p.61

1. stopping   2. writing   3. cooking   4. doing   5. making   6. running   7. were
8. am   9. is   10. He is running in the park.
11. I am waiting for the bus.
12. Are they singing together?
13. are having   14. tastes

1. **stop** 멈추다

 '단모음+단자음'으로 끝나므로 현재분사형은 마지막 자음(p)을 겹쳐 쓰고 -ing를 붙인다.

2. **write** 쓰다

 e로 끝나는 동사는 e를 생략하고 -ing를 붙인다.

3. **cook** 요리하다

 대부분의 동사는 동사원형+-ing 형태로 현재분사형을 만든다.

4. **do** 하다

5. **make** 만들다

 e로 끝나므로 e를 생략하고 -ing를 붙인다.

6. **run** 달리다

 '단모음+단자음'으로 끝나므로 마지막 자음(n)을

겹쳐 쓰고 -ing를 붙인다.

7. 너는 지난밤에 무엇을 하고 있었니?
　　👉 과거진행형은 「be동사의 과거형+현재분사형」으로 쓴다.

8. 나는 지금 TV를 보고 있는 중이다.
　　👉 현재진행형은 「be동사의 현재형+현재분사형」으로 쓴다.

9. 지금 밖에는 비가 오고 있는 중이다.
　　👉 현재진행형으로 쓰면 된다.

10. 👉 run은 '단모음+단자음'으로 끝나므로 마지막 자음 (n)을 겹쳐 써서 is running으로 현재진행형을 만든다.

11. wait for ~ ~을 기다리다
　　👉 wait에 -ing를 붙이고 주어가 I이므로 am waiting for라고 쓴다.

12. 👉 They are singing ~을 의문으로 바꾸면 Are they singing ~?이 된다.

13. 나의 가족은 지금 저녁 식사를 하고 있는 중이다.
　　👉 have가 '가지고 있다'는 소유를 나타낼 때는 진행형으로 쓰지 못하지만, '먹다'의 뜻일 때는 진행형으로 쓸 수 있다. 부사 now가 있으므로 현재진행형이 자연스럽다.

14. 이 수프는 맛이 좋다.
　　👉 taste '~맛이 나다'의 의미일 때는 진행형으로 쓸 수 없다.

UNIT 16 현재완료 시제
Checkup Test p.64

> 1. have, seen　　2. has, read　　3. has, been
> 4. have, lost　　5. I haven't[have never] been to London.　　6. Has she finished the project?
> 7. has, gone　　8. have, closed

1. 👉 '지금까지 ~한 적이 있다'는 경험을 의미하는 현재완료 시제를 쓴다.
　　see-saw-seen

2. 👉 '지금 막 ~했다'는 완료를 의미하는 현재완료 시제를 쓰면 되는데, 주어가 3인칭 단수(he)이므로 have가 아닌 has로 써야 한다. read-read-read

3. 👉 '지금까지 계속 ~하고 있다'는 계속을 의미하는 현재완료 시제를 쓴다. be-was/were-been

4. 👉 '~해서 지금 …하다'는 결과를 의미하는 현재완료 시제를 쓴다. lose-lost-lost

5. 나는 London에 가 본 적이 있다.

　　👉 have been to ~는 '~에 가 본 적이 있다'는 경험을 나타내고, '~에 가 본 적이 없다'는 haven't been to 또는 have never been to로 쓴다.

6. 그녀는 그 과제를 끝마쳤다. finish 끝마치다, 완성하다 project 연구 과제, 사업
　　👉 현재완료 시제의 의문문은 주어와 have 동사의 위치를 바꿔 주면 된다.

7. 그녀는 제주도에 가서 지금 이곳에 없다.
　　👉 have gone to ~는 주어인 사람이 '~에 가고 지금 여기에 없다'는 뜻이다.

8. 그들은 가게를 닫았고 그래서 그것은 지금 닫혀 있다.
　　👉 '가게 문을 닫아서 지금도 닫혀진 상태'가 계속 유지되고 있으므로 계속을 나타내는 현재완료로 써야 한다.

UNIT 17 주의해야 할 현재완료의 용법/과거완료 시제
Checkup Test p.67

> 1. have changed　　2. had had
> 3. had started
> 4. (1) 나는 5년 동안 여기에 살고 있다. (지금도 여기에 산다.)
> 　　(2) 나는 5년 간 여기 살았다. (지금은 이곳에 살지 않는다.)
> 5. (1) 내가 도착했을 때 (바로 그때) Mary가 떠났다.
> 　　(2) 내가 도착했을 때 Mary가 (내가 도착하기 전에) 이미 떠났었다.
> 6. They have been to Europe.
> 7. They have gone to Europe.
> 8. When did you see the movie?

1. 내가 지난번에 너를 본 이후로 너는 매우 많이 변했다.
　　👉 과거 시점인 I saw you last time 이후로 자란 것이므로 현재완료 시제가 알맞다.

2. 그 차가 고장 나기 전에 우리는 그것을 10년 동안 가지고 있었다.
　　👉 차가 고장 난 시점이 과거(broke)이고 그것을 가지고 있었던 것은 그 이전의 일이므로 과거완료 시제가 알맞다.

3. 내가 체육관에 도착했을 때, 농구 경기가 이미 시작됐었다.

☞ 내가 도착했을 때 이미 경기가 시작되었기 때문에 과거완료 시제가 알맞다.

4. (1) ☞ 5년 간 계속하여 이곳에 살고 있다는 의미이다.

(2) ☞ 5년 간 이곳에 살았고 지금은 살지 않음을 뜻한다.

5. (1) ☞ 두 동사의 시제가 동일한 과거이므로 도착하고 나서 떠났음을 뜻한다.

(2) ☞ 도착한 것은 과거이고 Mary가 떠난 것은 그보다 먼저 일어난 과거완료이다.

6. ☞ have been to는 '~에 갔다 왔다, ~에 가 본 적이 있다' 는 뜻이다.

7. ☞ '~에 가 버려서 지금은 여기에 없다' 는 have gone to로 쓰는데, 1인칭과 2인칭 주어와는 쓸 수 없다.

8. ☞ 의문사 when은 현재완료와 사용하여 같이 쓰이지 못한다.

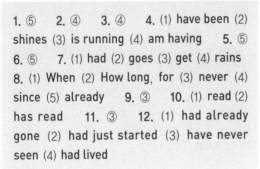

Review Exercise pp.68~70

1. ⑤   2. ④   3. ④   4. (1) have been (2) shines (3) is running (4) am having   5. ⑤
6. ⑤   7. (1) had (2) goes (3) get (4) rains
8. (1) When (2) How long, for (3) never (4) since (5) already   9. ③   10. (1) read (2) has read   11. ③   12. (1) had already gone (2) had just started (3) have never seen (4) had lived

1. ① 가다 ② 놀다 ③ 말하다 ④ 도착하다 ⑤ 일하다

☞ ①~④는 [z], ⑤는 [s] 발음

2. ① 나는 방을 청소하고 있는 중이다.

② 그 비행기는 7시에 떠난다.

③ 그는 음악을 듣고 있는 중이었다.

④ 그녀는 어제 몇 권의 공책을 샀다.

⑤ 너는 다음 달에 15살이 될 것이다.

☞ ④ yesterday가 있으므로 동사는 buy의 과거형인 bought이 알맞다.

3. A: 나 시계를 잃어버렸어.

B: 너 그것 찾았니?

A: 아니, 찾지 못했어.

☞ 시계를 잃어버려 지금도 가지고 있지 않은 상태이므로 현재완료형이 알맞다.

4. ☞ (1) 가 본 적이 있다는 경험을 뜻하므로 현재완료형 have been to를 써야 한다. (2) 불변의 진리는 현재 시제를 쓴다. (3) 달리고 있는 중이므로 현재진행형이 알맞다. (4) 지금 먹고 있는 중이므로 현재진행형이 알맞다.

5. 우리는 _____ 야구를 했다. ① 어제 ② 오늘 오후에 ③ 방과 후에 ④ 지난 토요일에 ⑤ 다음 일요일에

☞ 문장의 동사가 played로 과거형이기 때문에 미래를 나타내는 next Sunday와는 함께 쓸 수 없다.

6. ① 그녀는 자전거를 타고 있다.

② 그녀는 TV를 보고 있다.

③ 그는 피아노를 연주하고 있다.

④ 그들은 좋은 시간을 보내고 있다.

⑤ 나는 항상 나의 부모님들을 사랑한다.

☞ love와 같이 감정을 나타내는 동사는 진행형으로 쓸 수가 없고 현재 시제로 써야 한다. → I always love my parents.

7. (1) Cindy는 어제 Mike과 함께 점심 식사를 했다.

(2) 달은 지구 주위를 돈다.

(3) 나는 매일 아침 6시에 일어난다.

(4) 내일 비가 오면 우리는 집에 머물 것이다.

☞ (1) yesterday(어제)가 있으므로 동사는 과거 시제가 알맞다. (2) 달이 지구 주위를 도는 것은 불변의 진리이므로 현재 시제를 쓴다. (3) 매일 아침 6시에 일어나는 것이 현재의 습관이므로 현재 시제를 쓴다. (4) 시간이나 조건의 부사절에서는 미래 시제 대신에 현재 시제를 쓴다.

8. (1) 너는 그 소식을 언제 들었니?

(2) 너는 London에서 얼마나 오랫동안 머물렀니? / 나는 한 달간 머물렀어.

(3) 나는 그렇게 맛있는 음식을 먹어본 적이 없다.

(4) 나는 3일 전부터 계속 아팠다.

(5) 그녀는 이미 그 작업을 끝마쳤다. 나는 그녀를 도와줄 필요가 없다.

☞ (1) 언제를 의미하는 의문사 when이 알맞다. (2) 얼마나 오랫동안을 의미하는 의문사 how long과 ~ 동안이라는 시간을 나타내는 전치사 for가 알맞다. (3) '결코 ~한 적이 없다' 는 부사 never가 알맞다. (4) '~이래로' 라는 부사 since가 알맞다. (5) '이미' 라는 부사 already가 알맞다.

9. A: 그녀는 지금 무엇을 하고 있니?

B: 그녀는 설거지를 하고 있어.

☞ '지금 ~하고 있다' 는 현재진행형을 쓴다.

10. (1) 그는 그 책을 어제 읽었다.

(2) 그녀는 그 책을 전에 세 번 읽은 적이 있다.

☞ (1) 특정한 과거를 나타내는 yesterday가 있으므

로 과거 시제를 써야 한다. **read**의 과거형, 과거분사형의 발음은 [red]

(2) 지금까지 세 번 읽은 경험을 말하므로 현재완료형을 쓴다.

11. 내가 그 소녀를 만난 이후로 3년이 지났다.

☞ '~한 지 …의 시간이 지났다'는 「주어+현재완료 (have+p.p.)+since+동사의 과거형」으로 나타낸다.

12. (1) 내가 서둘러 집에 갔지만 그녀는 이미 떠났다.

(2) 내가 영화관에 도착했을 때, 영화가 막 시작되었다.

(3) 나는 전에 그렇게 아름다운 여자를 본 적이 없다.

(4) 내가 작년에 한국으로 돌아오기 전에 **London**에서 살았다.

☞ (1) 과거에 이미 떠나고 없으므로 과거완료 시제를 써야 한다. (2) 도착하기 전에 영화가 시작된 것이므로 과거완료 시제를 써야 한다. (3) '~한 적이 있다'는 경험을 나타내므로 현재완료 시제를 써야 한다. (4) 한국에 도착했던 것보다 더 과거이므로 과거완료 시제를 써야 한다.

Chapter 04 조동사

UNIT 18 will/be going to
Checkup Test p.74

> 1. She will not[won't] have dinner with Tom./ Will she have dinner with Tom?　2. They are not[aren't] going to play basketball./Are they going to play basketball?　3. will, be　4. Will, you　5. am, going　6. is, going, to　7. about, to/on, the, point

1. 그녀는 **Tom**과 함께 저녁 식사를 할 것이다.

☞ will의 부정형은 will not을 쓰거나 won't로 줄여 쓸 수 있다. will의 의문문은 will을 주어 앞으로 이동시키면 된다.

2. 그들은 농구를 할 것이다.

☞ **be going to**의 부정형은 am/are/is not going to인데 are not은 aren't로, is not은 isn't로 줄여 쓸 수 있다. **be going to**의 의문문은 be동사를 주어 앞으로 이동시키면 된다.

3. middle school 중학교

☞ 내년에 중학생이 되는 것이므로 미래를 나타내는 조동사 will을 쓴다.

4. turn on ~ ~을 켜다

☞ 상대방에게 요청을 할 때에는 'Will you ~?'라고 쓴다.

5. ☞ '갈 작정이다'는 be going to go로 쓰지 않고 be going으로 쓴다.

6. fall down 넘어지다

☞ **be going to**는 현재의 주변 상황으로 보아 곧이어 일어날 일에 대해 쓰며 '~하려고 한다, ~할 것 같다'라는 뜻이다.

7. '지금 막 ~하려던 참이다'는 be about to+동사원형/be on the point of+-ing로 쓴다.

UNIT 19 can/may
Checkup Test p.77

> 1. ~할 수 있다　2. ~할지도 모른다　3. ~할 수 있다　4. ~할지도 모른다　5. ~할 수 있었다　6. ~해도 좋다　7. ④　8. ①

1. 너는 수영을 잘할 수 있다.

☞ can은 능력을 나타낸다.

2. 오늘밤에 비가 올지도 모른다.

☞ **may/might**는 불확실한 추측이나 가능성을 나타낸다.

3. 나는 영어를 잘 말할 수 있다.

☞ can은 능력을 나타낸다.

4. 그는 일찍 집에 올지도 모른다.

☞ **may**는 불확실한 추측이나 가능성을 나타낸다.

5. 그는 다섯살 때 바이올린을 켤 수 있었다. **at the age**

of ~ ~ 살에
　⮡ could는 과거의 능력을 나타낸다.
6. 너는 네 친구들과 외출해도 좋다. **go out** 외출하다
　⮡ **may**는 허락을 나타낸다.
7. ① 제가 이곳에 머물러도 되나요?
　② 당신의 책을 빌릴 수 있을까요?
　③ 그녀가 쿠키를 먹어도 되나요?
　④ 그녀는 기타를 연주할 수 있나요?
　⑤ 당신의 자전거를 사용해도 되나요?
　⮡ ①②③⑤는 허락을 나타내는 **can**이고, ④는 능력을 나타내는 **can**이다.
8. ① 내일 비가 올 지도 모른다.
　② 너는 신발을 신어 봐도 된다. **try on** ~ ~을 입어 보다, 신어 보다
　③ 주문을 받아도 될까요? **order** 주문
　④ 창문을 열어도 되겠습니까?
　⑤ 너는 밖에 나가 놀아도 된다.
　⮡ ②③④⑤는 허락을 나타내는 **may**이고, ①은 불확실한 추측이나 가능성을 나타내는 **may**이다.

UNIT 20 must/have to/should
Checkup Test p.80

1. What does she have to do? 　2. You don't have to wait for me.
3. I had to finish the project yesterday.
4. 틀림없이 ~이다 　5. ~해야 한다
6. had better 　7. should 　8. ought to

1. 그녀는 무엇을 해야 하니?
　⮡ 앞에 조동사 **does**가 나왔으므로 **has**를 동사원형으로 바꾼다.
2. 너는 나를 기다릴 필요가 없다.
　⮡ **must, can, may** 등의 조동사는 다른 동사나 조동사 다음에 올 수 없다. '~할 필요가 없다'는 **don't have to**로 쓴다.
3. 나는 어제 그 업무를 끝내야만 했다. **project** 업무
　⮡ **yesterday**가 있으므로 **have**를 과거 시제인 **had**로 바꾼다.
4. 그는 어젯밤에 잠을 자지 않았다. 그는 지금 틀림없이 피곤할 것이다. **tired** 피곤한
　⮡ '틀림없이 ~이다, ~임에 틀림없다'라고 확실한 추

측을 나타내는 **must**이다.
5. 그녀는 수영을 잘하지 못한다. 그녀는 규칙적으로 수영을 연습해야 한다.
　practice 연습하다, 실천하다 **regularly** 정기적으로, 규칙적으로
　⮡ '~해야 한다'라고 의무나 필요를 나타내는 **must**이다.
6. 너는 속도를 줄여야만 해. 너무 빨리 달리고 있잖아! **slow down** (차의) 속도를 줄이다
　⮡ 너무 빨리 달리고 있어서 속도를 줄이지 않으면 큰일 날 수 있으므로 충고, 경고를 의미하는 **had better**가 알맞다.
7. A: 나는 시험에 떨어졌어. B: 정말이니? 너는 좀 더 열심히 공부하는 것이 좋겠다.
　⮡ 시험에 떨어졌으므로 다음번에 합격하기 위해서 좀 더 열심히 공부하라고 충고하는 내용이므로 **should**가 알맞다.
8. A: 밖이 정말 춥다. B: 따뜻한 윗옷을 입는 것이 좋겠다.
　⮡ 밖의 날씨가 추워서 따뜻한 옷을 입지 않으면 감기가 걸릴 수 있으므로 '~해야 한다'의 뜻인 **ought to**를 쓰는 것이 알맞다.

Review Exercise pp.81~82

1. ③ 　2. (1) will (2) must (3) should (4) may
3. ⑤ 　4. (1) was, able, to (2) am, not, able, to 　5. ⑤ 　6. ⑤ 　7. (1) She had to finish her homework. (2) They couldn't enjoy the festival. (3) You had to help your mom.
8. (1) I didn't have to go to school yesterday.
　(2) We are going to the concert tomorrow.
　(3) The rumor may not be true.

1. 너는 나의 사전을 사용해도 된다./나는 영어로 편지를 쓸 수 있다./그는 정직하다. 그가 거짓말을 할 리가 없다. **dictionary** 사전 **honest** 정직한 **tell a lie** 거짓말하다
　⮡ 허가, 능력, 가능성을 나타내는 조동사 **can**이 알맞다.
2. ⮡ (1) 주어의 의지·의도를 나타내는 조동사 **will** (2) 강한 추측을 나타내는 조동사 **must** (3) '당연히 ~해야

한다' 라는 도덕적 의무를 나타내는 조동사 should (4) '~할지도 모른다'는 불확실한 추측을 나타내는 조동사 may

3. A: 내가 그 일을 오늘 끝내야 하니? B: 아니, 그러지 않아도 돼.

☞ '~하지 않아도 된다'는 불필요를 나타날 때는 don't have to를 쓴다.

4. (1) 그는 헤엄쳐 강을 건널 수 있었다.
   (2) 나는 그 질문에 답할 수 없다.

☞ (1) 능력을 나타내는 can은 be able to로 바꿀 수 있는데 could가 과거형이므로 be able to도 과거로 써야 한다. (2) 능력을 나타내는 can과 같은 뜻인 be able to의 부정형은 be동사 뒤에 not을 붙인다.

5. ① 그녀는 부자임에 틀림없다.
   ② 그들은 행복한 게 틀림없다.
   ③ 그 아기는 배고픈 게 틀림없다.
   ④ 그는 그렇게 말하는 것을 보니 현명한 게 틀림없다.
   ⑤ 우리는 노인에게 친절해야 한다.

☞ ①②③④의 must는 확실한 추측을 나타내고, ⑤의 must는 '~해야 한다'는 의무를 나타낸다.

6. ① 내가 당신의 펜을 빌려도 될까요?
   ② 너는 그것을 읽을 필요가 없다.
   ③ 문을 열어 주시겠어요?
   ④ 너는 수업 시간에 조용히 해야 한다.
   ⑤ 나는 라디오를 들을 예정이다.

☞ be going to 뒤에는 동사원형을 쓴다.

7. (1) 그녀는 숙제를 끝마쳐야만 한다.
   (2) 그들은 그 축제를 즐길 수 없다. festival 축제
   (3) 너는 너의 어머니를 도와야 한다.

☞ (1) have to의 과거형은 had to이다. (2) can의 과거형은 could이고 can't/cannot의 과거형은 couldn't/could not으로 쓴다. (3) must의 과거형은 had to로 쓴다.

8. (1) '~할 필요가 없었다'는 don't have to의 과거형인 didn't have to로 쓴다.
   (2) 주어가 '우리(we)'이므로 are going to로 쓰면 되는데, are going to go보다는 are going이 흔히 쓰인다.
   (3) '~이 아닐지도 모른다'는 추측을 나타낼 때는 may not을 쓴다.

Chapter 05 문장의 5형식과 수동태

UNIT 21 자동사와 타동사
Checkup Test p.86

1. 해가 졌다.(자)   2. 그들은 농구를 했다.(타)
3. 그녀는 음악을 즐겼다.(타)   4. John은 배우가 되었다.(자)   5. 나는 그가 축구 선수라는 것을 알았다.(타)   6. a popular singer(주)   7. Dave (목)   8. a scientist(주)

1. ☞ 목적어가 없으므로 자동사이다. set-set-set
2. basketball 농구
   ☞ 목적어(basketball)가 있으므로 타동사이다.
3. enjoy 즐기다
   ☞ 목적어(music)가 있으므로 타동사이다.

4. actor 배우
   ☞ an actor는 주어(John)를 설명하는 주격보어이고, 목적어가 없으므로 자동사이다.
5. soccer player 축구 선수
   ☞ 목적어(him)가 있으므로 타동사이다. a soccer player는 목적어를 설명하는 목적격보어이다.
6. 그는 인기 있는 가수이다. popular 인기 있는, 대중적인
   ☞ a popular singer는 주어(He)를 설명하는 주격보어이다.
7. 사람들은 그를 Dave라고 부른다.
   ☞ Dave는 목적어(him)를 설명하는 목적격보어이다.
8. Michael은 과학자가 되었다. scientist 과학자
   ☞ a scientist는 주어(Michael)를 설명하는 주격보어이다.

UNIT 22 1형식 문장과 3형식 문장
Checkup Test p.89

1. 3/good shoes   2. 1   3. 1   4. 3/Victoria
5. 3/pizza   6. resemble with → resemble
7. listening → listening to
8. waiting → waiting for   9. reached to →
reached   10. discussed about → discussed

1. 그는 좋은 신발이 필요하다.
   ☞ 목적어(good shoes)가 있으므로 3형식 문장이다.
2. David은 운동장에서 달리고 있다. playground 운동장
   ☞ 목적어와 보어가 없으므로 1형식 문장이다. in the playground는 수식어구이다.
3. 그들은 축제에 갔다.
   ☞ 목적어와 보어가 없는 1형식 문장이다.
4. 지난주에 Andy는 Victoria와 결혼했다.
   ☞ 목적어(Victoria)가 있으므로 3형식 문장이다.
5. 그녀는 그녀의 아이들에게 피자를 만들어 주었다.
   ☞ 목적어(pizza)가 있으므로 3형식 문장이다.
6. 나는 나의 아버지를 닮았다. resemble ~을 닮다
   ☞ resemble은 타동사이기 때문에 전치사가 필요 없다.
7. 나는 나의 방에서 라디오를 듣고 있었다.
   ☞ listen to ~ ~을 듣다
8. 그녀는 공원에서 그녀의 친구들을 기다리고 있다. friend 친구
   ☞ wait for ~ ~을 기다리다
9. 우리는 Eiffel 탑 정상에 도달하였다. reach 도달하다, 도착하다 top 정상
   ☞ reach는 타동사이기 때문에 전치사가 필요 없다.
10. 그들은 학급 신문에 관하여 논의하였다. discuss 논의하다, 토론하다 newspaper 신문
   ☞ discuss는 타동사이기 때문에 전치사가 필요 없다.

UNIT 23 4형식 문장
Checkup Test p.92

1. She made a cake for Tom.
2. Monica bought a pretty bag for Jane.
3. He told a story to his grandchildren.
4. Will you get this book for me from the library?
5. The librarian lent Alex a book.
6. He showed me his pictures.
7. She sings her baby a song.
8. Mr. Smith explained his problem to me.
9. Eva asked an interesting question of her friend./Eva asked her friend an interesting question.

1. 그녀는 Tom에게 케이크를 만들어 주었다.
   ☞ 4형식을 3형식으로 바꿀 때 간·목(~에게)를 '전치사+명사구'로 바꾸어 직·목 다음에 써 준다. 동사가 make이므로 전치사 for를 쓴다.
2. Monica는 Jane에게 예쁜 가방을 사 주었다.
   ☞ 동사가 buy이므로 간접목적어(Jane) 앞에 전치사 for를 쓴다.
3. 그는 그의 손자들에게 이야기를 해 주었다.
   ☞ 동사가 tell이므로 간접목적어(his grandchildren) 앞에 전치사 to를 쓴다.
4. 도서관에서 이 책을 나에게 가져다주시겠어요? library 도서관
   ☞ get은 3형식으로 바꿀 때 전치사 for가 쓰인다.
5. 그 사서는 Alex에게 책을 빌려 주었다. librarian 도서관원, 사서 lend 빌려 주다
   ☞ 3형식을 4형식으로 바꿀 때는 to나 for의 목적어를 동사의 간접목적어로 써준다. 간접목적어는 동사 뒤, 직접목적어 앞에 온다.
6. 그는 나에게 그의 그림을 보여주었다. picture 그림
7. 그녀는 그녀의 아기에게 노래를 불러준다.
8. Smith 씨는 나에게 자신의 문제를 설명하였다. explain 설명하다
   ☞ explain은 「동사+목적어+to ~」의 3형식으로만 사용된다.
9. Eva는 그녀의 친구에게 흥미로운 질문을 물었다. interesting 흥미로운, 재미있는
   ☞ ask는 3형식으로 바꿀 때 간접목적어 앞에 전치사 of를 쓴다.

UNIT 24 2형식 문장과 5형식 문장
Checkup Test p.95

1. beautiful   2. great   3. crazy   4. bad
5. sad   6. calls, me   7. healthy

8. me, happy 9. her, young
10. think, clever[smart]

1. Julie는 어제 아름다워 보였다.
    ☞ look+보어(형용사)는 '~하게 보이다'는 뜻이다.
2. 이 쿠키들은 맛이 좋다.
    ☞ taste+보어(형용사)는 '~한 맛이 나다'는 뜻이다.
3. 그 소리는 나를 미치게 한다. noise 소리, 소음 drive
   ~한 상태에 빠뜨리다 crazy 미친
    ☞ drive+목적어+보어(형용사)는 '…를 ~하게 하다,
    ~한 상태에 빠뜨리다'는 뜻이다.
4. 무엇인가 나쁜 냄새가 난다. smell 냄새가 나다
    ☞ smell+보어(형용사)는 '~한 냄새가 나다'는 뜻이다.
5. Tony는 슬픈 것처럼 보인다. seem ~처럼 보이다
    ☞ seem+보어(형용사)는 '~하게 보이다, ~해 보이
    다'는 뜻이다.
6. ☞ call A B는 'A를 B라고 부르다'는 뜻이다.
7. ☞ 「keep+보어(형용사)」의 형태로 '~한 상태를 유지
   하다'는 뜻이다. keep healthy는 '건강한 상태를 유지
   하다'는 뜻이다.
8. ☞ 「make+목적어+목적격보어」의 형태로서 make
   me happy는 '나를 행복하게 만든다'는 뜻이다.
9. ☞ 「find+목적어+목적격보어」의 형태로서 found her
   young은 '그녀가 젊다는 것을 알았다'는 뜻이다.
10. ☞ 「think+목적어+목적격보어」의 형태로서 think
    Brad clever는 'Brad가 영리하다고 생각한다'는 뜻이다.

UNIT 25 능동태와 수동태
Checkup Test p.98

1. This film was made by the director.
2. *Harry Potter* is loved by a lot of children.
3. The computer will be repaired by my father.
4. The room is not[isn't] cleaned by Julie every
   day.
5. Was the window broken by Mike?
6. by people   7. by someone   8. by people

1. 그 감독이 이 영화를 만들었다. director 감독 film
   영화
    ☞ 능동태를 수동태로 만들 때는 ① 능동태의 목적어

→ 수동태의 주어, ② 능동태의 동사 → be동사+과거분
사, ③ 능동태의 주어 → by+목적격 순으로 만든다.
2. 많은 아이들은 Harry Potter를 좋아한다. a lot of
   많은
3. 나의 아버지는 그 컴퓨터를 수리할 것이다. repair
   수리하다
    ☞ will repair의 수동형은 will be repaired로 쓴다.
4. 그 방은 매일 Julie에 의해서 청소된다. clean 청소
   하다
    ☞ 수동태의 부정문은 be동사 다음에 not을 쓴다.
5. 그 유리창은 Mike에 의해 깨졌다.
    ☞ 수동태의 의문문은 be동사를 주어 앞으로 이동시켜
    만든다.
6. 영어는 많은 나라에서 사람들에 의해 말해진다.
    ☞ 일반 사람이나 불분명한 사람을 나타내는 by
    people이나 by someone 등은 수동태에서 생략할 수
    있다.
7. 내 가방이 버스에서 누군가에 의해 도둑맞았다. steal
   훔치다, 도둑질하다
8. 인터넷은 요즘 사람들에 의해 많이 사용된다. these
   days 요즘

UNIT 26 주의해야 할 수동태
Checkup Test p.101

1. I am taught English by him.
2. English is taught to him by her.
3. The cake was made for me by my mom.
4. The fairy tales were read to the baby by her.
5. taken care of by   6. laughed at by
7. with   8. with

1. 그는 나에게 영어를 가르친다. teach 가르치다
    ☞ 4형식을 수동태로 바꿀 때 주어가 되는 것은 능동
    태의 간접목적어(~에게)이다. teach – taught – taught
2. 그녀는 그에게 영어를 가르친다.
    ☞ 3형식을 수동태로 바꿀 때 주어가 되는 것은 능동
    태의 목적어(English)이다.
3. 나의 어머니는 나에게 케이크를 만들어 주셨다.
    ☞ 3형식을 수동태로 바꿀 때 주어가 되는 것은 능동
    태의 목적어(the cake)이다. make – made – made
4. 그녀는 아기에게 동화를 읽어주었다. fairy tale 동화

☞ 3형식을 수동태로 바꿀 때 주어가 되는 것은 능동태의 목적어(**the fairy tales**)이다. read[riːd]-read[red]-read[red](과거형과 과거분사형의 발음에 주의)

5. 그 아기는 엄마에 의해 보살핌을 받는다. **take care of** ~ ~을 돌보다, 보살피다

☞ 「동사+명사+전치사」로 이루어진 숙어 **take care of**를 수동태로 만들 때 전치사 **of**를 빠뜨리지 않도록 주의한다.

6. 그는 그의 친구들로부터 비웃음을 받는다. **laugh at** ~ ~을 비웃다

☞ 「자동사+전치사」로 이루어진 숙어 **laugh at**을 수동태로 만들 때 전치사 **at**을 빠뜨리지 않도록 주의한다.

7. **be filled with** ~ ~으로 가득 차 있다

8. **be covered with** ~ ~으로 덮여 있다

Review Exercise pp.102~104

1. ① 2. ③ 3. ④ 4. (1) Brady brought Tom gloves. (2) He gave a present to me. (3) I made spaghetti for my friends yesterday. (4) I showed Emma my paintings. 5. (1) friendly (2) soft (3) good (4) exciting 6. ③ 7. ④ 8. (1) Mr. Bean made the child a robot. (2) We should always keep the classroom clean. 9. (1) are used (2) was cleaned (3) was given (4) told 10. ① 11. ① 12. ④

1. ① 나를 기다려.
   ② 그녀는 은행에서 일한다. **bank** 은행
   ③ 그는 선생님이 되었다.
   ④ 그는 그의 손목시계를 보았다. **watch** 손목시계
   ⑤ 운동은 우리들을 건강하게 해 준다.
   ☞ **wait**은 자동사이므로 전치사 **for**가 필요하다. **wait for** ~ ~을 기다리다

2. ① 나는 영어로 일기를 썼다. **diary** 일기
   ② Cindy는 약간의 초콜릿을 원했다.
   ③ 나의 할머니는 나에게 옛날이야기를 말씀해 주셨다.
   ④ 나는 나의 여동생에게 영화표를 주었다.
   ⑤ Nick은 Tom에게 영어 사전을 사주었다.
   ☞ ①②④⑤는 3형식. ③은 4형식이다.

3. 그 음식은 ①대단하다./②대단해 보인다./③대단한 냄새가 난다./⑤대단한 맛이 난다.
   ☞ **great**이 주격보어이므로 빈칸에는 2형식 동사(불완전자동사)가 알맞다. **find** ~을 찾다, ~을 발견하다

4. (1) Brady는 Tom에게 장갑을 가져다주었다. **bring** 가져오다
   (2) 그는 나에게 선물을 주었다. **present** 선물
   (3) 나는 어제 나의 친구들에게 스파게티를 만들어주었다. **spaghetti** 스파게티
   (4) 나는 Emma에게 나의 그림을 보여주었다.
   ☞ (1) bring+목적어+to+명사 → bring+명사(= 간·목)+직·목 (2) give+간·목+직·목 → give+직·목+to+간·목 (3) make+간·목+직·목 → make+직·목+for+간·목 (4) show+목적어+to+명사 → show+명사(= 간·목)+직·목

5. (1) 그들은 우호적인 것처럼 보였다. **friendly**(형용사) 우호적인, 친절한
   (2) 그 베개는 부드럽게 느껴진다. **pillow** 베개
   (3) 이 사과는 맛이 좋다.
   (4) 그 음악은 신나게 들린다. **exciting** 신나는, 흥분시키는
   ☞ 감각과 관련된 동사(look, taste, sound, feel, smell, seem) 다음에는 보어로 형용사가 온다.

6. 당신에게 부탁을 해도 되겠습니까? **favor** 부탁
   ☞ ask+간·목+직·목 → ask+직·목+of+간·목

7. ① 그는 그녀에게 카드를 보냈다.
   ② 나는 너에게 선물을 줄 것이다.
   ③ 나는 아빠에게 편지를 썼다.
   ④ 그녀는 그녀의 아이에게 많은 초콜릿을 사 주었다.
   ⑤ 그 웨이터는 우리에게 커피 두 잔을 가져다주었다.
   waiter 웨이터, 시중드는 사람
   ☞ send, give, write, bring은 3형식에서 간접목적어 앞에 to가 오고, buy는 for가 온다.

8. (1) ☞ 주어(Mr. Bean)+동사(made)+간접목적어(the child)+직접목적어(a robot) 순으로 배열한다.
   (2) ☞ 주어(We)+동사(should always keep)+목적어(the classroom)+목적격보어(clean) 순으로 배열한다.

9. (1) 휴대 전화는 일상생활에서 매우 널리 쓰인다. **cellphone** 휴대 전화 **widely** 널리
   (2) 거실은 어제 나의 어머니에 의해 청소되었다. **living room** 거실
   (3) 노벨상이 그 과학자에게 주어졌다. **scientist** 과학자
   (4) 선생님은 학생들에게 그들의 성적에 대해 말씀하

셨다.

☞ (1) cellphones(휴대 전화)가 '사람들에 의해 사용되는' 것이므로 수동태로 쓴다. (2) living room(거실)이 '엄마에 의해 깨끗해지는' 것이므로 수동태로 쓴다. (3) 노벨상이 '과학자에게 주어지는' 것이므로 수동태로 쓴다. (4) 주어인 teacher(선생님)가 말하는 것이므로 능동태로 쓴다.

10. ① 그 소년은 개에게 물렸다.

② 나는 Tony에게서 책을 받았다.

③ 이 문제는 그들에 의해 다루어졌다.

④ 그들은 아름다운 집을 가지고 있다.

⑤ 이 길은 사람들에 의해 자주 사용되지 않는다.

☞ ① bite(물다)–bit–bitten

② Tony gave me a book. → I was given a book by Tony.

Tony gave a book to me. → A book was given to me by Tony.

③ They dealt with this matter. → This matter was dealt with by them. deal—dealt—dealt

④ 소유를 나타내는 have는 수동태로 쓸 수 없다. → They have a beautiful home.

⑤ road(길)는 사람에 의해 사용되므로 수동태 is used로 써야 한다.

11. ① Pitt은 Jolie와 결혼했다.

② 나는 그 소식을 듣고 놀랐다.

③ 그녀는 영화 보는데 흥미가 있다.

④ 나는 나의 성적표에 만족하지 않는다. report card 성적표

⑤ 그의 부모들은 그의 편지에 기뻐했다.

☞ ① be married to ~ ~와 결혼하다 ② be surprised at ~ ~에 놀라다 ③ be interested in ~ ~에 흥미가 있다 ④ be satisfied with ~ ~에 만족하다 ⑤ be pleased with ~ ~에 기뻐하다

12. 능동태: John은 Mary가 천재라고 생각한다.

수동태: Mary는 John에 의해 천재라고 생각되어진다. genius 천재

☞ John thinks that Mary is a genius.

→ It is thought by John that Mary is a genius.

→ Mary is thought by John to be a genius.

따라서 ④의 that she is를 to be로 고쳐야 한다.

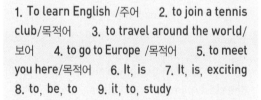

Chapter 06 부정사

UNIT 27 to부정사의 명사적 용법
Checkup Test p.108

1. To learn English /주어   2. to join a tennis club/목적어   3. to travel around the world/보어   4. to go to Europe /목적어   5. to meet you here/목적어   6. It, is   7. It, is, exciting   8. to, be, to   9. it, to, study

1. 영어를 배우는 것은 매우 흥미롭다.

☞ to부정사가 문장의 앞에서 주어로 쓰였다.

2. 나는 테니스 동아리에 가입하기로 결정했다.

☞ to부정사가 동사 decide(결정하다)의 목적어로 쓰였다.

3. 나의 소원은 전 세계를 여행하는 것이다.

☞ to부정사가 is 뒤에서 주어(My wish)를 설명하는 주격보어 역할을 한다.

4. 나는 Europe에 가는 것을 계획 중이다.

☞ to부정사가 동사 plan의 목적어 역할을 한다.

5. 나는 결코 이곳에서 너를 만나기를 기대하지 않았다.

☞ to부정사가 동사 expect의 목적어 역할을 한다.

6. 열대 우림을 보호하는 것은 매우 중요하다. rain forest 열대 우림

☞ 주어가 to부정사이면 주어 자리에 가주어 it을 대신 쓰고, to부정사는 문장 맨 끝으로 이동시킨다.

7. 새로운 일을 시작하는 것은 흥미롭다.

☞ 가주어 It is ~ 진주어 to부정사

8. ☞ to부정사는 동사 want(원하다)의 목적어 자리에 올 수 있다. '~할 수 있다'는 be able to로 쓴다.

9. ☞ 목적어 자리에 가주어 it을 써 주고 to부정사는 문장 맨 끝에 쓴다.

UNIT 28 to부정사의 형용사적 용법
Checkup Test p.111

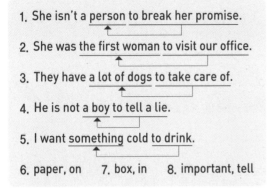

1. She isn't a person to break her promise.
2. She was the first woman to visit our office.
3. They have a lot of dogs to take care of.
4. He is not a boy to tell a lie.
5. I want something cold to drink.
6. paper, on   7. box, in   8. important, tell

[1~5] 보기: 나는 읽을 책을 가지고 있다.
1. 그녀는 그녀의 약속을 어길 사람이 아니다. break one's promise 약속을 어기다
   to부정사가 명사구 a person을 수식한다.
2. 그녀는 우리 사무실에 방문한 첫 번째 여자였다. visit 방문하다 office 사무실
   to부정사가 명사구 the first woman을 수식한다.
3. 그들은 돌봐야 할 많은 개들을 가지고 있다. take care of ~ ~을 돌보다 a lot of 많은
   to부정사가 명사구 a lot of dogs를 수식한다.
4. 그는 거짓말을 할 소년이 아니다. tell a lie 거짓말하다.
   to부정사가 명사구 a boy를 수식한다.
5. 나는 마실 차가운 것을 원한다.
   to부정사가 대명사 something을 수식하고 형용사 cold도 something을 수식한다.
6. 수식 받는 명사가 to부정사에 속한 전치사의 목적어인 경우 to부정사에 전치사를 반드시 써 주어야 한다. '종이 위에 적는' 것이므로 전치사 on을 쓴다.
7. '상자 안에 넣는' 것이므로 전치사 in을 쓴다.
8. -thing으로 끝나는 대명사를 형용사와 to부정사가 동시에 꾸며 줄 때는 「-thing+형용사+to부정사」 순서가 된다.

UNIT 29 to부정사의 부사적 용법
Checkup Test p.114

1. to hear the news   2. to hear the sound of Big Ben   3. to be a scientist   4. came

home only to find   5. To be honest with you
6. ⓒ   7. ⓓ   8. ⓐ   9. ⓔ   10. ⓑ

1. to부정사는 원인을 나타낸다.
2. to(~하기 위하여: 목적을 나타내는 to부정사
3. 목적을 나타내는 to부정사
4. '~해서 그 결과로 …하게 되다'는 결과를 나타내는 to부정사를 쓰면 된다. came home(집에 돌아왔다)+only to find(알게 되었다) 순으로 배열한다.
5. to be honest with you는 '솔직히 말하자면'의 뜻인 독립부정사이다.
6. 학생들은 많은 것들을 배우기 위해 학교에 간다.
   '목적'을 나타내는 to부정사의 부사적 용법이다.
7. 요약하여 말하자면, 나는 어리고 멍청한 소년이었다.
   to make a long story short(요약하여 말하자면)은 문장 전체를 수식하는 독립부정사이다.
8. 그녀는 파티에서 그녀를 보고 놀랐다.
   '원인'을 나타내는 to부정사의 부사적 용법이다.
9. 그녀는 자라서 유명한 피아니스트가 되었다.
   '결과'를 나타내는 to부정사의 부사적 용법이다.
10. 그는 Eiffel Tower를 보기 위해 Paris에 갔다.
    '목적'을 나타내는 to부정사의 부사적 용법이다.

UNIT 30 원형부정사
Checkup Test p.117

1. come   2. to, sing   3. go, get
4. (to) clear   5. play   6. sang → sing
7. enter → to enter   8. to use → use
9. to repair → repair   10. accepted → accept

1. 지각동사 see의 목적어 다음에는 원형부정사를 쓴다. come out of ~ ~에서 나오다
2. 지각동사 hear가 수동태로 쓰이면 다음에 to부정사를 쓴다.
3. had better(~하는 것이 좋다) 다음에는 원형부정사를 쓴다. get ready 준비하다.
4. 동사 help 다음에는 목적격보어로 to부정사 또는 원형부정사를 쓴다. clear the table 식탁을 치우다
5. 사역동사 let 다음에 목적격보어로 원형부정사를 쓴다. play with ~ ~을 가지고 놀다

6. 우리는 그가 교실에서 노래하는 것을 들었다.
   ☞ 지각동사(hear)+목적어+동사원형(목적격보어)

7. 그녀가 집으로 들어가는 것이 목격되었다.
   ☞ 지각동사가 수동태로 쓰이면 to부정사를 쓴다.

8. 나는 그에게 나의 컴퓨터를 사용하게 하였다.
   ☞ 사역동사(let)+목적어+동사원형(목적격보어)

9. 그녀는 그에게 라디오를 수리하게 했다. repair 수리
   하다
   ☞ 사역동사(have)+목적어+동사원형(목적격보어)

10. 나는 너의 제안을 받아들일 수밖에 없다.
    ☞ cannot but+동사원형: ~하지 않을 수 없다, ~할
    수밖에 없다

UNIT 31 주의해야 할 to부정사 용법
Checkup Test p.120

1. want him to leave
2. not to go to the concert
3. where to put the box   4. of, them, to
5. for, us, to   6. so, I, cannot
7. to, understand, love   8. It, is, comfortable

1. ☞ 동사(want)+목적어(him)+to부정사(to leave) 순
   으로 배열한다.
2. ☞ to부정사를 부정할 때는 to 앞에 not을 쓴다.
3. ☞ where to put the box: 그 상자를 어디에 놓아야
   할지
4. foolish 어리석은
   ☞ It is kind/foolish/rude 등+of(대)명사+to부
   정사
5. handwriting 손으로 쓴 글씨, 필적
   ☞ easy, hard, difficult와 같은 형용사 다음에 보
   어로 to부정사가 오면 to부정사의 의미상 주어는 「for+
   명사/인칭대명사의 목적격」으로 나타낸다.
6. 이 책은 내가 읽기에 너무 어렵다./이 책은 너무 어려
   워서 내가 읽을 수 없다.
   ☞ too+형용사/부사+to부정사(너무~하여 …할 수 없
   다)는 so+형용사/부사+that+주어+cannot으로 바꿀 수
   있다.
7. 사랑은 이해하기가 어렵다. difficult 곤란한, 어려운
   ☞ love는 의미상 understand의 목적어이므로, it
   is difficult to ~와 같이 to부정사 전체를 가주어 it이

대신하면 love는 understand의 목적어자리에 놓아야
한다.

8. 이 소파는 앉기에 편안하다. comfortable 편안한
   ☞ to부정사 속의 전치사의 목적어가 주어로 쓰인 문
   장을 가주어 it을 써서 바꾸면 전치사의 목적어는 원래
   자리에 놓아야 한다.

Review Exercise pp.121~122

1. (1) too (2) to move (3) to go (4) play (5) play
   (6) not to close (7) tell (8) us
2. (1) to buy a new cellphone/명사적 용법 (2)
   To read this book/명사적 용법 (3) to become
   an astronaut/명사적 용법 (4) to be a ballerina
   /부사적 용법 (5) to talk with/형용사적 용법 (6) to
   study English/명사적 용법 (7) to ask about our
   vacation/부사적 용법 (8) to go to bed/형용사적
   용법 (9) to believe her/명사적 용법
3. (1) fun to learn English
   (2) are hard to understand
   (3) late to catch the train
   (4) to have been killed in the war
4. (1) To exercise (2) go (3) to hear (4) tell
   (5) to join (6) pick (7) enter (8) to drink (9)
   to solve
5. (1) is to collect coins
   (2) has much homework to finish
   (3) to the supermarket to buy some food
   (4) know what to do
   (5) play soccer in the playground
   (6) enough to swim across the river
   (7) hard only to fail the exam
   (8) was too heavy for me to move

1. (1) 그는 너무 약해서 그것을 들 수 없다. weak 약한
      lift 들다
   (2) 그녀는 테이블을 옮길 수 있을 만큼 충분히 힘이
      세다.
   (3) 나는 어디로 휴가를 가야 할지 모른다. vacation
      휴가

(4) 그녀는 그녀의 아이들이 길거리에서 놀게 놔둔다.

(5) 우리는 그녀가 피아노 치는 소리를 들었다.

(6) 나의 어머니는 나에게 창문을 닫지 말라고 말씀하셨다.

(7) 너는 너의 부모님께 사실을 말씀드리는 것이 좋겠다.

(8) 우리가 바다 동물을 보호하는 것은 중요하다. **protect** 보호하다, 지키다

☞ (1) **too**+형용사/부사+**to**부정사: 너무 ~하여 …할 수 없다 (2) 형용사/부사+**enough to**부정사: (충분히) ~할 만큼 … (3) 「의문사+**to**부정사」의 형태인 **where to go**: 어디로 가야 할지 (4) 사역동사(**let**)+목적어+동사원형(목적격보어) (5) 지각동사(**hear**)+목적어+동사원형(목적격보어) (6) **to**부정사를 부정할 때는 **to**앞에 **not**을 쓴다. (7) **had better**+동사원형: ~하는 것이 좋겠다 (8) **important** 다음에 오는 **to**부정사의 의미상의 주어는 「**for**+명사/인칭대명사의 목적격」으로 나타낸다.

2. (1) 나는 새 휴대 전화를 사고 싶다.

(2) 이 책을 읽는 것은 어렵다.

(3) 그의 꿈은 우주 비행사가 되는 것이다. **astronaut** 우주 비행사

(4) 수진이는 자라서 발레리나가 되었다. **grow up** 어른이 되다, 다 자라다 **ballerina** 발레리나

(5) 그녀는 이야기할 많은 친구들이 있다.

(6) 나는 영어를 공부하는 것이 재미있다는 것을 알았다.

(7) 나는 우리의 휴가에 관해 물어보기 위해 너에게 전화를 했다.

(8) 자러 갈 시간이다. **It is time**+**to**부정사: ~할 시간이다 **go to bed** 자러 가다, 잠자리에 들다

(9) 우리가 그녀를 믿은 것은 어리석었다. **silly** 어리석은

☞ (1) **to**부정사가 동사 **want**(원하다)의 목적어 역할을 하는 명사적 용법이다. (2) **to**부정사가 주어 역할을 하는 명사적 용법이다. (3) **to**부정사가 주격보어 역할을 하는 명사적 용법이다. (4) **to**부정사가 동사가 나타내는 행위 다음에 일어나는 결과를 나타내는 부사적 용법이다. (5) **to**부정사가 명사(**many friends**)를 수식하는 형용사적 용법이다. (6) **to**부정사가 **find**(알다)의 목적어 역할을 하는 명사적 용법이다. **find**+가목적어(**it**)+목적격보어+진목적어(**to**부정사) (7) **to**부정사가 '~하기 위하여'라는 목적을 나타내는 부사적 용법이다. (8) **to**부정사가 명사를 꾸며 주는 형용사적 용법이다. (9) **to**부정사가 주어 역할을 하는 명사적 용법이다.

3. (1) 영어를 배우는 것은 재미있다. **fun** 재미나는

(2) **Einstein**의 이론을 이해하는 것은 어렵다. **theory** 이론, 학설

(3) 나는 너무 늦어서 기차를 잡아탈 수 없었다. **catch** 잡아타다

(4) 그는 그 전쟁에서 목숨을 잃은 것으로 여겨진다.

☞ (1) 주어로 쓰인 **to**부정사 자리에 가주어 **it**을 써서 문장을 바꿀 때 진주어에 해당하는 **to**부정사를 문장 맨 끝으로 보낸다. (2) 「형용사(**hard**)+**to**부정사」에서 **to**부정사의 목적어를 주어로 하는 문장으로 바꿀 수 있다. 이때 **to**부정사의 목적어 자리는 비워 두어야 한다. (3) **so**+형용사/부사+주어+**cannot**을 **too**+형용사/부사+**to**부정사로 바꾼다. (4) 주절의 동사가 현재 시제(**is thought**)이고 **to**부정사로 바꿀 부분의 시제가 과거(**was killed**)로 먼저 일어난 일이므로 완료부정사(**to have**+과거분사)로 써야 한다.

4. (1) 규칙적으로 운동을 하는 것은 너의 건강에 좋다. **regularly** 규칙적으로, 정기적으로

(2) 나의 부모님께서는 내가 10시 이후에 외출하는 것을 허용하지 않으신다.

(3) 나는 그 나쁜 소식을 듣고 슬펐다.

(4) 그는 내가 그에게 그 이야기를 하도록 했다.

(5) 그들은 그 클럽에 가입하지 않기로 결정했다. **join** 가입하다

(6) 그녀는 그가 공항에 가서 그들을 데려오게 했다. **pick up** ~ ~를 가서 데려오다 **airport** 공항

(7) 너는 누군가 방에 들어가는 것을 보았니?

(8) 목이 말라요. 제게 마실 것을 좀 주세요. **thirsty** 목마른

(9) 내게 퍼즐을 푸는 방법을 알려 줘. **solve** 풀다 **puzzle** 퍼즐

☞ (1) **to**부정사의 형태를 주어 자리에 쓴다. (2) 사역동사(**let**)+목적어+목적격보어(동사원형) (3) '나쁜 소식을 들어서'라고 느낌이나 감정의 원인을 나타내는 **to**부정사의 부사적 용법 (4) 사역동사(**make**)+목적어+목적격보어(동사원형) (5) **to**부정사를 부정할 때는 앞에 **not**을 붙인다. (6) 사역동사(**have**)+목적어+목적격보어(동사원형) (7) 지각동사(**see**)+목적어+목적격보어(동사원형) (8) -**thing**/-**one**/-**body**+(형용사+)+**to**부정사 (9) 의문사+**to**부정사

5. ☞ (1) 주어(**My hobby**)+동사(**is**)+주격보어(**to collect coins**) 순으로 배열한다. (2) 많은 숙제가 있다: **has much homework**, 끝내야 할: **to finish**(명사를 뒤에서 수식하는 **to**부정사의 형용사적 용법) (3) 슈퍼마켓에 갔다: **went to the supermarket**, 약간의 음식

을 사기 위해: to buy some food('목적'을 나타내는 to부정사의 부사적 용법) (4) 모르겠다: don't know, 무엇을 해야 할지: what to do(의문사+to부정사)」 (5) 축구하다: play soccer, 운동장에서: in the playground (지각동사 see+목적어+목적격보어(동사원형)) (6) ~할 만큼 충분히 튼튼하다: is strong enough, 그 강을 헤엄쳐 건너: swim across the river (형용사/부사+enough to부정사) (7) 열심히 공부했다: studied hard, 그러나 결국 그 시험에 떨어졌다: only to fail the exam (결과를 나타내는 to부정사의 부사적 용법). (8) 너무 무거웠다: was too heavy, 내가 옮기기에는: for me to move ('너무 ~하여 …할 수 없다'의 뜻의 too+형용사/부사+의미상의 주어(for+명사/인칭대명사의 목적격)+to부정사)

Chapter 07 동명사

UNIT 32 동명사의 용법
Checkup Test p.126

> 1. Reading books/주어   2. listening to music/보어   3. playing computer games/전치사의 목적어   4. being alone in the dark/동사의 목적어   5. Trying/주어, not trying at all/전치사의 목적어   6. to speak → speaking   7. are → is   8. I → me[my]   9. collect → collecting[to collect]   10. he → him[his]

1. 책을 읽는 것은 너를 현명하게 만든다.
   ☞ 동명사(동사원형+-ing)가 동사 앞에 위치하여 주어의 역할을 한다.
2. 내가 가장 좋아하는 일은 음악을 듣는 것이다. favorite 매우 좋아하는 activity 활동
   ☞ be동사 is 뒤에서 보어 역할을 하는 동명사이다.
3. 그는 컴퓨터 게임하는 것에 흥미가 없다. be interested in ~ ~에 흥미가 있다
   ☞ 전치사 in의 목적어 역할을 하는 동명사이다.
4. 그는 어두운 데에 혼자 있는 것을 좋아하지 않는다. in the dark 어두운 데에
   ☞ 동사 like의 목적어 역할을 하는 동명사이다.
5. 시도해 보는 것이 전혀 하지 않는 것보다 낫다. not ~ at all 조금도 ~ 아니다
   ☞ Trying(시도해 보는 것)은 주어로, not trying at all은 전치사 than의 목적어 역할을 하는 동명사이다.
6. 그녀는 영어로 말하는 것을 잘한다. be good at ~ ~

을 잘하다
   ☞ 전치사 다음에는 명사나 동명사가 온다.
7. 독서는 내가 가장 좋아하는 취미이다. hobby 취미
   ☞ 동명사구 전체를 단수로 취급하므로 be동사는 is가 알맞다.
8. 나의 부모님은 내가 늦게 집에 오는 것을 좋아하지 않는다.
   ☞ 동명사의 의미상 주어는 소유격이나 목적격으로 쓴다.
9. 나의 취미는 인형을 모으는 것이다. collect 모으다, 수집하다
   ☞ 보어 자리에는 동사가 아닌 동명사나 to부정사가 온다.
10. 나는 그가 그렇게 말했던 것을 기억한다. remember 기억하다, 생각해 내다
   ☞ 동명사의 의미상 주어는 소유격이나 목적격으로 쓴다.

UNIT 33 동명사와 to부정사
Checkup Test p.129

> 1. to call   2. doing   3. to save   4. to call   5. watching, to study   6. listening   7. to see   8. reading   9. making[to make]   10. closing

1. ☞ forget/remember+to부정사: '앞으로 일어날 일'을 '잊다/기억하다', forget/remember+동명사: '이미 일어난 일'을 '잊다/기억하다'
2. ☞ finish는 동명사를 목적어로 갖는다.

3. ☞ try+to부정사: ~하려고 노력하다, 시도하다, try+
동명사: 시험 삼아 ~을 해 보다

4. ☞ promise는 to부정사를 목적어로 갖는 동사이다.

5. ☞ stop+동명사: ~하는 것을 멈추다, stop+to부정
사: ~하기 위해 멈추다

6. 나는 음악 듣는 것을 즐긴다. enjoy 즐기다
   ☞ enjoy+동명사: ~하는 것을 즐기다, 즐겨 하다

7. 나는 Paris에 있는 Eiffel Tower를 보기 원한다.
   ☞ want는 목적어로 to부정사를 갖는다.

8. 너 벌써 이 책 다 읽었니? yet 아직(부정문에서), 벌써
   (의문문에서)
   ☞ finish는 목적어로 동명사를 갖는다.

9. 그들은 새로운 판타지 영화를 만들기 시작했다.
   ☞ start는 동명사와 to부정사를 모두 목적어로 갖는다.

10. 창문을 닫아도 괜찮겠습니까? Would you mind~?
    ~해도 될까요?, ~해도 괜찮겠습니까?
    ☞ mind는 동명사를 목적어로 갖는 동사이다.

UNIT 34 중요 동명사 구문
Checkup Test p.132

1. seeing   2. doing   3. playing
4. making   5. eating   6. like, drinking
7. On, arriving   8. worth, living   9. waiting,
for   10. no, use[good]

1. 나는 나의 할머니를 만나기를 고대한다.
   grandmother 할머니
   ☞ look forward to -ing: ~을 고대하다

2. 너는 아침에 운동하는 것에 곧 익숙해질 것이다.
   exercise 운동하다
   ☞ get used to -ing: ~에 익숙해지다

3. 오늘 오후에 축구하는 것이 어때?
   ☞ How about -ing?: ~하는 것이 어때?

4. 그녀는 그녀의 마을에 높은 건물을 만드는 것에 반대
   한다. object 반대하다
   ☞ object to -ing: ~에 반대하다

5. 그들은 내가 즉석식을 먹지 못하게 했다.
   ☞ prevent ... from -ing: …가 ~하지 못하게 하다

6. ☞ feel like -ing: ~하고 싶다

7. ☞ on -ing: ~하자마자

8. ☞ be worth -ing: ~할 가치가 있다

9. ☞ cannot help -ing: ~할 수밖에 없다(= cannot
but+동사원형)

10. ☞ It is no use/good -ing: ~해야 소용없다

Review Exercise pp.133~134

1. (1) ⓑ/studying English
(2) ⓐ/looking for new writers (3) ⓑ/raining
in the evening (4) ⓑ/flying high in the sky
2. (1) passing (2) to go (3) taking (4) to visit
(5) playing
3. (1) helping (2) How[What], about
(3) prevented[kept, stopped], from, going
(4) like, taking (5) On, finishing
4. Riding a bike without a helmet (2) interested
in studying math (3) looking forward to visiting
my sister (4) talking about making robots
5. ⑤
6. (1) making (2) decided (3) buying
(4) reading (5) using (6) promised (7) trying
(8) wearing (9) to finish (10) throwing

1. (1) ⓐ 그는 영어를 공부하고 있는 중이다. ⓑ 그는 영
   어 공부하는 것을 좋아한다.
   (2) ⓐ 나의 직업은 새로운 작가들을 찾는 것이다. ⓑ
   나의 아버지는 새로운 직업을 찾고 있는 중이다.
   job 직업 look for ~ ~을 찾다 writer 작가
   (3) ⓐ 저녁에 비가 올 것이다. ⓑ 저녁에 비가 오기
   시작했다.
   (4) ⓐ 그는 날아가는 새들을 보는 것을 좋아한다. ⓑ
   그는 하늘 높게 나는 것을 좋아한다.
   ☞ (1) ⓐ studying은 현재진행형에 쓰인 현재분사 ⓑ
   studying은 동사(like)의 목적어로 쓰인 동명사 (2) ⓐ
   looking은 주격보어로 쓰인 동명사 ⓑ looking은 현재
   진행형에 쓰인 현재분사 (3) ⓐ raining은 미래진행형에
   쓰인 현재분사 ⓑ raining은 동사(begin)의 목적어로 쓰
   인 동명사 (4) ⓐ flying은 명사(birds)를 꾸며 주는 현재
   분사 ⓑ flying은 동사(love)의 목적어로 쓰인 동명사
2. (1) 내게 소금 좀 건네주시겠습니까?
   (2) 그들은 이번 여름에 Europe에 가기를 원한다.

(3) 그녀는 사진 찍는 데 관심이 있다. **be interested in** ~ ~에 관심이 있다 **take a picture** 사진을 찍다

(4) 나는 **New York**에 있는 나의 조부모님을 방문하기로 계획했다.

(5) 그들은 컴퓨터 게임을 하는 것을 즐긴다.

👉 (1) **mind**는 동명사를 목적어로 갖는 동사이다. (2) **want+to**부정사: ~하기를 원하다, **want+동명사**: ~하는 것이 필요하다 **ex. The machine wants repairing.**(그 기계는 수리할 필요가 있다.) (3) 전치사 다음에는 **to**부정사를 쓸 수 없고 동명사를 써야 한다. (4) **plan**은 **to**부정사를 목적어로 갖는 동사이다. (5) **enjoy**는 동명사를 목적어로 갖는 동사이다.

3. (1) **Mary**가 나를 도와줘서 나는 그녀에게 감사했다. = 나는 나를 도와준 것에 대해 **Mary**에게 감사했다.

(2) 함께 사진 찍자. = 함께 사진 찍는 것이 어때?

(3) 우리는 비 때문에 소풍을 갈 수 없었다. = 비는 우리가 소풍 가는 것을 못하게 했다.

(4) 나는 샤워하기를 원한다. = 나는 샤워하고 싶다. **take a shower** 샤워를 하다

(5) 그는 숙제를 끝내자마자 밖으로 나갔다.

👉 (1) 전치사(**for**) 다음에는 동명사를 쓴다. (2) **How/What about -ing?**: ~하러 가는 것이 어때?(제안) (3) **keep/prevent/stop … from -ing**: … 때문에 ~하지 못하다, …가 ~하지 못하게 하다 (4) **feel like -ing**: ~하기를 원하다, ~하고 싶다 (5) **on -ing**: ~하자마자

4. (1) 헬멧 없이 자전거를 타는 것은 매우 위험하다. **without** ~ 없이

(2) 그들은 수학을 공부하는 데 관심이 있다.

(3) 나는 **Canada**에 있는 나의 누나를 방문하는 것을 몹시 기다리고 있다. **visit** 방문하다

(4) 우리는 로봇을 만드는 것에 관해 이야기하는 중이다. **talk about** ~ ~에 관해 이야기하다

👉 (1) 주어 역할을 하는 동명사(**riding**)를 써서 문장을 완성한다. 자전거를 타는 것: **Riding a bike**, 헬멧을 쓰지 않고: **without a helmet** (2) 전치사(**in**)의 목적어 역할을 하는 동명사(**studying**)를 써서 문장을 완성한다. 그들은 ~에 관심이 있다: **They are interested in**, 수학을 공부하는 것: **studying math** (3) '~을 고대하다'의 뜻을 가지는 **look forward to -ing**를 써서 문장을 완성한다. 나는 ~을 고대하고 있다: **I'm looking forward to**, 여동생을 방문하는 것: **visiting my sister** (4) 현재분사(**talking**)와, 전치사(**about**)의 목적어 역할을 하는 동명사(**making**)를 써서 문장을 완성한

다. 우리들은 ~에 대해 이야기하고 있다: **We are talking about**, 로봇을 만드는 것: **making movies**

5. ① 나는 너를 곧 만날 작정이었다.

② **John**은 농구하는 것을 즐긴다.

③ 나의 엄마는 내가 열심히 공부하기를 원하신다.

④ 나는 너로부터 소식을 듣기를 몹시 기다리고 있다. **hear from** ~ ~로부터 소식을 듣다

⑤ 우리는 그 소식을 듣고 울지 않을 수 없었다. **cry** 울다

👉 ① **plan to**부정사: ~할 계획이다, 작정이다 ② **enjoy -ing**: ~하는 것을 즐기다 ③ **want 목적어 to**부정사: ~가 …하기를 원하다 ④ **look forward to -ing**: ~하는 것을 몹시 기다리다 ⑤ **cannot help -ing**: ~하지 않을 수 없다

6. (1) 떠드는 것을 멈춰 주시겠습니까? **noise** 소음, 소란

(2) 날씨가 좋았다. 우리는 산책하러 가기로 결정했다. **go for a walk** 산책하러 가다 **decide** 결정하다

(3) 나는 새 휴대 전화를 사는 것을 고려했다. **consider** 고려하다

(4) 너 벌써 이 책을 읽는 것을 끝냈니?

(5) 네가 나의 연필을 사용해도 나는 신경 쓰지 않는다. **mind** 신경 쓰다, 싫어하다

(6) 그는 다시는 늦지 않겠다고 약속했다.

(7) 그들은 그들의 개를 찾으려고 노력하는 것을 포기하지 않았다. **give up** 포기하다

(8) 그는 반지를 끼는 것에 익숙해지고 있다.

(9) 외출하기 전에 너의 방을 청소하는 것을 끝내는 것을 잊지 말아라.

(10) 아이들이 바닥 여기저기에 음식을 집어던지지 못하게 하세요. **try to**부정사 ~하려고 노력하다 **all over the floor** 바닥 여기저기에

👉 (1) 떠들다: **make a noise**, ~하는 것을 멈추다: **stop -ing** (2) **decide**는 **to**부정사를 목적어로 가진다. (3) **consider -ing**: ~하는 것을 고려하다[숙고하다], **consider+(대)명사+to**부정사: ~이 …하다고 생각하다 (4) **finish**는 동명사를 목적어로 가진다. 그 책을 읽는 것을 끝마쳤다. **finished reading the book** (5) **mind**는 동명사를 목적어로 가진다. 네가 내 연필을 사용하는 것: **you using my pencil** (6) **promise+to**부정사: ~하기로 약속하다, **not to be late**: 늦지 않기로 (7) **give up**은 동명사를 목적어로 가진다. 찾으려고 애쓰는 것: **trying to find** (8) ~에 익숙해지다: **get used to -ing**, 반지를 끼는 것: **wearing a ring** (9) **forget+to**부정사는 '앞으로 일어날 일을 잊지 않다'는 의미이다.

네 방을 청소하는 것을 마치는 것: finish cleaning your room (10) keep … from -ing: …가 ~하지 못

하게 하다, 음식을 집어던지는 것: throwing food

Chapter 08 접속사

UNIT 35 등위접속사
Checkup Test p.138

1. The dog is black (and) the cat is white.
2. I like apples, (but) my sister likes bananas.
3. Which do you like better, bread and butter (or) bacon and eggs?
4. or   5. but   6. so   7. for   8. and
9. for   10. but, wise   11. but[except] me

[1~3] 보기: 이 개는 까맣고 하얗다.
1. 그 개는 까맣고 그 고양이는 하얗다. black 검은 white 흰, 하얀
   ☞ 등위접속사 and가 두 개의 절을 연결하고 있다.
2. 나는 사과를 좋아하지만, 나의 누나는 바나나를 좋아한다.
   ☞ 등위접속사 but이 두 개의 절을 연결하고 있다.
3. 너는 버터 바른 빵과 베이컨에 달걀 반숙을 얹은 요리 중 어떤 것을 더 좋아하니?
   ☞ 등위접속사 or가 두 개의 구를 연결하고 있다. bread and butter(버터 바른 빵)이나 bacon and eggs(베이컨에 달걀 반숙을 얹은 요리)는 and로 연결되어 하나의 사물이나 개념을 나타낸다.
4. 서둘러. 그렇지 않으면 너는 기차를 놓칠 거야. train 기차 miss 놓치다
   ☞ 명령문, or: ~해라. 그렇지 않으면 …
5. 그는 키가 크지 않다. 그러나 그는 훌륭한 농구 선수이다.
   ☞ 앞 문장과 뒷 문장의 내용이 대조를 이루고 있으므로 등위접속사 but을 쓴다.
6. 나는 너무 아팠다. 그래서 나는 학교에 갈 수 없었다. sick 아픈, 병든
   ☞ 앞 문장과 뒷 문장의 내용이 인과 관계를 이루고 있

으므로 '그러므로'의 뜻을 가지는 등위접속사 so를 쓴다.
7. 나는 서둘러 떠났다. 왜냐하면 나는 이미 늦었기 때문이다.
   ☞ 왜냐하면 ~이기 때문이다: for
8. 그녀는 공책 한 권과 지우개 한 개와 연필 두 자루를 샀다.
   ☞ 세 개 이상의 말을 연결할 때 마지막 말 앞에만 and 를 쓴다.
9. ☞ for: 왜냐하면 ~이기 때문이다
10. ☞ 대조를 나타내는 등위접속사 but과 대조의 대상이 되는 형용사 wise를 쓴다. wise 현명한
11. ☞ '~을 제외하고'의 뜻을 나타내는 전치사 but과 인 칭대명사의 목적격 me를 쓴다.

UNIT 36 상관접속사
Checkup Test p.141

1. not, but   2. both, and   3. Either, or
4. Neither, nor   5. only, but, also   6. at dancing → dancing   7. to read → reading
8. a library → in a library   9. or → nor
10. have → has

1. ☞ not A but B: A가 아니라 B
2. ☞ not~ both A and B: A와 B 둘 다 ~인것은 아니다
3. ☞ either A or B: A이거나 B 둘 중 하나
4. ☞ neither A nor B: A도 아니고 B도 아니다
5. ☞ not only A but (also) B: A뿐만 아니라 B도 역시
6. 그녀는 노래하는 것뿐만 아니라 춤추는 것도 역시 잘 한다.
   ☞ 상관접속사 not only A but also B에서 A와 B는 문법적으로 동일한 구조이어야 하는데 앞에 동명사

singing이므로 at dancing에서 at을 뺀다.

7. 나는 영화 보는 것과 음악 듣는 것과 책 읽는 것을 좋아한다.

☞ 등위접속사 and는 문법적으로 같은 종류의 것만 연결하므로 to read를 동명사(reading)로 바꿔서 watching, listening, reading이 일치하도록 해야 한다.

8. 나는 서점과 도서관 둘 다에서 일했다.

☞ 상관접속사 both A and B는 문법적으로 같은 종류만 연결하므로 in a bookstore와 같이 a library 앞에 in을 쓴다.

9. 나의 아버지와 어머니는 모두 내가 가수가 되는 것을 원하지 않으신다.

☞ neither는 nor와 함께 쓰여 상관접속사의 기능을 한다.

10. 그와 그녀 둘 중 하나는 그 일을 끝마쳐야 한다.

☞ either A or B가 주어로 쓰이면 동사는 B에 일치시킨다. she(그녀)가 3인칭 단수이므로 have를 has로 바꾼다.

UNIT 37 부사절을 이끄는 종속접속사
Checkup Test p.144

1. I'll wait here ⓒunderline{until you're ready}.
2. ⓔunderline{Although she had a bad cold}, she went to school.
3. They didn't play soccer ⓓunderline{because it was raining}.
4. ⓑunderline{If you get up early}, you'll feel better.
5. He saves money ⓐunderline{so that he can go on a trip}.
6. as[while]   7. As, soon, as   8. in, case
9. Although[Though]   10. no, matter

1. 나는 ⓒ네가 준비될 때까지 여기서 기다릴 것이다.
ready 준비가 된
☞ until/till: ~할 때까지
2. 그녀는 감기에 걸렸음에도 불구하고 ⓔ학교에 갔다.
☞ although/though: 비록 ~이지만
3. ⓓ비가 오고 있었기 때문에 그들은 축구를 하지 않았다.
☞ because/since/as: ~이기 때문에
4. 만약에 네가 일찍 일어난다면 ⓑ기분이 나을 것이다.
get up 일어나다, 기상하다

☞ if: 만약 ~하면

5. 그는 ⓐ여행을 가기 위해서 돈을 저축한다. save 저축하다, 구하다 go on a trip 여행을 떠나다
☞ so that ~: ~하기 위하여(목적)
6. ☞ ~하면서: as / ~하는 동안: while
7. ☞ ~하자마자: as soon as
8. ☞ ~하는 경우에 대비하여: in case
9. ☞ 비록 ~이지만: although/though
10. ☞ ~하든지 간에: no matter+의문사(= 의문사+ -ever)

UNIT 38 명사절을 이끄는 종속접속사
Checkup Test p.147

1. 목적어   2. 주어   3. 보어   4. 주어
5. with your opinion that we need a new leader
6. that she survived the sinking of the Titanic is published
7. how   8. whether   9. that   10. what

1. 그녀는 일찍 오겠다고 말했다.
☞ 명사절인 that절이 동사 said의 목적어 역할을 한다.
2. 그가 시험에 합격하리라는 것은 확실하다.
☞ 주어 자리의 it은 가주어이고 that절이 진주어이다.
3. 나의 요점은 우리가 지금 바로 그것을 해야 한다는 것이다. right now 지금 바로
☞ 명사절인 that절이 주어(my point)를 설명하는 주격보어 역할을 한다.
4. 그들이 France에 간다는 것이 사실이니?
☞ 주어 자리에 가주어 it이 있고 that절이 진주어이다. 왕래발착동사 go는 현재진행형으로 미래를 나타낸다.
5. 너의 의견은 우리가 새 리더가 필요하다는 것이다. 나는 그 의견에 동의한다.
→ 나는 우리가 새 리더가 필요하다는 너의 의견에 동의한다. opinion 의견, 견해
☞ that절을 명사(your opinion)를 설명하는 동격절로 만든다.
6. 그 이야기는 그녀가 Titanic 호의 침몰에서 살아남았다는 것이다. 그것은 출판되었다.
→ 그녀가 가라앉는 Titanic 호의 침몰에서 살아남았다는 이야기가 출판되었다.
survive ~에서 살아남다 sinking 가라앉음, 침몰

publish 출판하다, 공표하다

  ☞ that절을 명사(the story)를 설명하는 동격절로 만든다.

7. 내게 우체국에 어떻게 갈 수 있는지 말해 줘. post office 우체국

  ☞ how가 명사절을 이끌어 '어떻게 ~하는지'을 뜻한다.

8. 나는 내가 그곳에 가야 할지 말지 모르겠다.

  ☞ whether가 명사절을 이끌어 '~인지 (아닌지)'를 뜻한다.

9. 나는 우리가 시간에 맞게 그 과제를 끝마칠 수 있다고 생각한다. finish 끝마치다, 완료하다 on time 시간에 맞게, 정각에

  ☞ that절이 동사(think)의 목적어 역할을 한다.

10. 너는 지금 내가 무슨 생각을 하고 있는지 추측할 수 있니? guess 추측하다

  ☞ 의문대명사 what이 이끄는 명사절이 동사 guess의 목적어 역할을 하고 있다.

Review Exercise pp.148~150

1. (1) and (2) or (3) or (4) but (5) but (6) so

2. (1) both a notebook and a pencil

(2) not a notebook but a pencil

(3) not only a notebook but also a pencil

(4) either a notebook or a pencil

(5) neither a notebook nor a pencil

3. (1) If, not (2) Before (3) but (4) so, that (5) as, well, as

4. (1) almonds → without almonds

(2) are → is (3) have → has (4) likes → like

(5) if → whether [if or not → if]

(6) if → that [생략] (7) and → but

5. (1) in, case (2) until[till] (3) Even, if [though]

(4) Although[Though] (5) order

(6) before (7) Unless (8) when

6. (1) what (2) when (3) who (4) if (5) how

1. (2) hurry up 서두르다 be late for ~ ~에 늦다 (5) ride (탈것을) 타다 dangerous 위험한 wear 입다,

신다, 쓰다, 끼다

  ☞ (1) ~해라. 그러면 …: 명령문, and (2) ~해라. 그렇지 않으면 …: 명령문, or (3) ~ 또는 …: or (4) ~을 제외하고: but (5) 그러나, 하지만: but (6) 그러므로: so

2. ☞ (1) A와 B 둘 다: both A and B (2) A가 아니라 B: not A but B (3) A뿐만 아니라 B도 역시: not only A but also B (4) A이거나 B 둘 중 하나: either A or B (5) A도 아니고 B도 아니다: neither A nor B

3. (1) 온 힘을 기울여라. 그렇지 않으면 너는 성공하지 못할 것이다.

  = 만약 온 힘을 기울이지 않는다면 너는 성공하지 못할 것이다.

  do one's best 온 힘을 기울이다

(2) 그는 샤워를 한 후에 잠자리에 들었다.

  = 그는 잠자리에 들기 전에 샤워를 했다.

(3) 그들이 열심히 연습했음에도 불구하고 경기에서 이기지 못했다.

  = 그들은 열심히 연습했지만 경기에서 이기지 못했다.

  practice 연습하다, 실행하다 win 이기다

(4) 너무 추웠기 때문에 우리는 집에 머물렀다.

  = 너무 추워서 우리는 집에 머물렀다. stay 머무르다

(5) 그는 영어뿐만 아니라 불어도 할 줄 안다.

  ☞ (1) 명령문, or(~해라. 그렇지 않으면 …할 것이다.)= If you don't ~, …(~하지 않으면 …할 것이다.) (2) After A, B(A 한 후에 B하다)= Before B, A(B 하기 전에 A 하다)로 바꾼다. (3) Though ~, …(비록 ~이지만 …하다)= ~, but …(~이지만, 그러나 …하다) (4) As ~, …(~ 때문에 …하다)= so ~ that …(너무 ~해서 …하다) (5) not only A but also B(A뿐만 아니라 B도 역시): B as well as A

4. (1) 그녀는 땅콩뿐만 아니라 아몬드도 없이 쿠키를 만들었다. peanut 땅콩 almond 아몬드

(2) 성조기는 미국의 국기이다. Stars and Stripes 성조기(미국 국기) national 국가의, 국가적인 flag 기

(3) Jack과 Mike 둘 중 한 명은 의자를 고쳐야 한다. fix 수리하다, 고정시키다

(4) Jack과 Mike은 둘 다 축구를 아주 좋아한다.

(5) 나는 그녀가 나를 좋아하는지 아닌지를 모른다.

(6) 나는 네가 그것을 할 수 있을 것이라고 확신한다.

(7) 그는 중국어는 할 수 있지만, 일본어는 할 수 없다.

  ☞ (1) not only A but also B에서 A와 B는 문법적

으로 같은 종류의 것이어야 한다. (2) **Stars and Stripes**는 **and**로 연결되어 하나의 사물을 나타내므로 단수 취급을 한다. (3) **either A or B**가 주어일 때 동사는 **B**에 일치시킨다. **Mike**이 3인칭 단수이므로 **have**를 **has**로 고친다. (4) 주어가 **Jack**과 **Mike** 둘 다이므로 동사 **likes**를 **like**으로 고친다. (5) **whether** 다음에는 **or not**이 올 수 있으나, **if** 다음에는 **or not**이 올 수 없다. 따라서 **if or not**을 **whether or not**으로 고치거나 **if or not**을 **if**로 고쳐야 한다. (6) **I'm sure** ~은 '~을 확신하다'의 뜻으로 다음에 의문을 나타내는 **if**절이 올 수 없으므로 **if**절을 **that**절로 고친다. (7) 앞뒤 문장이 대조되므로 **and**를 **but**으로 고친다.

5. 🖊 (1) ~하는 경우에 대비하여: **in case** (2) ~할 때까지: **until/till** (3) 비록 ~할지라도: **even if/even though** (4) 비록 ~이지만: **although/though** (5) ~하기 위하여: **in order to** (6) 하기 전에: **before** (7) 만

약 ~하지 않으면: **unless** (8) ~할 때: **when**

6. (1) 나는 어젯밤에 네가 무엇을 말했는지 기억하지 않는다.
   (2) 나는 그에게 기차가 언제 도착하는지 물었다.
   (3) 그들은 누가 그 돈을 가지고 갔는지 모른다.
   (4) 나는 네가 파티에 가고 싶어 하는지 궁금하다.
   (5) 너는 이 기계를 어떻게 사용하는지 말해 줄 수 있니? **machine** 기계

   🖊 (1) '무슨 말을 했는지'라는 뜻이 되어야 하므로 의문대명사 **what**이 필요하다. (2) '기차가 언제 도착하는지'라는 뜻이 되어야 하므로 의문부사 **when**이 필요하다. (3) '누가 그 돈을 가져갔는지'라는 뜻이 되어야 하므로 의문대명사 **who**가 필요하다. (4) '~인지 아닌지'를 뜻하는 접속사 **if**가 필요하다. (5) '이 기계를 어떻게 사용하는지'라는 뜻이 되어야 하므로 의문부사 **how**가 필요하다.

 **Chapter 09** 분사와 분사구문

UNIT 39 현재분사와 과거분사
Checkup Test p.154

1. sitting 2. taken 3. seen
4. exciting 5. surprised
6. Who is the girl playing the piano?
7. He dropped the glass filled with milk.
8. People working in the office wear uniforms.
9. I met a boy called Tony in Sydney.
10. I got a letter written in English from a friend in the U.K.

1. 그는 내 옆에 앉아 있었다. **side** 쪽, 옆 **by one's side** ~의 옆에
   🖊 과거진행형인 '**was+현재분사**'가 되어야 한다.
2. 그 환자는 병원에 실려 갔다. **patient** 환자 **hospital** 병원
   🖊 수동태 문장인 '**be동사+과거분사**'가 되어야 한다. **take-took-taken**

3. 나는 오늘 아침부터 그를 보지 못했다.
   🖊 현재완료형은 '**have+과거분사**'가 되어야 한다. **see-saw-seen**
4. 이 경기는 매우 흥미진진하다. **exciting** 흥미진진한
   🖊 **game**(경기)이 흥미진진한 것이므로 능동의 의미인 **-ing**형을 쓴다.
5. 나는 그녀의 성공에 놀랐다. **success** 성공
   🖊 **be surprised at** ~ ~에 놀라다
6. 피아노를 치고 있는 그 소녀는 누구니?
   🖊 **playing** 다음에 오는 말이 있으므로 분사구가 명사 뒤에서 수식해야 한다.
7. 그는 우유로 가득 찬 유리컵을 떨어뜨렸다. **drop** 떨어뜨리다 **be filled with** ~ ~으로 가득 차 있다
   🖊 '우유로 가득 찬 유리잔'이 되어야 하고, **filled** 다음에 오는 말이 있으므로 **glass** 뒤에 써 주어야 한다.
8. 사무실에서 일하는 사람들은 유니폼을 입는다. **uniform** 유니폼, 제복
   🖊 '사무실에서 일하는 사람들'의 뜻이고, **working** 다음에 전치사구가 있으므로 **people** 뒤에 현재분사를 써 준다.

9. 나는 Sydney에서 Tony라고 불리는 소년을 만났다.
　☞ called 다음에 Tony가 오므로 boy를 뒤에서 수식해야 한다.

10. 나는 영국에 있는 친구로부터 영어로 쓰인 편지를 받았다.
　☞ written 다음에 전치사구가 있으므로 a letter의 뒤에 써 주어야 한다.

UNIT 40 분사구문 만드는 법
Checkup Test p.157

> 1. Feeling tired　2. Watching an old movie
> 3. making cookies　4. Singing and dancing together　5. Not being hungry
> 6. hurt his leg playing soccer　7. being fine, they went fishing　8. finished her work, she went home

1. 나는 피곤했기 때문에 일찍 잠자리에 들었다. **go to bed** 잠자리에 들다
　☞ 부사절과 주절의 주어가 I로 같기 때문에, 부사절의 접속사 because와 주어 I를 생략한 다음, 부사절의 동사 felt를 현재분사 feeling으로 바꾼다.

2. 옛날 영화를 보다가 그녀는 잠들었다. **fall asleep** 잠들다
　☞ 부사절과 주절의 주어가 같으므로 부사절의 접속사 while과 주어 she를 생략한 다음, watched를 watching으로 바꾼다.

3. 그녀는 부엌에 있는데 쿠키를 만들고 있다. **kitchen** 부엌 **cookie** 쿠키
　☞ 주절의 주어와 and 뒤의 주어가 같으므로 and와 she를 생략한 다음, is making을 making으로 바꾼다.

4. 우리는 함께 노래하고 춤추면서 즐거운 시간을 보냈다. **have a great time** 즐거운 시간을 보내다
　☞ 부사절과 주절의 주어가 같으므로 as와 we를 생략한 다음, sang and danced를 singing and dancing으로 바꾼다.

5. ☞ 분사구문을 부정할 때는 분사 앞에 not을 쓴다.

6. ☞ 그는 다리를 다쳤다: He hurt his leg, 축구를 하다가: playing soccer

7. **go fishing** 낚시하러 가다

☞ 날씨가 좋아서: It being fine, 그들은 낚시하러 갔다: they went fishing (날씨와 그들은 서로 다른 주어이므로 분사구문에 주어 It을 써 준다)

8. ☞ 그녀의 일을 끝냈을 때: Having finished her work, 그녀는 집으로 돌아갔다: she went home ('일을 끝낸 것'이 '집으로 돌아간 것'보다 먼저 일어난 일이므로 완료 분사구문(having+과거분사)을 썼다.)

UNIT 41 수동 분사구문과 with+명사구 +분사
Checkup Test p.160

> 1. Surprised　2. Seen　3. closed
> 4. in, one, hand　5. Angry　6. Left, alone
> 7. playing, snowing　8. standing, with

1. 그 소식에 놀라서 그녀는 즉시 그녀의 어머니에게 전화했다. **immediately** 즉시
　☞ 부사절을 분사구문으로 바꿀 때 접속사 as와 주어 she를 생략하고 was를 being으로 바꾸면 Being surprised가 되고, Being은 생략하면 「Surprised ~」이 된다.

2. 우주선에서 볼 때 지구는 아름답다. **spaceship** 우주선
　☞ 부사절의 주어 it은 주절의 주어 the earth를 가리키므로 when과 it을 생략하여 분사구문을 만들면 「Being seen ~」이 되고 Being이 생략되면 「Seen ~」이 된다.

3. 그는 눈을 감고 수프의 맛을 봤다. **taste** 맛보다
　☞ his eyes는 그에 의해 감기는 수동의 의미이므로 「with+명사+과거분사」를 이용해서 with his eyes closed를 쓴다.

4. 그는 한 손에 가방을 들고 있어서 빨리 달릴 수 없었다. **hold** 들다
　☞ 한 손에 가방을 든 채: with a bag in one hand

5. ☞ 무언가에 화가 나서: Being angry at something이지만 Being은 보통 생략되므로 Angry at something만 쓰면 된다.

6. ☞ 혼자 남겨져서: Being left alone에서 Being을 생략한다.

7. ☞ 눈이 내리는 채로: with it snowing

8. ☞ 그의 등을 벽에 기댄 채: with his back against the wall

UNIT 42 분사구문의 의미

Checkup Test p.163

1. After 2. When 3. and 4. Because[As] 5. Because[As] 6. Having seen 7. having arrived 8. Eating 9. Born

1. Mike은 외투를 벗고서 강에 뛰어들었다.
   ☞ 외투를 벗고 나서 강에 뛰어들었으므로 접속사는 After가 적당하다.
2. 그는 가게에 도착해서 문이 닫힌 것을 발견했다.
3. 그는 주머니에서 열쇠를 꺼내 문을 열었다.
   ☞ 연속해서 일어난 일이므로 and를 쓴다.
4. 그들은 차가 없었기 때문에 택시를 타야 했다.
   ☞ ~ 때문에: because/as
5. 아파서 그는 학교에 갈 수 없었다.
   ☞ ~ 때문에: because/as
6. ☞ '영화를 다시 본 것'이 '그 이야기를 이해한 것'보다 앞선 시제이므로 완료 분사구문(Having+과거분사)이 되어야 한다.
7. ☞ '모든 초대 손님이 도착한 것'이 '그가 파티를 시작한 것'보다 앞선 시제를 나타내므로 완료 분사구문(Having+과거분사)이 되어야 한다.
8. journey 여행
   ☞ 연속 동작의 분사구문으로 '아침을 먹는 것'은 능동의 의미이므로 현재분사로 시작하는 분사구문으로 쓴다.
9. ☞ 양보의 분사구문으로 '태어난 것'은 수동태의 의미이고 주절의 일보다 먼저이므로 Having been born이 된다. Having been이 생략되면 Born만 남는다. bear(아이를 낳다)–bore–born

Review Exercise pp.164~166

1. (1) reading (2) doing (3) walking (4) cooking (5) disappointed (6) improved (7) known (8) sleeping (9) used (10) written
2. (1) living (2) built (3) taking (4) written (5) thinking (6) surprising (7) Going (8) closed (9) listening (10) Saying
3. (1) ⓔ Listening to the story (2) ⓓ Seen from the airplane (3) ⓑ saying she would be back in an hour (4) ⓐ Watching TV (5) ⓒ Putting off the fire
4. (1) Getting off the bus, I dropped my book.
   (2) Walking home in the rain, I got wet.
   (3) Trying not to make a noise, she opened the door carefully.
   (4) Having lost the ticket, he couldn't go to the concert.
   (5) Having cleaned the rooms, she had dinner.
5. (1) Reading (2) Having, done (3) As[Because], had (4) When, entered (5) If, turn (6) was, covered (7) With, rising (8) After, finished (9) confused, didn't (10) There, being

1. (1) 내 여동생은 책을 읽고 있었다.
   (2) 내 남동생은 숙제를 하면서 밤을 꼬박 새웠다. stay up all night 밤을 꼬박 새우다
   (3) 길을 걸어가는 그 소년은 내 사촌이다.
   (4) 우리는 그녀가 부엌에서 요리하고 있는 것을 봤다.
   (5) 나는 그녀가 실망하는 것을 보고 싶지 않다. disappoint 실망하다
   (6) 개선된 디자인은 그 차를 더 빠르게 만들었다. improve 개선하다
   (7) 그는 한국의 Bill Gates로 알려져 있다. be known as ~ ~으로 알려지다
   (8) 지붕 위에서 자고 있는 고양이를 봐라. roof 지붕
   (9) 나는 쓰던 연필을 좀 가지고 있다.
   (10) 그는 나에게 영어로 쓰인 책을 사줬다.
   ☞ (1) 「was+현재분사」의 과거진행형 문장이다. (2) '~하면서'의 뜻으로 동시동작의 분사구문이다. (3) 명사 뒤에서 명사를 수식하는 분사로서 '소년이 길을 걸어가는' 능동의 의미이므로 현재분사를 쓴다. (4) 「지각동사(see)+목적어+목적격보어」의 형태로서 'her가 요리하고 있는' 능동의 의미이므로 현재분사를 쓴다. (5) '그녀가 실망하는 것'은 수동의 의미이므로 과거분사를 쓴다. (6) '디자인이 개선된 것'은 수동의 의미이므로 과거분사를 쓴다. (7) '그가 알려진 것'은 수동의 의미이므로 과거분사를 쓴다. (8) '고양이가 자는 것'은 능동의 의미이므로 현재분사를 쓴다. (9) '연필이 사용되는'은 수동의 의미이므로 과거분사를 쓴다. (10) '책이 쓰인 것'은 수동의 의

미이므로 과거분사를 쓴다.

2. (1) 옆집에 사는 그 남자는 Australia 출신이다. next door 옆집의(에)

(2) 자연석으로 지어진 그 집은 아름답다. natural 자연의, 천연의, 가공하지 않은

(3) 공원에서 산책한 뒤, 그들은 집에 갔다. take a walk 산책을 하다

(4) 이 소설은 Leo Tolstoy에 의해 쓰였다.

(5) 그는 그의 가족에 대해 생각하면서 숲 속을 걷고 있었다.

(6) 그 소식은 그들에게 매우 놀라웠다.

(7) 집으로 가다가 나는 옛 친구를 만났다.

(8) 너는 눈을 감고 거리를 걸어서는 안 된다.

(9) 그녀는 음악을 들으면서 정원을 걸었다.

(10) 그녀는 작별 인사를 하며 나갔다. say goodbye 작별 인사를 하다

🐤 (1) '그 남자가 사는 것'은 능동의 의미이므로 현재분사를 쓴다. (2) '집이 지어진 것'은 수동의 의미이므로 과거분사를 쓴다. (3) 주절의 주어인 they가 '산책을 하는 것'이므로 현재분사형을 쓴다. (4) '책은 쓰여지는 것'으로 수동의 의미이므로 과거분사를 쓴다. (5) He가 하는 동작이므로 현재분사로 쓴다. (6) '그 소식이 놀라운 것'이므로 능동의 의미인 현재분사를 쓴다. (7) 동작의 주체가 I이므로 현재분사형을 쓴다. (8) your eyes는 '감는' 행동을 당하는 수동의 의미이므로 「with+명사+과거분사」로 쓴다. (9) 주어 She가 하는 동작이므로 listen의 현재분사형을 쓴다. (10) 주어 she가 하는 동작이므로 say의 현재분사형을 쓴다.

3. (1) 그 이야기를 들으면서 그들은 자신들이 얼마나 사랑을 많이 받고 있는지 깨달았다.

(2) 비행기에서 보면 그 섬은 매우 아름답다. airplane 비행기 island 섬

(3) 그녀는 한 시간 내로 돌아오겠다고 말하면서 외출했다.

(4) 텔레비전을 보면서 그는 잠들었다.

(5) 소방관들은 불을 끄고 사람들을 건물 밖으로 나오게 했다. put out (불을) 끄다

🐤 (1) ⓔ가 내용상 자연스럽게 연결되는데, 두 주어가 동일하므로 주어와 be동사(They were)를 빼고 현재분사로 시작하는 분사구문을 만든다. (2) ⓓ가 내용상 자연스럽게 연결되는데, 두 주어가 동일하므로 주어와 be동사(The island is)를 빼고 과거분사로 시작하는 분사구문을 만든다. (3) ⓑ가 내용상 자연스럽게 연결되는데, 두 주어 동일하므로 주어(She)를 빼고 said를 현재분사

saying으로 바꿔 분사구문을 만든다. (4) ⓐ가 내용상 자연스럽게 연결되는데, 두 주어가 동일하므로 주어와 be동사(He was)를 빼고 watching으로 시작하는 분사구문을 만든다. (5) ⓒ가 내용상 자연스럽게 연결되는데, 두 주어가 동일하므로 주어(The firefighters)를 빼고 put을 현재분사 putting으로 바꿔 분사구문을 만든다.

4. (1) 나는 버스에서 내리면서 책을 떨어뜨렸다. get off ~ ~에서 내리다 drop 떨어뜨리다

(2) 나는 비를 맞으며 집으로 걸어오는 동안 젖었다.

(3) 그녀는 소리를 내지 않으려고 문을 조심스럽게 열었다. make a noise 소리를 내다

(4) 그는 표를 잃어버렸었기 때문에 음악회에 갈 수 없었다.

(5) 그녀는 방들을 청소하고 나서 저녁 식사를 했다.

🐤 (1) 두 문장의 주어가 I로 동일하므로 주어 I 생략, Being getting에서 Being 생략 (2) 두 문장의 주어가 I로 동일하므로 주어 I 생략, Being walking에서 Being 생략 (3) 두 문장의 주어가 she로 동일하므로 주어 she 생략, Being trying에서 Being 생략 (4) 두 문장의 주어가 he로 동일하므로 주어를 빼고 분사구문을 만드는데, '그가 표를 잃어버린 것'이 '그가 음악회에 갈 수 없던 것'보다 앞서 일어난 일이므로 완료 분사구문 「Having+과거분사」로 시작하는 분사구문을 만든다. (5) 두 문장의 주어가 she로 동일하므로 주어를 빼고 분사구문을 만드는데, '그녀가 방들을 청소한 것'이 '저녁 식사를 한 것'보다 앞서 일어난 일이므로 「Having+과거분사」로 시작하는 완료 분사구문을 만든다.

5. (1) 나는 신문을 읽다가 초인종이 울리는 것을 들었다. doorbell 초인종

(2) 그녀는 설거지를 하고 나서 공부하기 시작했다. do the dishes 설거지를 하다

(3) 나는 돈이 없었기 때문에 그 책을 살 수 없었다.

(4) 그녀는 교실로 들어갔을 때 책상 위에 꽃이 있는 것을 발견했다.

(5) 좌회전하면 병원을 찾으실 거예요.

(6) 산은 눈으로 덮여 있어서 매우 아름다웠다.

(7) 기름 가격이 오르자 더 많은 사람들이 버스로 출근한다. gas(=gasoline) 휘발유

(8) 그들은 숙제를 끝내고 나서 축구를 하러 갔다.

(9) 나는 혼란스럽고 뭘 해야 할지 몰라서 의사를 불렀다.

(10) 할 일이 없어서 나는 집에 갔다.

🐤 (1) '신문을 읽다가 초인종 소리를 들은 것'이므로 앞 문장을 분사구문으로 만든다. 두 문장의 주어가 동일

하므로 주어는 생략되어 「Being reading ~」이 되나, 다음에 현재분사가 오면 Being은 생략되어 「Reading ~」이 된다. (2) 부사절의 시제가 앞서 일어난 일이므로 「Having+과거분사」로 시작하는 완료 분사구문으로 쓴다. (3) '~ 때문에'라는 이유를 나타내므로 as나 because를 쓰고, 부사절의 시제는 주절의 시제와 같은 과거시제로 쓴다. (4) '~할 때'라는 시간을 나타내므로 when을 쓰고, 부사절의 시제는 주절의 시제와 같은 과거시제로 쓴다. (5) '만약 ~하면'이라는 조건을 나타내므로 if를 쓰고, 부사절의 시제는 주절의 시제와 같은 시제로 쓰면 되는데, 부사절에서는 현재 시제를 써서 미래를 나타내므로 현재형 turn을 써 준다. (6) 이유를 나타내는 접속사 as로 부사절을 만드는데, 시제는 주절의 시제와 같은 과거 시제로 쓴다. 과거분사로 시작하는 수동 분사구문이므로 생략된 Being의 과거형 was를 써야 한다.

(7) 접속사절이 원인·이유를 나타내므로 '~ 상태이므로'를 의미하는 「with+명사+분사」로 바꾼다. (8) '~한 후에'의 뜻이므로 접속사 after를 쓰고, 부사절의 시제가 앞서므로 과거완료형을 써야 하지만, 접속사 after가 일의 전후 순서를 나타내고 있으므로 주절과 같은 과거 시제를 써도 된다. 그러나 접속사 when을 쓰면 when they had finished their homework처럼 과거완료를 써야 한다. (9) 이유를 나타내므로 접속사는 as나 because를 쓴다. not knowing으로 보아 완료 분사구문이 아니므로 부사절의 시제는 주절과 같은 과거를 쓴다. 이때 confused 앞에 생략된 being을 되살려 was confused가 된다. (10) 부사절과 주절의 주어가 다르고, 존재를 나타내는 there는 생략할 수 없으므로 접속사 as만 빼고 There being으로 분사구문을 만든다.

Chapter 10 형용사와 비교 구문

UNIT 43 한정 용법과 서술 용법
Checkup Test p.170

1. My father bought a large wooden table.
2. The bread tastes a little strange.
3. Exercise makes your body strong.
4. I was getting hungry after a while.
5. Let's talk somewhere quiet.
6. pretty, doll
7. was, interesting
8. afraid, alike, asleep, awake, big, ill
9. big, chief, main, only

1. 나의 아버지는 커다란 목제 탁자를 사셨다. wooden 나무로 만든, 목제의
   ☞ large가 명사 wooden table을 수식하는 한정
용법
2. 그 빵은 약간 이상한 맛이 난다. strange 이상한
   ☞ strange가 주격보어로 주어(The bread)를 보충 설명하는 서술 용법
3. 운동은 너의 몸을 튼튼하게 만든다. exercise 운동 strong 강한, 튼튼한
   ☞ strong이 목적격보어로 목적어(your body)를 보충 설명하는 서술 용법
4. 나는 잠시 후 배가 고파지기 시작했다. after a while 잠시 후
   ☞ hungry가 주격보어로 주어(I)를 보충 설명하는 서술 용법
5. 조용한 곳에서 이야기하자.
   ☞ quiet이 somewhere를 수식하는 한정 용법 (-thing, -body, -where, -one 등은 형용사가 뒤에서 수식)
6. 이 인형은 예쁘다. =이것은 예쁜 인형이다.
   ☞ pretty(예쁜)가 주격보어로 주어 This doll을 수식하는 서술 용법으로 쓰였는데, 명사 doll을 주격보어로 바꿀 때 pretty가 doll을 수식하는 한정 용법으로 바꾸면 된다.

7. 나는 이 책이 재미있다는 것을 알았다.
　👉 '목적어+목적격보어'는 주어+술어 관계에 있으므로 절로 바꾸면 '주어+be동사+주격보어' 관계로 나타나게 된다. 주절의 시제가 found로 과거이므로 be동사는 was를 쓴다.
8. 👉 서술 용법이 가능한 형용사: afraid(두려워하는), alike(서로 같은), asleep(잠자는), awake(잠이 깬), big(큰), ill(아픈)
9. 👉 한정 용법이 가능한 형용사: big(큰), chief(주요한), main(주된), only(유일한)

UNIT 44 비교급과 최상급의 형태
Checkup Test p.173

> 1. larger　2. smaller　3. important
> 4. oldest　5. highest　6. easier
> 7. stronger, than　8. the, most
> 9. the, biggest　10. best

1. Russia는 중국보다 더 크다. large 큰, 넓은
　👉 large가 -e로 끝나므로 비교급은 -r만 붙인다.
2. 말은 코끼리보다 작다. horse 말 elephant 코끼리
　👉 small은 1음절이므로 비교급은 -er을 붙인다.
3. 건강이 돈보다 더 중요하다.
　👉 im·por·tant가 3음절 형용사이므로 최상급은 most를 붙인다.
4. 나의 아버지는 가족 중에서 가장 나이가 많으시다.
　👉 old는 1음절이므로 최상급은 -est를 붙인다.
5. Everest 산은 세계에서 가장 높은 산이다.
　👉 high가 1음절이므로 최상급은 -est를 붙인다.
6. 👉 easy가 -y로 끝나므로 비교급은 y를 i로 바꾸고 -er을 붙인다.
7. 👉 strong은 1음절이므로 비교급은 -er을 붙이고, 비교의 대상 앞에는 than을 쓴다.
8. 👉 ex·pen·sive는 3음절이므로 최상급은 most를 붙인다. 최상급 앞에는 the가 붙인다.
9. 👉 big은 1음절이고 「단일모음+단일자음」으로 끝나므로 최상급은 마지막 자음을 겹쳐 써 주고 -est를 붙인다.
10. 👉 good은 불규칙 변화를 하는 형용사로 good‑better‑best로 변화한다.

UNIT 45 원급과 비교급 비교 구문
Checkup Test p.176

> 1. as tall as I am　2. is not as big as the table
> 3. is less popular than Mary　4. is much more important than quantity　5. three, times
> 6. and, more　7. older, happier
> 8. the, taller　9. more, than

1. 👉 나만큼 키가 큰: as tall as I
2. 👉 그 탁자만큼 크지 않은: not as/so big as the table
3. popular 인기 있는
　👉 덜 ~한: less 형용사 than
4. quality 품질 quantity 분량
　👉 ~ 보다 훨씬 더 중요한: much more important than (비교급은 much로 강조)
5. 👉 배수 as ~ as는 '…보다 몇 배 ~한'의 뜻이며, '세 배'는 three times이다.
6. 👉 점점 더 ~한: 비교급 and 비교급
7. 👉 더 ~하면 할수록 그만큼 더 …하다: the 비교급 ~, the 비교급 …
8. 👉 둘 중에서 더 ~한: the 비교급 of the two
9. 👉 B라기보다는 A: more A than B = B rather than A (동일한 사람의 성질을 비교)

UNIT 46 최상급 비교 구문
Checkup Test p.179

> 1. the, best　2. the, hottest
> 3. the, biggest[largest]
> 4. the, least, expensive　5. bigger, any, other, other, bigger, other, big, as

1. 👉 최상급 앞에는 정관사 the를 쓴다. good‑better‑best
2. 👉 hot‑hotter‑hottest
3. 👉 big‑bigger‑biggest, large‑larger‑largest
4. 👉 가장 덜 ~한: the least+형용사

5. 흰긴수염고래는 세상의 모든 동물들 중에서 가장 크다.
  = 흰긴수염고래는 세상의 다른 어떤 동물보다도 더 크다.
  = 세상의 다른 어떤 동물도 흰긴수염고래보다 크지 않다.
  = 세상의 다른 어떤 동물도 흰긴수염고래만큼 크지 않다.

  blue whale 흰긴수염고래

  ☞ 최상급의 의미를 나타내는 여러 방법:
  the+최상급+of/in …
  = 비교급 than any other 단수 명사
  = No other 단수 명사 … is 비교급 than
  = No other 단수 명사 … is as ~ as

Review Exercise pp.180~182

1. (1) worse, worst (2) more beautiful, most beautiful (3) bigger, biggest (4) busier, busiest
  (5) cheaper, cheapest (6) more expensive, most expensive (7) better, best (8) happier, happiest (9) larger, largest
  (10) later[latter], latest[last] (11) less, least
  (12) longer, longest (13) nicer, nicest
  (14) stronger, strongest (15) more useful, most useful
2. (1) is not as[so] fast as the airplane
  (2) is larger than Japan
  (3) is not as[so] heavy as the blue whale
  (4) is higher than Baekdusan
  (5) is not as[so] long as the Nile River
3. (1) hot anything → anything hot
  (2) wake → awake (3) very → much
  (4) most → the most (5) least → less
  (6) interested → interesting (7) fast → faster (8) building → buildings (9) fast → faster, many → more (10) farther → further (11) bigger → big
4. (1) asleep, as, as (2) something, strange
  (3) as, cold, as (4) least, interesting (5) tall,

am (6) No, other, than
5. (1) faster than (2) as blind as
  (3) The warmer, the better
  (4) as large as [larger than] Lake Superior
  (5) rather than optimistic (6) as[so] crowded
  (7) use public transportation more often, will become cleaner
6. (1) elder[eldest] (2) expensive (3) cleverer
  (4) fastest (5) large (6) higher (7) more popular

1. (1) 나쁜 (2) 아름다운 (3) 큰 (4) 바쁜 (5) 값싼 (6) 비싼 (7) 좋은 (8) 행복한 (9) 큰 (10) 늦은, 최근의 (11) 적은, 작은 (12) 긴 (13) 멋진 (14) 강한 (15) 유용한
  ☞ (1) 불규칙 변화: bad−worse−worst (2) 2음절 이상의 형용사는 more/most를 붙여 비교급과 최상급을 만든다. (3) 「단일모음+단일자음」으로 끝나는 형용사는 마지막 자음을 겹쳐 써 주고 -er/-est를 붙인다. (4) -y로 끝나는 형용사는 y를 i로 바꾸고 -er/-est를 붙인다. (5) 1음절의 형용사는 -er/-est를 붙인다. (6) 2음절 이상의 형용사는 more/most를 붙여 비교급과 최상급을 만든다. (7) 불규칙 변화: good−better−best (8) -y로 끝나는 형용사는 y를 i로 바꾸고 -er/-est를 붙인다. (9) -e로 끝나는 형용사에는 -r/-st만을 붙여 -er/-est로 끝나게 만든다. (10) later(시간상으로 나중에)−latest(시간상으로 최근의, 최신의)/latter(순서상으로 후자의)−last(순서상으로 최후의, 맨 마지막의) (11) 불규칙 변화: little−less−least (12) 1음절의 형용사는 -er/-est를 붙인다. (13) -e로 끝나는 형용사에는 -r/-st만을 붙여 -er/-est로 끝나게 만든다. (14) 1음절의 형용사는 -er/-est를 붙인다. (15) useful은 more/most로만 비교급과 최상급을 만든다.
2. (1) 기차는 비행기만큼 빠르지 않다. train 기차 airplane 비행기
  (2) 중국은 일본보다 더 크다.
  (3) 코끼리는 흰긴수염고래만큼 무겁지 않다. elephant 코끼리
  (4) Everest 산은 백두산보다 더 높다.
  (5) 한강은 Nile 강만큼 길지 않다.
  ☞ (1) 주어 the train과 유사한 성질의 대상을 찾아 비교 구문으로 만든다. 기차와 비행기는 속도(fast)가 비교되므로, '기차가 비행기만큼 빠르지 않은'이라는 문장을 만든다. (2) China와 Japan의 면적 크기(large)를

비교하는 문장을 만든다. 일본보다 더 크다: **is larger than Japan** (3) **the elephant**와 **the blue whale**의 무게(**heavy**)를 비교하는 문장을 만든다. 흰긴수염고래만큼 무겁지 않다: **is not as[so] heavy as the blue whale.** (4) **Everest** 산과 백두산의 높이(**high**)를 비교하는 문장을 만든다. 백두산보다 더 높다: **is higher than Baekdusan** (5) **the Han River**와 **the Nile River**의 길이(**long**)를 비교하는 문장을 만든다. **Nile** 강만큼 길지 않다: **is not as[so] long as the Nile River**

3. (1) 뜨거운 것에 손대지 마라. **touch** ~에 대다, 건드리다

   (2) 그녀는 그에 관해 생각하면서 몇 시간 동안 잠이 깬 채로 누워 있었다. **lie awake** 잠이 깬 채 누워 있다 **think** 생각하다

   (3) 그녀는 5년 전보다 훨씬 키가 더 크다.

   (4) 이것은 이 가게에서 가장 값이 비싼 옷이다.

   (5) 그 소녀는 그 소년보다 적은 돈을 썼다.

   (6) 그 영화는 매우 재미있었다.

   (7) 그는 나보다 더 빨리 수영한다.

   (8) 이것은 세계에서 가장 큰 건물들 중 하나이다.

   (9) 내가 더 빨리 타이프 할수록, 그만큼 더 실수를 많이 한다.

   (10) 너는 그 이후의 소식을 들었니?

   (11) 이 집은 나의 집보다 두 배 더 크다.

   ☞ (1) -**thing**으로 끝나는 명사를 수식하는 형용사는 뒤에 온다. (2) 보어로 쓰이는 서술 용법의 형용사는 **awake**이다. (3) 비교급은 **very**가 아니라 **much**로 수식한다. (4) 최상급 앞에는 **the**를 쓴다. (5) **than**이 있으므로 비교급 **less**를 써야 한다. (**little**-**less**-**least**) (6) 주어가 사물이므로 보어로는 -**ing**로 끝나는 형용사를 쓴다. (7) 비교급+**than** (**fast**-**faster**-**fastest**) (8) '건물들 중에서 하나'이므로 **building**에 -**s**를 붙여 복수형으로 쓴다. (9) 더 ~하면 할수록 그만큼 더 …하다: **the** 비교급 ~, **the** 비교급 … (10) 정도를 의미하므로 **further**가 되어야 한다. **farther**는 거리상으로 더 멀다는 것을 의미한다. (11) …보다 몇 배 ~한: 배수 **as** ~ **as**

4. ☞ (1) **fall asleep** 잠이 들다 **pillow** 베개
   서술 용법으로 쓰이는 **asleep**(잠자는)이 필요하고, '~하자마자'는 「**as soon as** ~」로 쓴다.

   (2) **notice** 알아채다, 주의하다
   -**thing**으로 끝나는 명사는 수식하는 말이 뒤에 온다.

   (3) 아주 찬: **as cold as ice**(= **very cold**)

(4) 가장 재미없는: **the least interesting**

(5) **not as/so** ~ **as** …: …만큼 ~하지 않은. **My brother is**처럼 **I** 다음에 **am**을 써 준다.

(6) 「**No other** 단수 명사 … **is** 비교급 **than**」은 최상급의 의미이다.

5. (1) 자전거는 차보다 덜 빠르다.
   = 차는 자전거보다 더 빠르다.

   (2) 나는 안경이 없으면 잘 볼 수 없다.
   = 나는 안경 없이는 잘 보이지 않는다. **without** ~없이 **blind** 눈 먼

   (3) 날씨가 더 따뜻해짐에 따라 나는 기분이 더 좋다.
   = 날씨가 따뜻해질수록, 나는 기분이 그만큼 더 좋아진다.

   (4) **Superior** 호는 미국에서 가장 큰 호수이다.
   = 미국의 다른 어떤 호수도 **Superior** 호만큼 크지 않다 [**Superior** 호보다 더 크지 않다.]
   Lake Superior: 북미에 있는 세계 최대의 담수호

   (5) 그는 낙천적이기보다는 현실적이다.
   realistic 현실적인 **optimistic** 낙관적인, 낙천적인

   (6) 그 거리는 평소보다 덜 혼잡했다.
   = 그 거리는 평소만큼 혼잡하지 않았다.
   street 거리 **crowded** 혼잡한, 붐비는

   (7) 우리가 대중교통을 더 자주 이용하면 할수록 그만큼 공기는 더 깨끗해질 것이다.
   = 만약 우리가 대중교통을 더 자주 이용한다면, 공기는 더 깨끗해질 것이다.
   often 자주, 흔히 **public transportation** 대중교통 **clean** 깨끗한

   ☞ (1) 비교급 **than** …: …보다 더 ~한 (2) **as blind as a bat**: 눈이 아주 어두운(= **very blind**) (3) **as**: ~함에 따라, **the** 비교급 ~, **the** 비교급 …: 더 ~하면 할수록 그만큼 더 …하다 (4) **the**+최상급+**of/in** …= **No other** 단수 명사 … **is as** ~ **as** / **No other** 단수 명사 **is** 비교급 **than** (5) 동일한 사람의 성질을 비교하는 **more A than B**= **B rather than A** (6) …보다 덜 ~한: **less**+형용사+**than** …(= **not as/so** ~ **as** …) (7) **the** 비교급 ~, **the** 비교급 …: 더 ~하면 할수록 그만큼 더 …하다

6. 보기: 영리한, 비싼, 높은, 큰, 나이 먹은(오래된), 빠른, 인기 있는

   (1) 나의 형은 대학생이다. **college** 대학 **student** 학생

   (2) 이 셔츠는 이 가게에서 가장 덜 비싸다.

   (3) 돌고래는 상어보다 더 영리하다. **dolphin** 돌고래

shark 상어

(4) Usain Bolt는 세계에서 가장 빠른 육상 선수 중 한 명이다.

(5) 인도양은 태평양만큼 크지 않다.

(6) 한국의 다른 어떤 산도 백두산보다 더 높지 않다. mountain 산

(7) 축구는 한국에서 다른 어떤 스포츠보다 더 인기 있다.

(1) elder: 손위의, 나이가 위인, eldest: 가장 손위의, 맏의 elder (2) 가장 덜 ~한: the least+형용사 (3) …보다 더 ~한: 비교급 than (4) 가장 ~한 것들/사람들 중 하나: one of the+최상급+복수 명사 (5) …만큼 ~하지 않은: not as/so ~ as (6) 「No other 단수 명사 … is 비교급 than」은 최상급의 의미 (7) 「비교급 than any other 단수 명사」는 최상급의 의미

Chapter 11 관계사

UNIT 47 주격 관계대명사
Checkup Test p.186

1. I don't like a story that has a sad ending.

2. Where is the bread which was on the table a while ago?

3. She works for a company which publishes books on education.

4. The man who lives next door is a police officer.

5. The boys and girls who are playing in the park look happy.

6. was → were   7. which → that

8. which → that   9. which → that

1. 나는 슬픈 결말을 가진 이야기를 좋아하지 않는다.
   ☞ 관계대명사절 that has a sad ending이 선행사 a story를 꾸며 준다.

2. 조금 전에 테이블 위에 있던 빵이 어디 있니? a while ago 조금 전에
   ☞ 관계대명사절 which was on the table a while ago가 선행사 the bread를 꾸며 준다.

3. 그녀는 교육에 관한 책을 출판하는 회사에서 일한다. company 회사 publish 출판하다 education 교육
   ☞ 관계대명사절 which publishes the books on education이 선행사 a company를 꾸며 준다.

4. 옆집에 사는 그 남자는 경찰관이다. next door 옆집에 police officer 경찰관
   ☞ 관계대명사절 who lives next door가 선행사 The man을 꾸며 준다.

5. 공원에서 놀고 있는 소녀들과 소녀들은 즐거워 보인다.
   ☞ 관계대명사절 who are playing in the park가 선행사 The boys and girls를 꾸며 준다.

6. 초대받은 손님들은 일찍 왔다. guest 손님 invite 초대하다
   ☞ 선행사 The guests가 복수이므로 관계대명사절 who was invited의 was를 were로 고친다.

7. 사랑이 나를 행복하게 만드는 유일한 것이다.
   ☞ 선행사 thing이 the only의 수식을 받고 있으므로 관계대명사 that을 써야 한다.

8. 어머니가 되는 것은 여성에게 일어나는 가장 멋진 일이다. happen to ~ ~에게 일어나다
   ☞ 선행사 thing이 최상급 the most wonderful의 수식을 받고 있으므로 관계대명사 that을 써야 한다.

9. 네 자리를 대신할 사람은 아무도 없다. take one's place ~의 자리를 대신하다
   ☞ 선행사가 no의 수식을 받을 때는 관계대명사 that을 써야 한다.

UNIT 48 목적격 관계대명사
Checkup Test p.189

> 1. which[that]   2. whom   3. which[that]
> 4. which[that]   5. that[which]
> 6. which[that], bought   7. whom[who], with
> 8. which[that], gave

1. 이것은 그 책이다. 너는 그것을 찾고 있다. look for
   ~ ~을 찾다
   → 이것은 네가 찾고 있는 그 책이다.
   ☞ 선행사 the book이 사물이고, 전치사 for의 목적
   격 관계대명사이므로 which나 that을 쓴다.
2. 그 소년들은 매우 빨랐다. 나는 그들과 함께 축구를
   했다. soccer 축구
   → 내가 축구를 함께 한 그 소년들은 매우 빨랐다.
   ☞ 선행사 The boys가 사람이고, 전치사 with의 목
   적격 관계대명사이므로 whom을 써야 한다.
3. 너는 그 책을 찾았니? 너는 어제 그걸 잃어버렸다.
   → 너는 어제 잃어버린 그 책을 찾았니?
   ☞ 선행사가 the book으로 사물이고, 목적격 관계대
   명사이므로 which나 that을 써야 한다.
4. 그 바지는 나한테 잘 맞지 않는다. 나의 엄마가 나를
   위해 그것을 사 주었다.
   → 나의 엄마가 나를 위해 사 주신 그 바지는 나한테
   잘 맞지 않는다.
   ☞ 선행사 the trousers가 사물이고, 목적격 관계대
   명사이므로 which나 that을 써야 한다.
5. 그 책이 어느 것이니? 너는 도서관에서 그것에 대하
   여 이야기하고 있었다.
   → 네가 도서관에서 이야기하고 있던 책이 어느 것이
   니? library 도서관
   ☞ 선행사가 the book이고, 전치사 about의 목적격
   관계대명사이므로 that 또는 which를 쓴다.
6. break down 고장 나다
   ☞ 선행사(The radio)가 사물인 목적격 관계대명사가
   필요하므로 which나 that이 알맞다. 동사는 과거 시제
   가 와야 하므로 buy의 과거형 bought이 알맞다.
7. ☞ '그녀가 함께 일하다'이므로 she works with가
   알맞고, 선행사(the people)가 사람이며 전치사 with가
   뒤에 오므로 목적격 관계대명사는 whom 또는 who를
   쓴다.
8. ☞ 과거 시제이므로 동사 give의 과거형 gave가 알맞

고, 선행사(the money)가 사물인 목적격 관계대명사가
필요하므로 which나 that이 알맞다.

UNIT 49 관계대명사 whose와 what

Checkup Test p.192

> 1. ⓐ whose husband is the president of a
>   country
> 2. ⓓ whose leg was broken
> 3. ⓑ whose sister likes the singer
> 4. ⓔ whose peak is the highest in the world
> 5. ⓒ whose language you are learning
> 6. what, did   7. what, should   8. what, is

[1~5] 보기: ⓐ 그녀의 남편은 한 나라의 대통령이다.
ⓑ 그의 여동생은 그 가수를 좋아한다. ⓒ 너는 그들의
언어를 배우고 있다. ⓓ 그것의 다리가 부러졌다. ⓔ 그
것의 봉우리는 세계에서 가장 높다. husband 남편
president 대통령 language 언어 leg 다리 broken
부러진 peak 봉우리
1. 영부인은 남편이 한 나라의 대통령인 여성이다. First
   Lady 영부인
   ☞ 의미상 ⓐ와 관련이 있으므로 her를 소유격 관계대
   명사 whose로 바꿔서 연결한다.
2. 흥부는 다리가 부러진 새 한 마리를 구했다.
   ☞ 의미상 ⓓ와 관련되며, its를 whose를 바꿔서 연
   결한다.
3. 나는 여동생이 그 가수를 좋아하는 한 남자를 안다.
   ☞ 의미상 ⓑ와 관련되며, his를 whose로 바꿔 연결
   한다.
4. 나는 세계에서 봉우리가 가장 높은 산을 오르고 싶다.
   ☞ 의미상 ⓔ와 관련되며, its를 whose로 바꿔 연결
   한다.
5. 네가 배우고 있는 언어권의 사람들과 대화하도록 해라.
   ☞ 의미상 ⓒ와 관련되며, their를 whose로 바꿔 연
   결한다.
6. ☞ '지난 여름에 한 일'이라는 the thing which의
   의미이므로 선행사를 포함하는 관계대명사 what이 필요
   하다. 시제는 과거이므로 동사 did를 쓴다.
7. put off 미루다, 연기하다

'오늘 해야 하다'는 의미이므로 you should do today가 알맞고, '오늘 해야 하는 일'이므로 선행사를 포함하는 관계대명사 what이 알맞다.

8. ☞ 선행사를 포함하는 관계대명사로 what이 알맞고, 주어가 what이고, '네 가방에 있다'는 의미이므로 동사는 is가 알맞다.

지칭하므로 whoever를 쓴다.

8. 우리는 네가 좋아하는 곳이면 어디든지 갈 수 있다.
☞ 관계사절이 부사절이고 의미상 go와 어울리는 것은 장소를 나타내는 표현이므로 wherever를 쓴다.

9. 나는 새 책을 살 때마다 행복하다.
☞ 관계사절이 부사절이고 의미상 '~할 때'는 시간을 나타내므로 whenever를 쓴다.

UNIT 50 관계부사
Checkup Test p.195

1. when → in which   2. where → at which
3. when → on which   4. where → in which
5. why → for which   6. whatever
7. Whoever   8. wherever   9. whenever

1. 너는 한국 전쟁이 일어난 해를 알고 있니? break out 일어나다, 발생하다
☞ 관계부사 when의 선행사가 연도를 나타내는 the year이므로 in which로 바꾼다.

2. 이곳은 내가 휴대 전화를 잃어버린 곳이다.
cellphone 휴대 전화
☞ 관계부사 where의 선행사가 장소를 나타내는 the place이므로 at which로 바꾼다.

3. 나는 이메일을 보낸 날을 기억하지 못한다.
☞ 관계부사 when의 선행사가 날을 나타내는 the day이므로 on which로 바꾼다.

4. 이곳은 내가 어릴 때 살던 집이다.
☞ 관계부사 where의 선행사가 장소를 나타내는 the house이므로 in which로 바꾼다.

5. 그것이 바로 그가 그녀와 사랑에 빠진 이유이다.
reason 이유 fall in love with ~ ~와 사랑에 빠지다
☞ 관계부사 why의 선행사가 이유를 나타내는 the reason이므로 for which로 바꾼다.

6. 네가 하는 무슨 일이든 너는 책임을 져야 한다.
responsible 책임이 있는, 책임을 져야 할
☞ 관계사절이 for의 목적어인 명사절이고 의미상 사물을 지칭하므로 whatever를 쓴다.

7. 이 책을 읽는 사람은 누구든지 영어에 대해 많이 배울 것이다.
☞ 관계사절이 주어로 쓰인 명사절이고 의미상 사람을

Review Exercise pp.196~198

1. (1) whose (2) whom[who, that] (3) which (4) how (5) What (6) who[that] (7) how (8) when (9) where (10) who[that]

2. (1) who[that] (2) where (3) whom[who, that] (4) who[that] (5) which[that] (6) whose

3. (1) I know a girl who[that] cooks well.
(2) That's the girl whose name is Mary.
(3) Look at the cat whose tail is black.
(4) This is the book which[that] I have been looking for.
(5) The camera which[that] I bought last year is easy to use.
(6) I'm looking for what[the things which] I can sell in the garage sale.
(7) This is the house which[that] he lives in. /This is the house in which he lives.

4. (1) He didn't remember the time when he arrived home.
(2) I don't know the reason why he is angry.
(3) I miss the day when I sang and danced all night.
(4) The hospital where she was born is very large.
(5) This is the place where I met her for the first time.

5. (1) it → 삭제
(2) what → that 또는 what을 생략
(3) move → moves

1. (1) 인도는 역사가 매우 오래 된 나라이다. **history** 역사

(2) 네가 오늘 아침에 전화한 남자의 이름이 뭐니?

(3) 이 책은, 내가 도서관에서 빌렸는데, 매우 재미있다. **interesting** 재미있는, 흥미 있는

(4) 너는 그녀가 이 수학 문제를 어떻게 풀었는지 아니? **solve** 풀다, 해결하다 **math** 수학

(5) 그들에게 정말로 필요한 것은 시간과 에너지였다. **really** 정말로 **energy** 힘, 에너지

(6) 나는 **Tommy**보다 더 빨리 달리는 소녀는 결코 본 적이 없다. **never** 결코 ~않다

(7) 그들은 그가 그것을 어떻게 사라지게 할 수 있었는지 몰랐다. **disappear** 사라지다

(8) 나는 아직도 내가 그녀를 처음 본 날을 기억한다. **remember** 기억하다

(9) 그들은 뛰어 놀 수 있는 공원으로 갔다.

(10) **Australia**에 사는 내 친구가 나에게 이메일을 보냈다.

☞ (1) 'the country's history'를 나타내는 소유격 관계대명사 **whose**를 쓴다. (2) 선행사(the man)가 사람이고, 목적격 관계대명사이므로 **who**나 **whom** 또는 **that**을 쓴다. (3) 목적격 관계대명사로서 사물(the book)을 선행사로 가지는 것은 **which**이다. **that**은 계속적 용법에 쓰일 수 없다. (4) '그녀가 이 수학 문제를 푼 방법'을 나타내므로, 관계부사 **how**를 쓴다. (5) 선행사 포함하는 관계대명사 **what**이 필요하다. (6) 선행사가 사람(a boy)이고 주격 관계대명사이므로 **who**나 **that**이 필요하다. (7) '그가 그것을 사라지게 한 방법'을 나타내므로 관계부사 **how**가 필요하다. (8) 선행사가 **the day**이므로 관계부사 **when**이 알맞다. (9) 선행사가 **the park**이므로 관계부사 **where**가 알맞다. (10) 선행사가 사람(My friend)이고 주격 관계대명사이므로 **who**나 **that**이 필요하다.

2. ☞ (1) 선행사가 사람(The man)이고 주격 관계대명사이므로 **who**나 **that**을 쓴다. (2) 선행사 **the house**가 장소를 나타내므로 관계부사 **where**를 쓴다. (3) 선행사가 사람(the girl)이고 목적격이므로 **whom** 또는 **who**나 **that**을 쓴다. (4) 선행사가 사람(The girl)이고 주격이므로 **who**나 **that**을 쓴다. (5) **value** 가치 **positive** 긍정적인 **thinking** 사고

선행사가 사물(a book)이고 주격이므로 **which**나 **that**을 쓴다.

(6) **first language** 모국어

선행사가 사람(all students)이고 소유격(their language)이므로 소유격 관계대명사 **whose**를 쓴다.

3. (1) 나는 요리를 잘하는 소녀를 안다. **cook** 요리하다

(2) 저 아이는 이름이 **Mary**인 소녀이다.

(3) 꼬리가 까만 저 고양이를 봐라.

(4) 이것은 내가 찾고 있던 책이다.

(5) 내가 작년에 산 카메라는 사용하기 쉽다.

(6) 나는 중고품 염가 판매에서 팔 수 있는 것들을 찾고 있다. **garage sale** 중고품 염가 판매

(7) 이것은 그가 사는 집이다.

☞ (1) 사람이 선행사인 주격 관계대명사 **who** 또는 **that**이 필요하다. (2) 소유격 관계대명사 **whose**가 필요하다. (3) 소유격 관계대명사 **whose**가 필요하다. (4) 사물이 선행사인 목적격 관계대명사 **which**나 **that**이 필요하다. (5) 사물이 선행사인 목적격 관계대명사 **which**나 **that**이 필요하다. (6) the things which의 뜻으로 선행사를 포함하는 관계대명사 **what**이 필요하다. (7) 사물이 선행사인 목적격 관계대명사 **which**나 **that**이 필요하다. 또한 **the house**가 장소를 나타내므로 관계부사 **where**를 사용하여 두 문장을 한 문장으로 연결할 수도 있다. (=This is the house where he lives.)

4. (1) 그는 집에 도착한 시간을 기억하지 못했다. **arrive** 도착하다

(2) 나는 그가 화난 이유를 모른다. **angry** 화난

(3) 나는 밤새도록 노래하고 춤췄던 그 날이 그립다. **all night** 밤새도록 **miss** 그리워하다

(4) 그녀가 태어난 병원은 매우 크다. **be born** 태어나다

(5) 이곳은 내가 그녀를 처음 만난 장소이다. **for the first time** 처음으로

☞ (1) the time이 시간을 나타내므로 관계부사 **when**으로 연결한다. (2) the reason이 이유를 나타내므로 관계부사 **why**로 연결한다. (3) the day가 시간을 나타내므로 관계부사 **when**으로 연결한다. (4) the hospital이 장소를 나타내므로 관계부사 **where**로 연결한다. (5) the place와 here가 같은 장소를 지칭하므로 관계부사 **where**로 연결한다.

5. (1) 나는 Mary에게 빌린 책을 잃어버렸다. **borrow** 빌리다

(2) 이것은 내가 본 것 중 가장 아름다운 건물이다.

(3) 나는 얼굴이 진짜 아기처럼 움직이는 인형을 찾고 있다.

(4) 이곳은 그들이 처음 만난 장소이다.

(5) 나는 그가 이 기계를 만든 방법을 알고 싶다. **machine** 기계

☞ (1) 목적격 관계대명사 which가 이끄는 절은 목적어를 수반할 수 없다. 그러므로 목적어에 해당하는 **it**을 삭제한다. (2) 선행사 **building**이 형용사의 최상급 **the most beautiful**의 수식을 받으므로 관계대명사로는 **that**만 올 수 있다. 그러므로 **what**을 **that**으로 바꾼다. (3) **whose face**가 **move**의 주어이므로 **move**를 3인칭 단수형 **moves**로 바꾼다. (4) 장소를 나타내는 관계부사 **where**는 「전치사+관계대명사」에 해당한다. 그러므로 관계부사 앞에 나온 전치사 **in**을 삭제한다. (5) 방법을 나타내는 관계부사 **how**는 선행사 **the way**와 함께 쓸 수 없다. 그러므로 **the way** 혹은 **how**만 쓴다.

6. (1) 너는 이 선생님께 말씀드려야 하는데, 왜냐하면 그가 그 일을 책임지고 있기 때문이다. **matter** 일

(2) 모퉁이에 서 있는 남자는 그 가게에서 일한다. **corner** 모퉁이

(3) 그들에게 팔린 집은 상태가 좋았다. **be in good condition** 상태가 좋다

(4) 저곳이 내가 이 아름다운 드레스를 산 가게이다.

(5) 저 사람이 그의 개가 이 꽃밭을 망친 남자이다. **flower garden** 꽃밭, 화원

☞ (1) 의미상 **Mr. Lee**를 선행사로 가지는 주격 관계대명사 who가 쓰인 ⓔ와 연결한다. (2) 의미상 **man**(남자)이 서 있을 수 있으므로 ⓓ와 연결한다. (3) 의미상 **house**(집)가 팔릴 수 있으므로 ⓐ와 연결한다. (4) 의미상 **shop**(가게)에서 **dress**(드레스)를 살 수 있으므로 ⓑ와 연결한다. (5) 의미상 **dog**(개)은 사람에게 소유될 수 있으므로 ⓒ는 소유격 관계대명사 whose가 쓰인 문장과 연결한다.

7. ☞ (1) 내가 공부하는 그 방: the room where I study (2) 50문항인 시험: the test which has fifty questions (3) nervous 긴장한 get nervous 긴장되다 시험을 보는 날에는: on a day when I take a test (4) believe 믿다 theory 이론 agree 동의하다 그 이론을 믿지 않는 사람들: people who don't believe the theory (5) discover 발견하다 radioactivity 방사능 receive 받다 '방사능을 발견한 Marie Curie'는 'Marie Curie, who discovered radioactivity'가 된다. 선행사 Marie Curie는 고유명사여서 관계대명사절과 관계없이 지칭 대상이 명확하게 정해져 있으므로 계속적 용법의 관계대명사절을 써야 한다. 계속적 용법의 관계대명사절이 주어와 동사의 사이에 올 때에는 관계대명사절의 앞뒤에 쉼표를 써야 한다.(주어, 관계대명사절, 동사)

Chapter 12 가정법

UNIT 51 가정법 과거/가정법 과거완료/가정법 미래

Checkup Test p.202

1. had studied   2. had met   3. had   4. were to win   5. should come   6. hadn't, would, have   7. had, have, taken   8. knew, would, tell   9. had known, wouldn't   10. to, be, would

1. 만약 내가 열심히 공부했다면, 그 시험에 합격했을 텐데. **pass the exam** 시험에 합격하다

☞ 가정법 과거완료(If 주어+had+과거분사 …, 주어+조동사의 과거형+have+과거분사 …) 과거 사실에 반대되는 가정으로서, 실제로는 '열심히 공부하지 않아서 시험에 불합격했다'는 뜻이다.

2. 만약 내가 그녀를 만났다면, 나는 그녀에게 이 편지를 전해 주었을 텐데.

☞ 가정법 과거완료(If 주어+had+과거분사 …, 주어+조동사의 과거형+have+과거분사 …) 과거 사실에 반대

되는 가정으로서, 실제로는 '그녀를 만날 수 없었기 때문에 전해 줄 수 없었다' 는 뜻이다.

3. 만약 내가 돈이 충분히 있다면, 나는 그 컴퓨터를 살 수 있을 텐데.

   ☞ 가정법 과거(If 주어+동사의 과거형 …, 주어+조동사의 과거형+동사원형 …) 현재 사실에 반대되는 가정으로서, '지금 돈이 충분히 없어서 컴퓨터를 살 수 없다' 는 뜻이다.

4. 만약 네가 복권에 당첨된다면 무엇을 할 거니? lottery 복권 win the lottery 복권에 당첨되다

   ☞ 가정법 미래(If 주어+were to+동사원형 …, 주어+조동사의 과거형/현재형+동사원형 …) 미래에 일어나는 것이 거의 불가능한 일을 가정하여 말하는 것으로, '그럴 것 같지 않지만, 만약에 복권에 당첨된다면 …' 이라고 가정하여 말하는 표현이다.

5. 만약 네가 파티에 온다면, 내가 Tim을 소개해 줄텐데.

   ☞ 가정법 미래(If 주어+should+동사원형 …, 주어+조동사의 과거형/현재형+동사원형 …) 일어나지 않으리라고 생각하는 일을 가정하여 말하는 것으로, '네가 파티에 오지는 못하겠지만, 만약에 온다면 …' 이라고 가정하여 말하는 표현이다.

6. ☞ 과거 사실에 반대되는 가정이므로 가정법 과거완료를 쓴다.

7. take a picture of ~ ~의 사진을 찍다

   ☞ 과거 사실에 반대되는 가정이므로 가정법 과거완료를 쓴다.

8. ☞ 현재 사실에 반대되는 가정이므로 가정법 과거를 쓴다.

9. early - earlier - earliest

   ☞ 과거의 일을 반대로 가정하여 말하므로 가정법 과거완료를 쓴다.

10. elementary 초등학교의

   ☞ 지금 중학생이라면 초등학생이 다시 되는 것은 일어날 수 없는 일이므로 미래에 일어날 가능성이 없는 일을 가정하여 말하는 가정법 미래(If 주어+were to+동사원형 …, 주어+조동사의 과거형/현재형+동사원형 …)가 필요하다.

UNIT 52 I wish가정법/ as if 가정법
Checkup Test p.205

1. wish, could   2. only, knew   3. wish, didn't   4. only, had   5. wished, had
6. wished, were   7. could, sleep
8. Don't, were   9. talk, were

10. looked, had

1. 나는 그가 우리와 함께 갈 수 없어서 유감이다. = 그가 우리와 함께 갈 수 있으면 좋을 텐데.

   ☞ '현재 ~했으면' 이라고 현재에 대한 소망을 말하므로 「I wish+가정법 과거」: I wish+주어+과거형/could+동사원형

2. 나는 그녀의 주소를 알지 못해서 유감이다. = 그녀의 주소를 알면 좋을 텐데.

   ☞ 「If only+가정법 과거」도 현재 이루어 질 수 없는 소망을 표현한다.

3. 나는 이번 주말에 일을 해야 해서 유감이다. = 내가 이번 주말에 일을 할 필요가 없으면 좋을 텐데.

   ☞ 현재에 대한 소망을 말하므로 「I wish+가정법 과거」

4. 나는 그 책을 읽지 않아서 유감이다. = 내가 그 책을 읽었으면 좋았을 텐데.

   ☞ '과거에 ~했었으면 좋으련만' 이라고 과거에 대한 소망을 말하므로 「If only/I wish+가정법 과거완료」: If only/I wish+주어+had+과거분사/could+have+과거분사

5. 나는 우산을 가지고 오지 않아서 유감이었다. = 내가 우산을 가져왔었더라면 좋았을 텐데. regret 후회하다, 유감으로 생각하다

   ☞ 과거의 일에 대한 소망을 나타내므로 「I wish+가정법 과거완료」를 쓴다.

6. ☞ wish 다음에 가정법 과거가 오면 인칭에 상관없이 were를 쓴다.

7. sleep soundly 푹 자다, 잠을 푹 자다

   ☞ '잠을 푹 잘 수 있으면' 이라고 현재에 바라는 것을 표현하므로 wishes 다음에 가정법 과거(could sleep)를 쓴다.

8. treat 다루다, 취급하다

   ☞ '~하지 마라' 는 부정 명령문은 「Don't+동사원형」으로 쓴다. 「마치 ~인 것처럼」은 「as if 주어+동사의 과거형/were」로 나타낸다.

9. ☞ 말하는 시점이 현재이므로 talk을 쓰고, 「마치 ~인 것처럼」은 「as if 주어+동사의 과거형/were」로 나타낸다.

10. look around 주위를 돌아보다 ghost 귀신

    ☞ 마치 ~이었던 것처럼: as if+주어+had+과거분사

UNIT 53 주의해야 할 가정법 구문
Checkup Test p.208

1. it were not for electricity   2. I had wings
3. I were a bird   4. we had had a computer
5. it had not been for your warning/you had
not warned me   6. stopped   7. were
8. were   9. could   10. Had, known

1. (1) had, would (2) to, be, become[be]
(3) had, have, passed (4) were, go (5) had,
come, been (6) had, have, told (7) should,
would[will], be (8) were, change
(9) had, have, won

2. (1) were a scientist (2) didn't tell her my
feelings (3) hadn't passed the test (4) had
learned[learnt] physics

3. (1) he were a teacher
(2) she had read the book
(3) they wouldn't[won't] go on a picnic
(4) we could not buy anything
(5) they could have hunted better

4. (1) ⓑ Were I an astronaut (2) ⓐ Had I
invented the machine (3) ⓓ Were my late
grandfather to be alive (4) ⓒ Were it not for
bees and butterflies (5) ⓔ Had it not been
for his help

5. (1) is → were (2) can → could (3) is →
were (4) have → had had (5) go → went

---

1. 전기가 없다면, 우리의 문명 생활은 불가능할 것이다.
electricity 전기 civilized 문명의
☞ 주절의 시제가 「조동사의 과거형+동사원형」(would
be)이므로 현재 사실의 반대되는 가정법 과거이다.
without = If it were not for ~: ~이 없다면

2. 날개가 있다면, 너에게 날아갈 텐데.
☞ 주절의 시제가 「조동사의 과거형+동사원형」(would
be)이므로 현재 사실의 반대되는 가정법 과거이다. with
wings = If I had wings: 내가 날개가 있다면

3. 나는 새가 아니기 때문에 너에게 날아갈 수 없다.
☞ 현재 사실의 반대되는 가정이므로 가정법 과거를
쓴다.

4. 내가 컴퓨터가 있었다면, 우리는 그것을 훨씬 빨리 했
을 것이다.
☞ 주절의 시제가 「조동사의 과거형+have+과거분사」
(could have done)이므로 과거 사실의 반대되는 가정
법 과거완료를 쓴다.

5. 너의 경고가 없었다면, 나는 그 차와 충돌했을 것이다.
☞ 주절의 시제가 「조동사의 과거형+have+과거분사」
(would have crashed)이므로 가정법 과거완료가 알맞
다. If it had not been for ~: ~이 없었다면

6. 우리는 우리의 시간을 낭비하는 것을 멈출 때이다.
waste 낭비하다, 허비하다
☞ It's time 주어+과거형: ~할 시간이다

7. 물이 없다면 아무것도 살 수 없을 것이다.
☞ 주절의 시제가 「조동사의 과거형+동사원형」(could
live)이므로 가정법 과거 문장이 알맞다. If it were not
for ~: ~이 없다면(= Without/But for)

8. 그녀가 우리와 함께 있는 것이 더 좋겠다.
☞ would rather+주어+과거형: ~하는 것이 좋겠다

9. 더 많은 돈이 있다면, 나는 더 좋은 휴대 전화를 살 텐데.
☞ 현재 사실과 반대되는 가정이므로 가정법과거를 쓴다.
with: ~이 있다면

10. 그가 하고 있던 일이 무엇인지 알았더라면, 나는 그
에게 전화하지 않았을 텐데.
☞ If I had known ~= Had I known ~ (조건절에
서는 if가 생략되면 주어와 동사가 도치된다.)

1. ☞ (1) 현재 사실을 반대로 가정하여 말하므로 가정법
과거를 쓴다. (2) 미래에 일어나는 것이 거의 불가능한 일
이므로 were to를 사용하는 가정법 미래를 쓴다. If 주
어+were to+동사원형 …, 주어+조동사의 과거형/현재
형+동사원형 (3) 과거의 일을 반대로 가정하여 말하므로
가정법 과거완료를 쓴다. (4) 가정법 과거의 조건절에서
be동사는 인칭에 관계없이 were를 쓴다. (5) '과거에
그녀가 파티에 오지 않았다'는 것을 의미하므로 가정법
과거완료를 쓴다. (6) '과거에 그것을 알지 못했다'는 것
을 의미하므로 가정법 과거완료를 쓴다. (7) 가정법 미래
의 주절 조동사는 현재형과 과거형이 가능하지만 과거형
을 쓰면 가능성이 더 희박함을 나타낸다. If 주어
+should+동사원형 …, 주어+조동사의 과거형/현재형+
동사원형 … (8) 가정법 미래: If 주어+were to+동사원
형 …, 주어+조동사의 과거형/현재형+동사원형 … (9) 과
거의 일을 반대로 가정하여 말하므로 가정법 과거완료를
쓴다.

2. (1) 나는 과학자가 아니라서 유감이다. = 내가 과학자
라면 좋을 텐데. scientist 과학자

(2) 내가 그녀에게 나의 감정을 말했었더라면 좋았을 텐데. = 나는 그녀에게 나의 감정을 말하지 않아서 유감이다. **feeling** 감정

(3) 내가 시험에 합격했었다면 좋았을 텐데. = 나는 시험에 합격하지 않아서 유감이었다.

(4) 나는 내가 물리학을 공부하지 않아서 유감이었다. = 내가 물리학을 공부했었더라면 좋았을 텐데. **physics** 물리학

☞ (1)「현재 ~했으면」이라고 말하려면 I wish 뒤에 과거형을 쓴다. (2)「I wish+주어+had+과거분사…」는 과거에 대한 소망을 나타낸다. (3) wish의 때인 과거 이전에 시험에 합격했었기를 바라는 것이므로 'I was sorry I hadn't passed the test.'라는 의미이다. (4) regretted의 때인 과거 이전에 공부하지 않았던 것을 후회했다는 것이므로 'I wished I had learned physics.'라는 의미이다.

참고: wish 다음에 가정법 과거를 쓰는지, 가정법 과거완료를 쓰는지는 wish 동사가 현재이냐 과거이냐는 상관없다. 소망의 내용이 wish와 같은 때면 가정법 과거를, 소망의 내용이 wish보다 먼저의 일이면 가정법 과거완료를 쓴다.

3. ☞ (1) 마치 ~인 것처럼: as if+주어+과거형 (2) 마치 ~이었던 것처럼: as if+주어+had+과거분사 (3) 가정법 미래: If 주어+should+동사원형 …, 주어+조동사의 과거형/현재형+동사원형 … (4) ~이 없다면, ~할 텐데: Without ~, 주어+가정법 과거 (5) ~이 있었다면, ~할 수 있었을 텐데: With ~, 주어+가정법 과거완료

4. (1) 만약 내가 우주 비행사가 된다면, 나는 우주로 날아갈 텐데. **astronaut** 우주 비행사 **fly** 날다, 날아다니다 **space** 우주

(2) 내가 그 기계를 발명했었다면, 나는 돈을 많이 벌었을 텐데. **invent** 발명하다 **machine** 기계 **make money** 돈을 벌다

(3) 나의 돌아가신 할아버지가 살아 계셨었다면, 그분은 금년에 100세가 되실 텐데. **late** 최근에 죽은, 고(故) ~ **alive** 살아 있는

(4) 벌과 나비가 없다면, 식물들은 열매를 전혀 맺지 못할 것이다. **bee** 벌 **butterfly** 나비 **plant** 식물 **bear** 낳다, 맺다 **fruit** 과일 **not ~ at all** 전혀 ~ 아니다

(5) 그의 도움이 없었다면, 우리는 살아남지 못했을 것이다. **survive** 살아남다

☞ (1) 가정법 미래 (2) 가정법 과거완료 (3) 가정법 미래 (4) 가정법 과거 (5) 가정법 과거완료

5. (1) 나의 개가 너의 것만큼 컸으면 좋을 텐데.

(2) 내가 날개가 있다면, 너에게로 날아갈 수 있을 텐데.

(3) 나의 할머니가 여전히 살아 계셨으면 좋을 텐데.

(4) 만약 네가 오늘 아침에 아침 식사를 했었다면, 너는 지금 배가 고프지 않을 텐데.

(5) 나는 우리가 이번 주말에 장을 보러 갔으면 좋겠다.

☞ (1) I wish 다음에 오는 be동사는 인칭에 상관없이 were를 쓴다. (2) 가정법 과거이므로 can이 could가 되어야 한다. (3) 현재에 대한 소망을 나타내면 I wish 다음에 오는 be동사는 인칭에 상관없이 were를 쓴다. (4) 과거의 사실로 인해 현재 일어나고 있는 일을 반대로 가정하여 말할 때는 if절은 가정법 과거완료, 주절은 가정법 과거를 쓴다. 이러한 형태의 가정법을 혼합가정법이라고 하며, 주절에 now, today 등과 같은 부사와 자주 쓰인다. (5) ~하는 것이 좋겠다: would rather+주어+과거형

Chapter 13 전치사

UNIT 54 장소/방향의 전치사
Checkup Test p.214

1. in	2. over	3. under	4. on	5. at
6. to	7. into	8. along	9. out, of	

10. through

1. 하늘에 구름들이 있다. **cloud** 구름 **sky** 하늘
   ☞ 장소를 나타내는 전치사 in은 '~안에'의 뜻으로, 비행기가 넓은 장소인 sky(하늘) 안에 있으므로 in을 쓴다.

2. 비행기가 <u>산 위에서</u> 날고 있다. **airplane** 비행기 **fly** 날다 **mountain** 산

  ☞ 상대적인 위치를 나타내는 전치사 **over**는 '~(바로)위에'의 뜻으로, 비행기가 산의 위쪽에 있으므로 **over**를 쓴다.

3. 비행기가 <u>구름 아래에서</u> 날고 있다.

  ☞ 상대적인 위치를 나타내는 전치사 **under**는 '~(바로)밑에'의 뜻으로, 비행기가 구름의 아래쪽에 있으므로 **under**를 쓴다.

4. <u>산 위에</u> 눈이 있다.

  ☞ 장소를 나타내는 전치사 **on**은 **mountain**(산)과 같이 접촉면이 있는 경우 쓴다.

5. <u>산기슭들에</u> 나무들이 있다. **foot** (산의) 기슭 **at the foot of** (산의) 기슭에(복수형: **at the feet of**)

  ☞ 장소를 나타내는 전치사 **at**은 **foot**(산기슭)과 같이 좁은 장소 앞에 쓴다.

6. **prepare** 준비하다 **forest** 숲

  ☞ '숲으로'처럼 도달점을 향하는 경우에는 전치사 **to**를 쓴다.

7. ☞ '숲 속으로'처럼 무언가의 안이나 속으로 향하는 경우에는 전치사 **into**를 쓴다.

8. **stream** 개울, 시냇물

  ☞ '개울을 따라서'처럼 무언가를 나란히 따라 가는 경우에는 전치사 **along**을 쓴다.

9. ☞ '숲 밖으로'처럼 어딘가에서 나오는 경우에는 전치사 **out of**를 쓴다.

10. ☞ '숲을 통과하여'처럼 어딘가를 통과하는 경우에는 전치사 **through**를 쓴다.

을 나타낼 때 전치사 **for**를 쓴다.

3. 그는 1921년에 **Nobel** 상을 받았다. **receive** 받다 **Nobel Prize** 노벨상

  ☞ 연도와 같이 긴 시간을 나타내는 말 앞에는 전치사 **in**을 쓴다.

4. 그는 제2차 세계 대전 동안 미국에 살았다. **World War II** 제2차 세계 대전

  ☞ '~ 동안'의 뜻으로 기간과 관련된 말 앞에는 전치사 **during**을 쓴다.

5. 그는 76세의 나이에 죽었다. **die** 죽다 **age** 나이 **at the age of** ~ ~ 살의 나이에, ~ 살에

  ☞ 특정 시점을 나타내는 말 앞에는 전치사 **at**을 쓴다.

6. ☞ '얼마 동안'의 뜻으로 숫자를 포함하는 정확한 기간을 나타낼 때 전치사 **for**를 쓴다.

7. **get up** 일어나다

  ☞ 시각을 나타내는 말 앞에는 전치사 **at**을, '아침에'를 나타낼 때는 전치사 **in**을 쓴다.

8. **promise** 약속하다 **be back** 돌아오다

  ☞ '~까지'의 뜻으로 행위의 완료 시점을 나타내는 말 앞에는 전치사 **by**를 쓴다.

9. ☞ '~부터 계속, ~ 이래로 계속'의 뜻으로 언제부터 어떤 일이 시작되었는지를 나타낼 때는 전치사 **since**를 쓴다.

10. **Saturday** 토요일

  ☞ '~까지'의 뜻으로 상태의 지속 시점을 나타내는 말 앞에는 전치사 **until/till**을 쓴다.

UNIT 56 기타 중요 전치사
Checkup Test p.220

| 1. in | 2. by | 3. for | 4. with | 5. at |
| 6. in | 7. by | 8. at | 9. for | 10. with |

1. 너는 사람의 이름을 빨간색으로 쓰면 안 된다.

  ☞ '~으로'의 뜻으로 재료·도구를 나타내는 말 앞에 오는 전치사는 **in**이다.

2. 나는 내일까지 숙제를 끝내야 한다. **finish** 끝내다 **homework** 숙제

  ☞ '~까지'의 뜻으로 행위의 완료 시점을 나타내는 말 앞에 오는 전치사는 **by**이다.

3. 흡연은 네 건강에 좋지 않다. **smoking** 흡연 **health**

UNIT 55 시간의 전치사
Checkup Test p.217

1. on	2. for	3. in	4. during	5. at
6. for	7. at, in	8. by	9. since	
10. until[till]				

1. **Albert Einstein**은 1879년 3월 14일에 태어났다.

  ☞ 특정 날짜를 가리키는 말 앞에는 전치사 **on**을 쓴다.

2. 그는 5년 동안 **Swiss** 특허청에서 일했다. **patent** 특허

  ☞ '얼마 동안'의 뜻으로 숫자를 포함하는 정확한 기간

건강 **good for** ～ ～에 유익한

👉 '～을 위하여'의 뜻으로 이익을 나타내는 전치사는 **for**이다.

4. 나는 흰 꼬리를 가진 검은 고양이를 갖고 있다. **tail** 꼬리

👉 '～을 가진'의 뜻으로 소유를 나타내는 전치사는 **with**이다.

5. 그는 수학에 있어서 천재이다. **genius** 천재 **math** 수학

👉 '～에 있어서'의 뜻으로 능력을 판단할 수 있는 대상을 나타내는 전치사는 **at**이다.

6. 👉 '～한 상태로'의 뜻으로 상태를 나타내는 전치사는 **in**이다.

7. **wage** 급료 **increase** 증가하다 **percent** 퍼센트

👉 '～ 만큼'의 뜻으로 정도의 차이를 나타내는 전치사는 **by**이다.

8. **be good at** ～ ～에 능숙하다 **get on with/get along with** ～ ～와 사이좋게 지내다

👉 '～에 있어서'의 뜻으로 능력을 판단할 수 있는 대상을 나타내는 전치사는 **at**이다.

9. **meat** 고기 **various** 여러 가지의 **reason** 이유, 까닭

👉 '～ 때문에'의 뜻으로 reason 앞에 쓰이는 전치사는 **for**이다.

10. **fix** 붙이다 **piece** 조각 **together** 같이, 함께 **glue** 풀

👉 '～으로'의 뜻으로 재료를 나타내는 전치사는 **with**이다.

Review Exercise pp.221~222

1-2. I'm Dongsu and I live ⓘn Seoul. Last summer I took a train ⓕrom Seoul ⓣo Busan. ⓕrom the station, I went ⓣo Haeundae ⓑy bus. We stopped ⓐt a small gift shop ⓕor souvenirs. The driver parked the bus ⓑehind the shop and no one could find the driver. We waited ⓕor him ⓕor one hour. The driver was walking ⓣhrough the park ⓝext to the shop. So we were very angry ⓦith him.

---

3. (1) at (2) for (3) in (4) until (5) since (6) on (7) by (8) over

4. (1) ⓑ during the Joseon Dynasty
   (2) ⓒ until he found the answers
   (3) ⓐ on October 12, 1492 (4) ⓔ for three years from 1950 until 1953 (5) ⓓ at the age of 56 in Washington, D.C.

5. (1) When I was in Chicago, I stayed at Congress Plaza.
   (2) I want to spend this summer vacation in Florida.
   (3) The book is on the desk in my room.
   (4) I met her at the corner of the street.
   (5) I put my bag in the corner of the room.

6. (1) for (2) with (3) for (4) by (5) in

7. (1) at the morning → in the morning (2) in soap and water → with soap and water (3) on breakfast → for breakfast (4) to school → for school (5) with bus → by bus

8. (1) for her at the cafe (2) her parents in a small town (3) in Seoul since last year (4) watch TV until late at night (5) from the living room to the kitchen

1-2. 나는 동수이고 서울에 산다. 지난여름에 나는 서울에서 부산까지 기차를 탔다. 역에서부터, 나는 버스를 타고 해운대로 갔다. 우리는 기념품을 사기 위해 작은 선물 가게에 멈췄다. 운전사는 버스를 가게 뒤에 주차했고 아무도 그 운전사를 찾을 수 없었다. 우리는 한 시간 동안 그를 기다렸다. 그 운전사는 가게 옆에 있는 공원을 걸어 다니고 있었다. 그래서 우리는 그에게 무척 화가 났다. **train** 기차 **station** 역 **souvenir** 기념품 **driver** 운전사 **park** 주차하다 **wait for** ～ ～을 기다리다

👉 **in Seoul**: Seoul(서울)처럼 넓은 장소 앞에 오는 전치사는 **in**이다. **from Seoul, From the station**: '～부터'의 뜻으로 출발점을 나타내는 전치사는 **from**이다. **to Busan, to Haeundae**: '～까지'의 뜻으로 도달점을 나타내는 전치사는 **to**이다. **by bus**: '～으로'의 뜻으로 수단·방법을 나타내는 전치사는 **by**이다. **at a small gift shop**: a small gift shop(작은 선물 가게)처럼 좁은 장소 앞에 오는 전치사는 **at**이다. **for souvenirs**: '～을 위하여'의 뜻으로 목적을 나타내는

전치사는 for이다. **behind the shop**: '~ 뒤에'의 뜻으로 상대적인 위치를 나타내는 전치사는 **behind**이다. **waited for him**의 **for**는 '~을 얻기 위해, ~을 찾아, ~을 구하여'의 의미로 획득, 추구, 기대의 대상 앞에 쓰인다. **for one hour**: '~ 동안'의 뜻으로 특정한 기간을 나타내는 말 앞에 오는 전치사는 **for**이다. **through the park**: '~을 통과하여'의 뜻으로 이동의 방향을 나타내는 전치사는 **through**이다. **next to the shop**: '~ 옆에'의 뜻으로 상대적인 위치를 나타내는 전치사는 **next to**이다. **with him**: '~으로 인해'의 뜻으로 이유·원인을 나타내는 전치사는 **with**이다.

3. (1) 나는 도서관에서 이 책을 빌렸다. **borrow** 빌리다
(2) 그들은 다섯 시간 동안 농구를 했다. **basketball** 농구
(3) 나는 여름에 수영하러 가는 것을 좋아한다. **go swimming** 수영하러 가다
(4) 그는 자정까지 그녀를 기다렸다. **midnight** 자정
(5) 우리는 어릴 때부터 친구 사이였다. **childhood** 어린 시절, 유년 시절
(6) 그는 그 그림을 벽에 걸었다. **painting** 그림 **wall** 벽
(7) 너는 9시까지 돌아와야 한다.
(8) 새들이 바다 위를 날았다.

➤ (1) **library**(도서관)와 같이 좁은 장소를 나타내는 전치사는 **at**이다. (2) '~ 동안'의 뜻으로 시간의 길이를 나타내는 전치사는 **for**이다. (3) **summer**(여름)와 같이 계절을 나타내는 전치사는 **in**이다. (4) '~까지'의 뜻으로 상태의 지속 시점 앞에 쓰는 전치사는 **until**이다. (5) '~이래로 계속'의 뜻으로 시작 시점을 나타내는 전치사는 **since**이다. (6) 접촉면에 해당하는 장소 앞에 오는 전치사는 **on**이다. (7) '~까지'의 뜻으로 행위의 완료 시점을 나타내는 전치사는 **by**이다. (8) '~(바로) 위에'의 뜻으로 상대적인 위치를 나타내는 전치사는 **over**이다. **under the sea**는 의미상 맞지 않다.

4. (1) 한글은 조선 왕조 때 세종대왕의 지휘로 창제되었다. **create** 창조하다 **dynasty** 왕조
(2) **Thomas Edison**은 답을 찾을 때까지 결코 포기하지 않았다. **give up** 포기하다 **answer** 답
(3) **Columbus**는 1492년 10월 12일에 **America** 대륙을 발견했다. **discover** 발견하다
(4) 한국 전쟁은 1950년에서 1953년까지 3년 동안 지속되었다. **last** 지속하다
(5) **Abraham Lincoln**은 **Washington D.C.**에서 56세의 나이로 죽었다.

➤ (1) **dynasty**는 기간과 관련된 말이므로 전치사는

during을 쓴다. (2) '~할 때까지'의 뜻으로 상태가 언제까지 지속되는지 말할 때는 전치사 **until**을 쓴다. (3) **Columbus**가 **America** 대륙을 발견한 특정한 날을 나타내는 전치사구는 **on**으로 시작한다. (4) '~동안'의 뜻으로 시간의 길이를 나타내는 전치사구는 **for**로 시작한다. '~에서 …까지'의 뜻은 **from ~to** …으로 나타낸다. (5) 시점을 나타내는 전치사구는 **at**으로 시작한다. **Washington D.C.**와 같이 넓은 장소를 나타내는 전치사는 **in**이다.

5. (1) 내가 **Chicago**에 있을 때, 나는 **Congress Plaza**에 머물렀다. **stay** 머물다
(2) 나는 **Florida**에서 이번 여름 휴가를 보내고 싶다. **spend** 보내다 **vacation** 휴가
(3) 그 책은 내 방의 책상 위에 있다.
(4) 나는 길모퉁이에서 그녀를 만났다. **corner** 모퉁이 **street** 길
(5) 나는 내 가방을 방구석에 두었다.

➤ (1) **Chicago**와 같이 넓은 장소를 나타내는 말 앞에 전치사 **in**을 쓰고, **Congress Plaza**와 같이 좁은 장소를 나타내는 말 앞에 전치사 **at**을 쓴다. (2) **Florida**와 같이 넓은 장소를 나타내는 말 앞에 전치사 **in**을 쓴다. (3) **desk**(책상)와 같이 접촉면을 나타내는 말 앞에 전치사 **on**을 쓰고, **room**과 같이 면적이나 부피를 가지는 장소를 나타내는 말 앞에 전치사 **in**을 쓴다. (4) **the corner of the street**(길모퉁이)의 지점을 나타내는 말 앞에 전치사 **at**을 쓴다. (5) 가방을 놓았으므로 **the corner of the room**(방구석)은 일정한 면적을 가지는 장소이다. 따라서 전치사는 **in**을 쓴다. **in**을 쓴다.

6. (1) 그는 3년 동안 **New York**에 살고 있다.
(2) 그 아이들은 폭풍 중에 공포로 떨었다. **tremble** 떨다 **fear** 공포 **storm** 폭풍
(3) 나는 그 책에 만원을 지불했다. **pay** 지불하다 **ten thousand** 1만
(4) 나는 선생님께 물어서 그 문제를 풀었다. **solve** 풀다, 해결하다
(5) **Tonga**는 남태평양에 있는 섬나라이다. **island country** 섬나라

➤ (1) '~동안'의 뜻으로 시간의 길이를 나타내는 전치사는 **for**이다. (2) '~으로 인해'의 뜻으로 이유·원인을 나타내는 전치사는 **with**이다. (3) '~와 교환하여'의 뜻으로 교환을 나타내는 전치사는 **for**이다. (4) '~으로'의 뜻으로 수단·방법을 나타내는 전치사는 **by**이다. (5) '~ 안에'의 뜻으로 **South Pacific**(남태평양)과 같이 넓은 장소를 나타내는 전치사는 **in**이다.

7. (1) Michael은 아침 7시에 일어난다. **get up** 일어나다
(2) 그는 비누와 물로 얼굴과 손을 씻는다. **wash** 씻다
soap 비누
(3) 그는 아침 식사로 빵을 먹는다. **breakfast** 아침
식사
(4) 그는 8시에 집에서 학교로 떠난다. **leave** 떠나다
(5) 그는 버스를 타고 학교에 간다.
☞ (1) '아침에'는 **in the morning**이다. (2) '~으로'
의 뜻으로 도구·수단을 나타내는 전치사는 **with**이다.
(3) '~을 위하여'의 뜻으로 용도를 나타내는 전치사는
for이다. (4) '~을 향하여'의 뜻으로 방향·목적지를 나
타내는 전치사는 **for**이다. (5) '~으로'의 뜻으로 수단·
방법을 나타내는 전치사는 **by**이다.

8. ☞ (1) **cafe** 커피 점
wait for ~로 '~를 기다리다'는 뜻을 나타낸다. **cafe**
는 좁은 장소이므로 앞에 전치사 **at**이 온다.
(2) '~와 함께'의 뜻으로 수반·동반을 나타내는 전치사
는 **with**이다. **a small town**(작은 마을)과 같이 면적이
나 부피를 가지는 장소 앞에는 전치사 **in**이 온다.
(3) **Seoul**(서울)과 같이 넓은 장소 앞에는 전치사 **in**이
온다. '~부터, 계속하여, ~ 이래로'의 뜻으로 언제부터
어떤 일이 시작되었는지를 나타내는 전치사는 **since**이
다.
(4) '~까지'의 뜻으로 상태가 언제까지 지속되는지 나타
내는 전치사는 **until**이다.
(5) '~에서 …까지'의 뜻은 **from** ~ **to** …으로 나타낸다.